Totenstille

JOHN GEIGER · OWEN BEATTIE

TOTEN STILLE

Das tragische Schicksal der Knight-Expedition von 1719

Aus dem Englischen
von
UTA HAAS

CIP-Titelaufnahme der Deutschen Bibliothek

Geiger, John:
Totenstille : das tragische Schicksal der Knight-Expedition von
1719 / John Geiger ; Owen Beattie. Aus dem Engl. von Uta
Haas. − Köln : vgs, 1993
    Einheitssacht.: The greatest mystery in arctic discovery <dt.>
    ISBN 3-8025-2231-1
NE: Beattie, Owen:

Titel der englischen Originalausgabe:
Dead Silence: The Greatest Mystery in Arctic Discovery

Copyright © 1993 John Geiger und Owen Beattie
Erstausgabe 1993 by Bloomsbury, London

© der deutschsprachigen Ausgabe:
vgs verlagsgesellschaft, Köln 1993
Lektorat: Rufus Barke, Köln, im Auftrag der vgs
Schutzumschlag: Papen Werbeagentur, Köln
Satz: ICS Communikations-Service GmbH, Bergisch Gladbach
Druck und Verarbeitung: Mohndruck, Gütersloh
Printed in Germany
ISBN 3-8025-2231-1

Bildquellen:

(1): Manitoba North National Historical Sites,
    Canadian Parks Service
(2), (3), (5), (6), (8)−(14), (16) und (17): Owen Beattie
(7): Don Palfrey
(4): John Geiger
Titelbild: Owen Beattie

INHALT

Danksagungen

Zuerst und vor allem möchten wir dem Verwalter und den Mitarbeitern des Archivs der Hudson's Bay Company, Provincial Archives of Manitoba, sehr herzlich für ihre Unterstützung danken.

Unser Dank gilt gleichermaßen den Mitarbeitern der folgenden Institute. In Kanada: der Bruce Peel Special Collections Library, University of Alberta; der Canadian Circumpolar Institute Library, University of Alberta; den National Archives of Canada; der National Library of Canada; den Provincial Archives of Alberta; der City of Edmonton Public Library. In England: dem National Maritime Museum; der British Library, dem Public Record Office. In den USA: dem Kendall Whaling Museum und dem State Department of Cultural Recources, Archives and Records Section, State of North Carolina.

Auch Prof. Glyndwr Williams möchten wir unseren Dank abstatten. Er hat das Manuskript gelesen und uns viele wertvolle Hinweise gegeben. Prof. MacLaren hat freundlicherweise das Kapitel »Eine Reise ins Nordmeer« durchgesehen und uns mit seiner Kritik sehr geholfen. Besondere Unterstützung in bezug auf Fort Prince of Wales haben wir von den Manitoba North National Historic Sites, Canadian Parks Service, erhalten.

Am Knight-Projekt haben mitgearbeitet: Martin Amy, als wissenschaftlicher Assistent bei den Ausgrabungsarbeiten, 1989–1990; Dr. Owen Beattie, als Forschungsleiter, 1989–1992; Andy Cameron, als technischer Berater, 1992; Bill Gawor, als Expeditionsassistent, 1989–1992; John Geiger, als Historiker, 1989–1991; Dr. K. Warren Geiger, als Geologe,

1990; Jeff Gilmour, als Taucher, 1992; Feliks Kappi, als Student bei den Ausgrabungsarbeiten, 1989–1992; Jennifer Kowal, als Leiterin des Camps, 1991; Walt Kowal, als Archäologe, 1990–1991; Yin Lam, als wissenschaftlicher Assistent bei den Ausgrabungsarbeiten, 1991; Don Palfrey, als Taucher, 1991–1992; Warren Palfrey, als studentische Hilfskraft, 1991–1992; Barb Schweger, als Spezialistin für arktische Kleidung, 1990–1991; Prof. Brian Spenceley, als wissenschaftlicher Assistent bei den Ausgrabungsarbeiten, 1990–1991; und David Tatuiini, als studentische Hilfskraft, 1989–1990.

Ein Dankeschön auch an Lavinia Brown, Ron Brown und Leonie Kappi sowie an Susan Butler, Marla Limousin und Bette Palfrey für ihre zusätzliche Unterstützung.

Und schließlich möchten wir uns auch bei den Einwohnern von Rankin Inlet bedanken, die uns während unserer kurzen Sommeraufenthalte durch ihre Freundlichkeit und Begeisterung das Gefühl gaben, zu ihnen zu gehören.

John Geigers Dank gilt darüber hinaus:
A. L. Gilchrist und S. F. Keen, die den Anstoß zu dem Projekt gaben; Mechthild Borsch, die das Projekt mit vielen guten Ideen unterstützt hat; Victor Spinetti für seinen Blick hinter die Kulissen; Bill Gawor, David Staples und Peter Hoggett für ihre freundliche Unterstützung und Steve Hume für seine Hinweise und Anregungen. Ein besonderer Dank auch an Lucinda Vardey, Carolyn Brunton und an das *Edmonton Journal*.

Weitere Danksagungen von Owen Beattie:
Das Hauptkapital für die Forschungen am Ausgrabungsort sowie im Labor kam vom Social Sciences and Humanities Research Council of Canada (1991–1992). Das Startkapital haben wir vom Boreal Institute for Northern Studies bekommen (1989). Zusätzliche Hilfe, Unterstützung und Ermunterung kam von der University of Alberta (1990), Rolex (1990), Canadian Airlines International (1990), Brick (1990), der Churchill Corporation (1990), Northwest Territorial Airlines (1992), Economic Development and Tourism – Rankin Inlet (1991/1992), und Sinniktarvik (1991/1992). Ich möchte diesen Organisationen

und Agenturen sehr herzlich dafür danken, daß sie unsere Forschungsarbeiten möglich gemacht haben. Mein Dank gilt auch Aquarius Flight, Inc. of Markham, Ontario, und dem Fotografen R. Bolivar sowie dem Piloten G. Spurrell für die Luftaufnahmen von Marble Island und Quartzite Island. Und nicht zuletzt bin ich meinem Freund Roger Amy dankbar für seine Ermutigung und Hilfestellung bei dem Projekt.

Die Hudson Bay und Marble Island

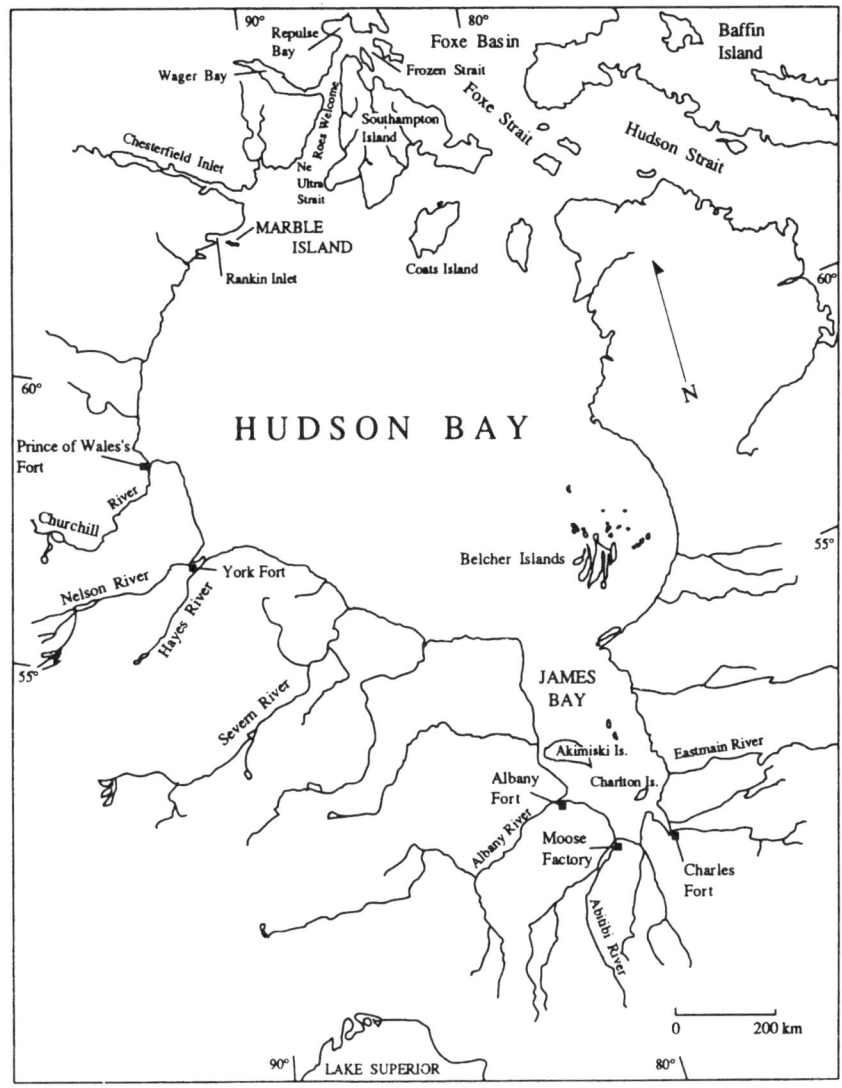

HUDSON BAY

JAMES BAY

Baffin Island

Foxe Basin

Hudson Strait

Repulse Bay

Wager Bay

Frozen Strait

Chesterfield Inlet

Ross Welcome

Southampton Island

Ne Ultra Strait

Foxe Strait

MARBLE ISLAND

Coats Island

Rankin Inlet

Prince of Wales's Fort

Churchill River

Nelson River

York Fort

Hayes River

Belcher Islands

Severn River

Akimiski Is.

Eastmain River

Albany Fort

Charlton Is.

Albany River

Moose Factory

Charles Fort

Abitibi River

0   200 km

LAKE SUPERIOR

N

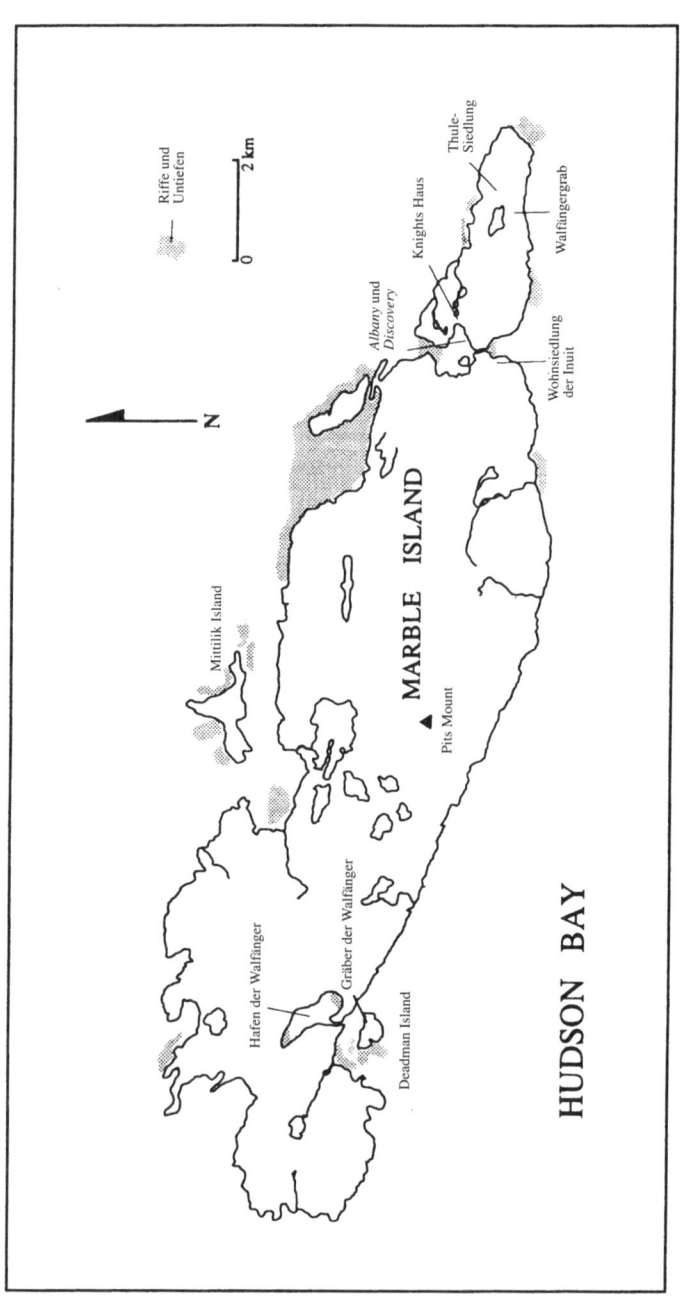

Knights Winterquartier auf Marble Island

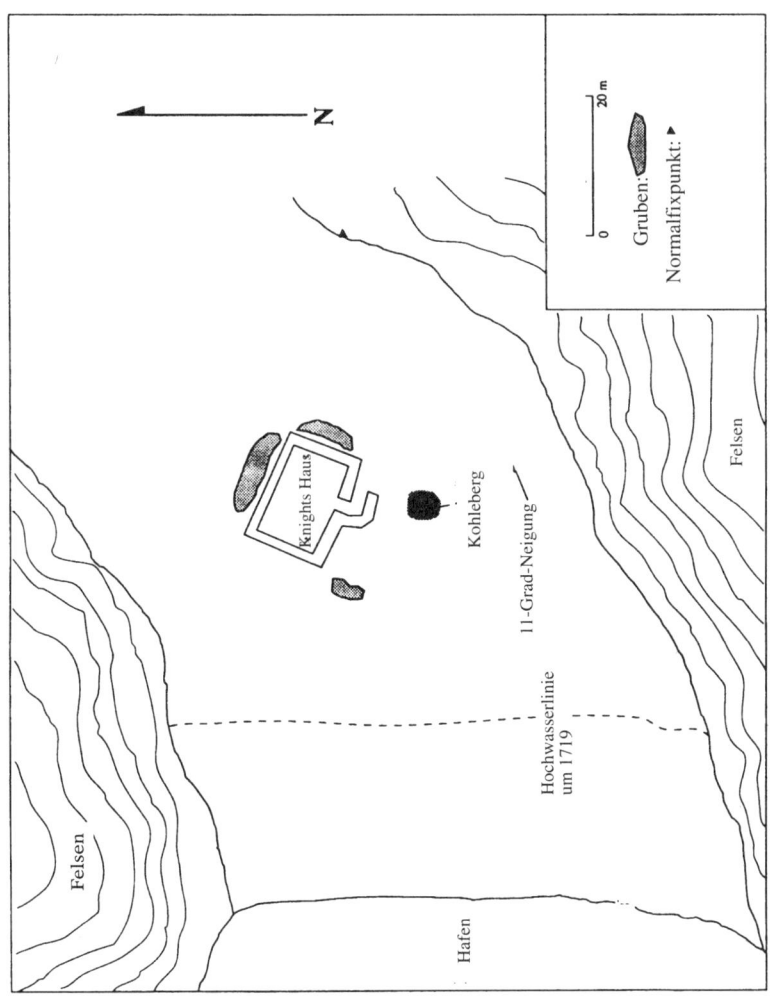

Eine Captain James Knight zugeschriebene Karte, die um die tatsächliche
Lage der Küste ergänzt wurde.

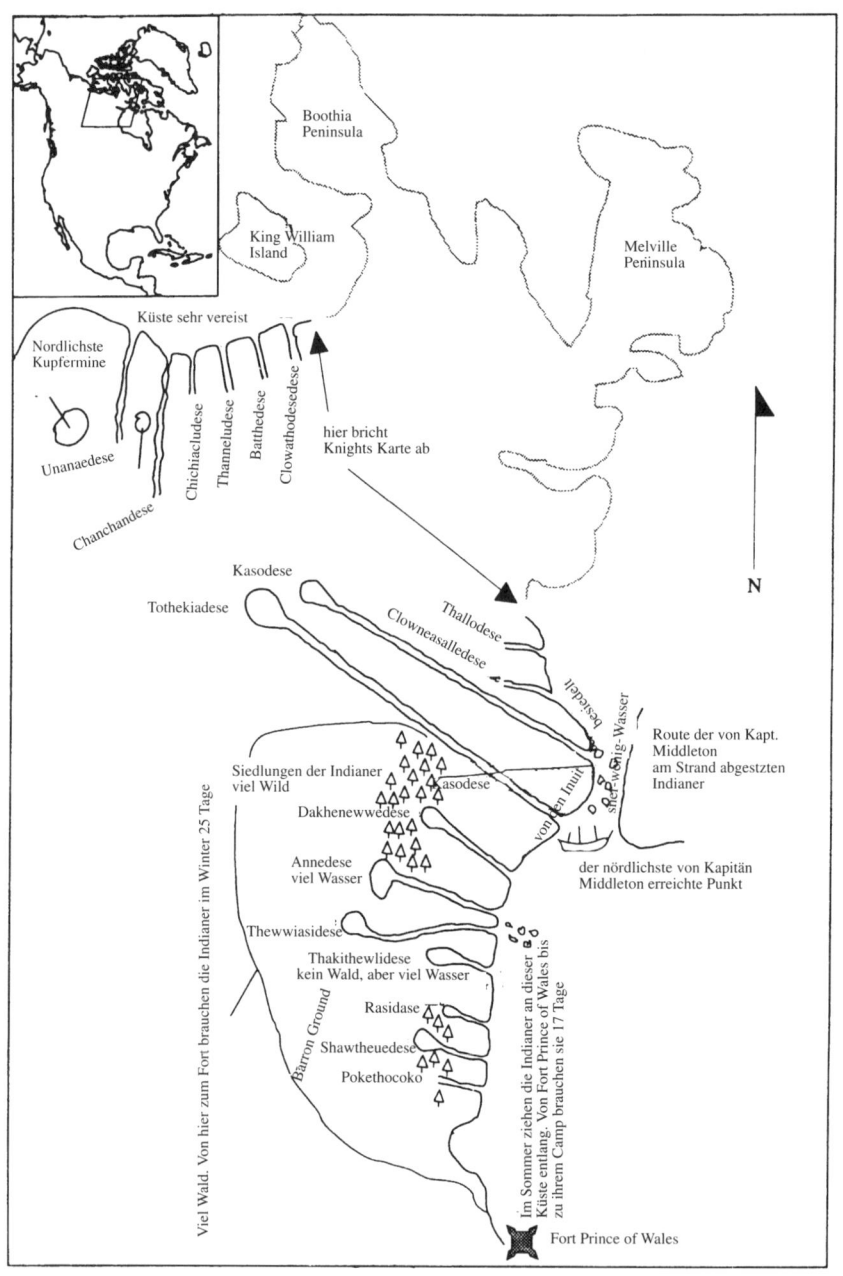

Boothia
Peninsula

King William
Island

Melville
Peninsula

Küste sehr vereist

Nordlichste
Kupfermine

Unanaedese

Chanchandese

Chichiacludese

Thanneludese

Batthedese

Clowathodesedese

hier bricht
Knights Karte ab

N

Kasodese

Totthekiadese

Thallodese

Clowneasalledese

besiedelt

von den Inuit

Sherewenig-Wasser

Route der von Kapt.
Middleton
am Strand abgestzten
Indianer

Siedlungen der Indianer
viel Wild

asodese

Dakhenewwedese

Annedese
viel Wasser

der nördlichste von Kapitän
Middleton erreichte Punkt

Thewwiasidese

Thakithewlidese
kein Wald, aber viel Wasser

Rasidase

Shawtheuedese

Pokethocoko

Viel Wald. Von hier zum Fort brauchen die Indianer im Winter 25 Tage

Barron Ground

Im Sommer ziehen die Indianer an dieser
Küste entlang. Von Fort Prince of Wales bis
zu ihrem Camp brauchen sie 17 Tage

Fort Prince of Wales

16

Wichtige Schauplätze der Zeit von James Knight und Samuel Hearne

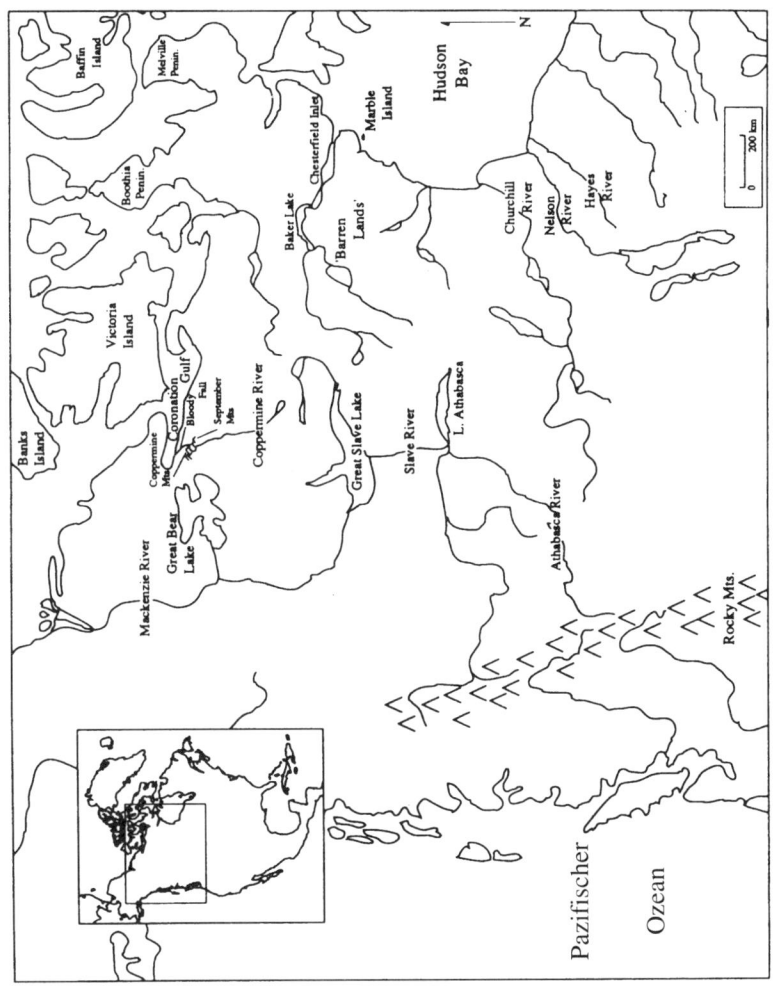

Vorwort

Von den zahlreichen Tragödien, die die Geschichte der Arktiserforschung verzeichnet, ist keine so ergreifend wie der Untergang der Knight-Expedition im Jahr 1719. Bisher nur einem
kleinen Kreis von Experten bekannt, ist es eine ungewöhnliche
und gespenstische Geschichte – das Ende eines betagten, im
Pelzhandel erfahrenen Governors, der mit zwei Schiffen und
vierzig Männern von England aus in die eisigen Gewässer der
Hudson Bay segelte. Auf Grund von Zeichnungen und Erzählungen der Chippewas aus seiner Zeit in Fort York war Knight
mit seinen Schiffen, die angeblich eisenbeschlagene Kisten zur
Aufnahme des Goldes an Bord hatten, auf der Suche nach
einem »goldenen Metall« und der sagenhaften Strait of Anian,
die ihn in den westlichen Ozean bringen sollte.

Nachdem die Schiffe im Juni 1719 die Themse verlassen
hatten, ist keines der Besatzungsmitglieder je wieder aufgetaucht. Im Verlauf der Jahre ließen Wrackteile und Inuit-
Berichte schließlich vermuten, daß die 25 Meilen vor der Nordwestküste der Hudson Bay gelegene Marble Island zum Friedhof der Knight-Expedition geworden war. Unter Knights ehemaligen Kollegen in der Hudson's Bay Company erhärtete sich
der Verdacht, daß »alle Männer von den Eskemoes getötet
wurden«, und jahrelang waren die von den Handelsposten aus
durchgeführten Schaluppenfahrten in den nördlichen Teil der
Bay von bösen Ahnungen überschattet. Die nachfolgende Entdeckung der letzten Zufluchtsstätte der Knight-Expedition an
einer flachen Bucht am östlichen Ende von Marble Island durch
Walfänger – mit Ruinen, gesunkenen Schiffen und menschlichen Skeletteilen – erhöhte nur die Ratlosigkeit und das Ent-

setzen. In den 1970er Jahren bestätigten dann Forscher nach einer Untersuchung der an der Bucht gelegenen riesigen Ruine aus Knights Tagen, daß hier eine Expedition überwintert hatte. Eine umfassende Erforschung fand jedoch erst in den letzten vier Jahren statt. Anhand der bei ihrer Suche in den Archiven wie am Fundort entdeckten Zeugnisse haben John Geiger und Owen Beattie mit wissenschaftlichem Geschick und geschichtlichem Einfühlungsvermögen nun versucht, das Leben von James Knight und seine fanatische Suche nach der Nordwest-Passage zu rekonstruieren. Sie haben sämtliche historischen Dokumente sorgfältig geprüft und sie mit den Ergebnissen ihrer eigenen Forschungen auf Marble Island und auf dem Grund der Bucht verglichen. Vieles ist an diesem unheilvollen Ausgrabungsort gefunden worden, anhand dessen heute eine zuverlässigere Interpretation mancher Aspekte der Expedition möglich ist. Die Kernfrage jedoch, was mit den vierzig Männern der Expedition geschah, ist nach wie vor ungeklärt. In gewisser Weise ist das Rätsel sogar größer geworden. Wie der Leser entdecken wird, gibt Marble Island seine Geheimnisse nicht leicht preis.

Prof. Glyndwr Williams,
Queen Mary and Westfield
College, London

Januar 1993

Anmerkung der Autoren

Begriffe wie »Entdeckung« und »das Unbekannte« sind in diesem Buch bei der Beschreibung der europäischen Arktisforschung bewußt gewählt worden, wobei es sich von selbst versteht, daß die Eingeborenen diese Gebiete bereits Jahrhunderte zuvor entdeckt hatten.

Der Name »Eskimo« ist eine europäische Erfindung und geht wahrscheinlich auf einen Begriff des Algonkin-Dialekts zurück, der bedeutet: »Leute, die rohes Fleisch essen«. Er wird von vielen Eingeborenen der östlichen kanadischen Arktis als herabsetzend empfunden. Wir haben statt dessen zwei andere Begriffe gewählt: »Thule«, in Erinnerung an die untergegangene Kultur jenes Volkes, mit dem die Europäer in dieser Gegend als erstes in Berührung kamen, sowie »Inuit« als Hinweis auf die historischen Bewohner der Arktis. »Inuit« bedeutet einfach »das Volk«. Inuit-Begriffe, die auch im europäischen Sprachgebrauch verwandt werden, wie »Kajak«, sind im Text nicht kursiv hervorgehoben. Alte gesetzliche Maße sind in Anführungsstriche gesetzt. Im übrigen werden Maße nach dem Dezimalsystem angegeben; Ausnahmen gelten für die Ladekapazität von Schiffen oder soweit eine aeronautische Vereinbarung besteht.

In darkness, the Path.

— Brion Gysin
The Process

1

Die unglücklichen Opfer

Im kurzen arktischen Sommer des Jahres 1767 nahm die *Success*, eine winzige Walfang-Schaluppe der Hudson's Bay Company, Kurs auf die Gewässer um Marble Island – und die auf keiner Karte verzeichneten Tiefen menschlicher Verzweiflung. Die Nordwestküste der Hudson Bay war noch völlig unerforscht und infolgedessen absolut tückisch. Sie war nicht nur wegen der allgemeinen mangelnden geographischen Kenntnisse oder der Härte des Klimas ein unheimlicher Ort, sondern auch aufgrund der dort herrschenden Stimmung; eine Gegend, die – wie ein Walfänger warnte – »jeden erschreckte, vor allem aber jeden Neuling«. Als sich die Schaluppe der fahlen Felsküste der Insel näherte, ahnte noch niemand, daß man jenen Punkt erreicht hatte, an dem ein halbes Jahrhundert zuvor Kapitän James Knight den Tod gefunden hatte.

Die *Success* sollte sich hier mit einer anderen Schaluppe der Company treffen, der *Churchill*. Aber es winkte reiche Beute, und die Jagd konnte nicht warten. In der Morgendämmerung des nächsten Tages, dem 22. Juli, schickte Kapitän Joseph Stevens seine Boote aus. Zehn mühsame Stunden lang verfolgten die Männer zwanzig Grönlandwale, aber die Tiere waren so scheu, daß es den Harpunieren nicht gelang, auch nur eines zu erlegen. Statt dessen richteten die Männer ihr Augenmerk auf Marble Island und das dort angespülte Treibholz. An der Südostküste entdeckten sie eine schmale Öffnung und fuhren mit den Booten hinein. Zu ihrer Überraschung fanden sie »einen Hafen, in dem Schiffe überwintert hatten«. Statt mit Walknochen und Walfett kehrten sie mit drei Kanonen und einem

Amboß zur *Success* zurück. Am nächsten Morgen steuerte Stevens trotz eines starken Sturmes mit den kleinen Booten den neuen Hafen ein zweites Mal an, um das Geheimnis genauer zu ergründen. Sie legten an einer Felslücke am Ende der Bucht an, und er befahl seinen Leuten, die Insel abzusuchen und dabei »besonders auf eventuell vorhandene Botschaften oder Zeichen zu achten«. Er selbst untersuchte die Ruinen eines großen Gebäudes, in dem die unbekannte Expedition überwintert hatte. Eine unheilvolle Atmosphäre ging von ihm aus. Mit seinen unförmigen, von Moos überzogenen Wänden ähnelte es einem großen Grabhügel. Hunderte von Ziegelsteinen lagen überall verstreut, die aussahen, als wären sie erst im vergangenen Jahr hergestellt worden. Noch verwirrender war die Entdeckung eines großen Berges tadelloser Heizkohle, den Stevens auf sieben oder acht chaldrons schätzte (= etwa zehn Kubikmeter). Daneben lagen verrottete Segel, und auf den angrenzenden Felsen zeigten Holzspäne an, wo die Zimmerleute gearbeitet hatten. Das Holz stammte von den Spanten eines Schiffes, was ihm »gute Gründe zu der Annahme gab, daß es gestrandet war«. Nach der Größe der Spanten schätzte der Kapitän das Schiff auf nicht weniger als vierzig Tonnen. Zugleich wiesen mehrere Ankerschäfte unterschiedlicher Größe darauf hin, daß es sich um mehr als ein Schiff gehandelt haben mußte. Trotz der Vielfalt der Fundstücke gab es jedoch nichts, woraus man auf ihr Alter oder das Herkunftsland hätte schließen können, abgesehen von ein paar Lederschuhen mit breiten, eckigen Kappen und hohen Absätzen, die auf Stevens den Eindruck »eines französischen Modells« machten. In Wahrheit handelte es sich jedoch um englische Schuhe, die seit fünfzig Jahren aus der Mode gekommen waren.

Stevens besuchte die verborgene Bucht zehn Tage später noch einmal, diesmal gemeinsam mit Magnus Johnston, dem Kapitän der *Churchill*. In der Hoffnung, irgendwelche Schriftstücke zu entdecken, hatten sie Beile und Schaufeln mitgebracht. Bei Grabungen innerhalb der Ruinen stießen die Männer in »etwa drei Fuß Tiefe« auf einen Fußboden, der »fachmännisch aus Ziegelsteinen und Mörtel gemauert war«. Aber das war nicht alles, was die beiden Kapitäne zutage förderten;

bald darauf ragte ein menschlicher Schädel aus dem feuchten Grund. Diese Entdeckung gab Johnston die Gewißheit, daß »jene unglücklichen Männer alle umgekommen waren«. Stevens etwas gewagte Schlußfolgerung indessen scheint Samuel Hearne, dem Bootsmann der *Churchill,* recht zu geben, der ihn »als den unbedeutendsten Mann« beschreibt, »der ihm je begegnet sei«. Bei der Betrachtung des Schädels kam der Kapitän der *Success* nämlich zu dem Ergebnis, »es sei nicht ersichtlich, ob es sich um die Überreste eines Eingeborenen oder eines Christenmenschen handele«. Angesichts all dessen, was er gesehen hatte, war er überzeugt, daß zumindest eins der Schiffe, die hier überwintert hatten, »heil davongekommen war«.

Johnston jedoch kehrte mit der Gewißheit zu seiner Schaluppe zurück, daß er die Überreste eines mitsamt seiner Crew untergegangenen Schiffes gefunden hatte. Der große Kohlehaufen neben dem Eingang zur Ruine deutete darauf hin, daß die Mannschaft versucht hatte, sich gegen die Kälte zu schützen. Offensichtlich war ihr Kampf ums Überleben jedoch gescheitert. Über Dolmetscher erhielt Johnston von den Inuit weitere grausame Beweise für eine Katastrophe: »Sie haben von ihren Landsleuten gehört, daß einige der Engländer den ersten Winter überlebt haben. Aber ob sie vor Kälte und Hunger umgekommen sind oder von den Eingeborenen erschlagen wurden, konnte ich bisher nicht herausbekommen.« Am nächsten Tag schickte Johnston seinen jungen Bootsmann Samuel Hearne noch einmal an den Schreckensort zurück, um Kohlen zu holen. Unter einem düsteren, von Blitzen erhellten Himmel gruben Hearne und seine Leute mit sichtlichem Unbehagen, daß sich mit jedem Schaufelstich steigerte. Johnston berichtete später: »Sie hatten eine große Anzahl Gräber gefunden. Hearne ließ eines von seinen Leuten öffnen, um nachzusehen, ob es irgend etwas Bemerkenswertes enthielt – was nicht der Fall war. Man fand lediglich die Knochen eines kräftigen Mannes, der zweifellos zu den unglücklichen Opfern gehörte.«

Dieser unheimliche Ort und die greifbare Nähe des Todes veranlaßten die beiden Kapitäne, kurz entschlossen nach Süden zum Prince of Wales Fort zurückzusegeln, um von ihrer »überraschenden Entdeckung« zu berichten. Bis dahin hatte noch

27

niemand realisiert, daß man die Überreste der Knight-Expedition aus dem Jahr 1719 gefunden hatte und einem Geheimnis auf die Spur gekommen war, das so alt und so mysteriös ist, wie man es nur in den Annalen der arktischen Entdeckungsgeschichte findet.

Schritt für Schritt entwirrte sich das Knäuel. Als die Walfänger 1769 erneut auf Marble Island landeten, waren die Relikte inzwischen als die Überreste von Knights verlorengegangenen Schiffen, der *Albany* und der *Discovery,* identifiziert worden. Hearne, der schon damals Fähigkeiten bewies, die ihn bald selbst zu einem der bemerkenswertesten Arktisforscher machen sollten, versuchte mehr über die Angelegenheit herauszufinden. Als er auf eine Gruppe Inuit stieß, darunter ein oder zwei alte Männer, befragte er sie ausführlich mit Hilfe eines Company-Dolmetschers. Zu seiner Verblüffung erhielt Hearne von ihnen eine detaillierte Schilderung der letzten Tage der gescheiterten Expedition, einen schauerlichen Bericht vom langsamen Sterben der vierzig Männer an Krankheit und Hunger. Bereits zu Ende des ersten Winters, 1720, »war die Zahl der Engländer erheblich reduziert und die Überlebenden schienen sehr krank«. Im Sommer 1721, als die Inuit auf die Insel zurückkehrten, lebten nur noch fünf von ihnen. Das zerlumpte Häuflein Überlebender verschlang das von den Eingeborenen erworbene rohe Seehundfleisch und Walfett, aber »sie verdarben sich daran so gründlich den Magen, daß drei von ihnen innerhalb weniger Tage starben«. Hearnes Bericht vom Schicksal der beiden letzten Überlebenden ist als die quälendste Vision einer gescheiterten Expedition in die Annalen der arktischen Entdeckungsgeschichte eingegangen:

(Sie) überlebten die übrigen um viele Tage und stiegen häufig auf einen nahegelegenen Felsen. Von dort spähten sie nach Süden und Osten, als erwarteten sie die Ankunft eines Schiffes zu ihrer Errettung. Nachdem sie dort gemeinsam lange Zeit ausgeharrt hatten und sich kein Segel zeigte, hockten sie sich eng nebeneinander und weinten bitterlich. Schließlich starb der eine von ihnen. Aber auch der andere war bereits so entkräftet, daß er bei dem Versuch, ein Grab für seinen Freund auszuheben, zu Boden stürzte und ebenfalls starb.

Es war ein gnadenloser Tod. Ein qualvolles, langsames Sterben. Menschen, von Krankheit und Hunger gezeichnet, bar jeder Zuversicht und Willenskraft, deren einzige Hoffnung sich auf den Horizont richtete.

Aber entspricht dieses Bild der Wahrheit?

Anrührende Darstellung der letzten Überlebenden der Knight-Expedition aus viktorianischer Zeit: Keine Hoffnung!

2

Ein Ort der Dunkelheit

Alles, was von Kapitän James Knights prächtigen Träumen von der »Entdeckung einer Goldmine in der Terra Borealis« übriggeblieben ist, liegt nutzlos und stumm auf Marble Island, einer Insel, der die Eingeborenen den Namen Toten-Insel gegeben haben, »weil dort so viele Engländer umgekommen sind«. Dreihundert Jahre lang hütete die Insel nicht nur die Westen und Ferngläser, die Knight gegen Gold und Kupfererz einzutauschen hoffte, sowie die eisenbeschlagenen Truhen, die die erwarteten Schätze aufnehmen sollten, sondern auch das Geheimnis vom Untergang der ersten Expedition auf der Suche nach einer Nordwest-Passage.

Dieses Rätsel beschäftigt uns noch heute. Aus der Ferne erhebt sich der verwitterte, abgerundete weiße Felsengipfel wie ein Grabhügel aus der Hudson Bay. Die Legende berichtet, daß die Insel eines Tages einfach aus dem Eis aufgetaucht sei. Die wenigen Eingeborenen, die noch immer zur Jagd dorthin kommen, kriechen den steinigen Strand auf Ellbogen und Knien hinauf aus Angst, der Tod werde jene treffen, die die Insel aufrecht betreten. Als sich im Juli 1989 das Forschungsteam der University of Alberta in Rankin Inlet versammelte, einer Siedlung im östlichen Gebiet der Northwest Territories, fixierte einer der Gemeindeältesten jeden von uns mit einem harten, durchdringenden Blick und hielt uns eine Rede in der Sprache der Inuit. Die Übersetzung ließ uns frösteln: »Er hat gesagt, ihr müßt kriechen.« Alle Mitglieder unseres Teams krochen daraufhin den gespenstischen Strand hinauf, teils aus Achtung vor den Eingeborenen und ihren alten Traditionen, teils um die Männer zu ehren, die dort vor 270 Jahren verschollen sind.

Man kann die Begleitumstände von Knights Verschwinden
nicht ohne Schaudern betrachten, besonders angesichts der
jahrhundertealten Behauptung, sein Hauptgönner, die Hudson's
Bay Company, sei froh gewesen, »jene lästigen Männer los zu
sein«, und im Hinblick auf die mögliche Mitschuld ihres Govenors
Henry Kelsey an ihrem Tod. Hearnes Theorie von »Krankheit und
Hunger« mag sich in der Tat mit dem tragischen Ende der Knight-
Expedition decken, aber darüber hinaus sind zu viele Fragen
offengeblieben. So ist es kaum zu verstehen, daß ein Mann wie
James Knight auf diese Weise umgekommen sein soll, noch dazu
auf einer Insel in Sichtweite des nordamerikanischen Festlandes
und nur vier Tagereisen über das Meer von dem Handelsposten
entfernt, den er selbst am Churchill River gegründet hatte.

Knight ähnelte in keiner Weise den anderen Entdeckern, die
in die Hudson Bay kamen, um in unbekannten Gewässern nach
einer Nordwest-Passage zu suchen, von den ersten Fahrten des
visionären Henry Hudson bis zu der abenteuerlichen und
gefährlichen Reise des Kapitäns Thomas James. Knight war ein
Produkt der Neuen Welt, seit langem an Hirschzungen und das
dunkle Bier am Rande eines nördlichen Meeres gewöhnt.
Zwanzig Jahre lang hatte er im Dienst des »Governor and
Company of Adventurers of England Trading into Hudsons
Bay« dem harten Klima der Region getrotzt; zwanzig Jahre lang
war es ihm immer wieder gelungen, sich den Gegebenheiten
anzupassen und Erfolg zu haben, wo andere gescheitert waren.
Sein Respekt vor dem Wissen der Eingeborenen dieses Gebietes hatte Knight manchen weißen Flecken der Terra incognita,
des großen Unbekannten, erschlossen. Es scheint unfaßbar, daß
ausgerechnet er und seine erfahrenen Kapitäne, die ihre Fahrt
in eben jenem Jahr antraten, als Defoe seinen Roman »Robinson Crusoe« veröffentlichte, elendiglich Schiffbruch erlitten und
zwei lange Winter auf jenem einsamen Felsen ausharrten, während ihre Leute einer nach dem anderen starben. Fast scheint
es, als hätten sie solange gewartet, bis alles verloren war. Und
dennoch ist von allen Entdeckern, die es in diesen unwirtlichen
Teil der Bay verschlagen hat, nur Knight bis an den Punkt der
absoluten Dunkelheit gelangt, an den Ort, von dem es keine
Rückkehr gibt.

Auch Knight wurde von den immer wiederkehrenden Träumen der ersten Entdecker angelockt. Stets hatten sie ihre Fahrten in unbekannte Gewässer ganz im Geiste Sebastian Cabots unternommen, der 1508 mit der Absicht aufgebrochen war, »bei der Suche nach Reichtümern keinen Teil der Erde auszulassen«. Aber was von ihnen in Erinnerung blieb, waren nur wenige neue geographische Erkenntnisse und ihre Leiden. Den Weg zu den goldenen Reichtümern des Orients haben ihre zerbrechlichen Schiffe nicht gefunden. Statt dessen erhaschten sie nur einen Blick auf ein eisiges Reich voll verwirrender Gegensätze, ein Reich von Schönheit und Verlassenheit, belebt von Eisbären, tanzenden Schneewirbeln und seltsamen Phänomenen am Himmel. Selbst das Licht war hier merklich anders. John Davis, Mathematiker, Navigator, Autor, Erfinder des Davis-Quadranten und selbsternannter »Verkünder«, brach 1585 auf, um den Frieden Gottes zu predigen. Als er nach England zurückkehrte, schwärmte er dort von den erstaunlichen Effekten des Sommerlichts in den nördlichen Regionen, welches dieses Gebiet »zum Ort höchster Erhabenheit« mache. An der Pforte zum »Unbekannten«, der Hudson Strait, ursprünglich von Martin Frobisher als »Mistaken Straightes« bezeichnet, kam Davis zu dem Schluß, daß »die Passage vorhanden und die Durchfahrt äußerst einfach ist«. Eine entsprechende nördliche Passage, ausgehend von der Westküste, dem heutigen Kalifornien, war ebenfalls bereits auf den Seekarten aufgetaucht, und zwar als Strait of Anian. Der Augustinermönch Andres de Urdaneta behauptete sogar, durch diese Meerenge 1556 von den Philippinen nach Europa zurückgekehrt zu sein. In Wahrheit aber blieb die erhoffte Verbindung zwischen den beiden Ozeanen ein Traum, an dem eine Expedition nach der anderen scheiterte.

Erst 1610 gelang es Henry Hudson, jene Meerenge zu durchsegeln, die heute seinen Namen trägt, und in ein riesiges westliches Binnenmeer zu gelangen. Diese beachtliche Entdeckung der späteren Hudson Bay wurde jedoch von den nachfolgenden Ereignissen überschattet. Hudson glaubte zunächst, er habe die Durchfahrt zu den Gewürzinseln entdeckt. Aber sein Traum vom orientalischen Reichtum zerschellte sehr schnell am freudlosen Anblick der Südküste der James Bay. Statt funkelnder

Perlen bot sich ihm der Anblick »von Fußspuren eines Mannes und einer Ente auf den verschneiten Felsen«. Dennoch war der Kapitän überzeugt, daß es aus diesem Labyrinth heraus einen Weg in die Südsee geben müsse. Seine Mannschaft erlaubte sich, anderer Meinung zu sein.

Eisberge

Am Ende eines elenden Winters beschloß Hudson, die Suche wieder aufzunehmen. Diese Entscheidung, verbunden mit Gerüchten, wonach er heimlich Nahrungsmittel horte, brachte bei der verzweifelten Mannschaft das Faß zum Überlaufen. Weniger als eine Woche nach Verlassen ihres Winterquartiers setzten Meuterer den Kapitän, seinen kleinen Sohn und sieben weitere Männer in einem Beiboot aus und überließen sie dem sicheren Tod an den verlassenen Küsten der gefrorenen Hudson Bay.

Der Entdecker war verschollen, aber die Kunde von seinen Entdeckungen blieb erhalten. Sein Schiff kehrte nach Hause zurück, obgleich keiner der Rädelsführer die mörderische Reise überlebte. Die Nachricht, daß Hudson auf seiner tragischen Fahrt ein riesiges Binnenmeer entdeckt habe und man dort auf eine starke westliche Strömung gestoßen sei, führte zu weiteren Erkundungsreisen im folgenden Jahr. Thomas Button tastete sich an der kahlen Nordwestküste der Hudson Bay hinauf, die wehmütige Erinnerungen an seine walisische Heimat weckte. Weiter nördlich entdeckte Button einen Durchlaß, bekannt als Ne Ultra, wo er den Strömungsbeweis für eine Nordwestpassage fand. Kapitän Jens Munk von der Royal Danish Navy folgte 1619, lediglich um einen Winter voller unsäglicher Leiden durchzustehen. Weitere Fahrten im Jahr 1631 − unmittelbare Vorläufer zu Knights eigener Expedition − weckten neue Hoffnungen. Thomas James und Luke Foxe traten ihre Reisen im Abstand von zwei Tagen an, um unabhängig voneinander eine Durchfahrt in die Südsee zu finden und berühmt zu werden, wenn auch nicht unbedingt in dieser Reihenfolge. James' bemerkenswerteste Leistung war der literarische Schwulst, mit dem er seine Chronik begann: »Unzählige Stürme, Felsen, Nebel, Wind, Strömungen, das Meer und Berge von Eis haben sich mir bei meiner Entdeckung entgegengestellt; wie oft haben mich Verzweiflung und Tod fast überwältigt.« Während er in der Bucht überwinterte, die heute seinen Namen trägt, erklärte er: »Sollte es unser Schicksal sein, unsere Tage hier zu beenden, so sind wir dem Himmel doch ebenso nah wie in England.«

Die betäubende Winterkälte der Hudson Bay ließ zwar den Essig gefrieren, so daß man ihn mit einem Beil zerhacken mußte, aber James' Tintenfaß konnte sie offensichtlich nichts anhaben. Er berichtete sehr detailliert über die nachfolgenden Strapazen, beschrieb, wie er sich seine zu Eiszapfen gefrorenen Haare scheren ließ, und später, wie seine Leute nach und nach zu Tode kamen. Ihr Blut gefror, die Knochen gefroren, und schließlich starben die ersten. Als endlich der Frühling kam, errichtete man ein behelfsmäßiges Kreuz, und die Mannschaft versammelte sich am Grab vierer ihrer Kameraden. James erwies ihnen die letzte Ehre in Form eines Gedichts:

The Winters cold, that lately froze our blood,
Now were it so extreme, might doe this good,
As makes these tears, bright pearles: which I would lay,
Tomb'd safely with you, till Doomes fatall day.

Vier Monate später war James wieder in London. Die Nordwest-Passage hatte er nicht entdeckt, aber er wurde trotzdem berühmt – seine makabre Erzählung wurde ein Bestseller. Auch Luke Foxe scheiterte bei seiner Suche nach den Perlen des Orients, die »die zierlichen Hälse der verwöhntesten Damen schmücken« sollten. Aber er leistete zumindest einen bedeutenden Beitrag zur Geographie: Er segelte über den nördlichen Polarkreis hinaus und entdeckte das heutige Foxe Basin. Und wieder einmal wurden die Hoffnungen auf die Existenz einer Nordwest-Passage durch Beobachtungen eines Tidehubs an Buttons Ne Ultra belebt.

Und dort, vor der Nordwestküste der Hudson Bay, sichtete Foxe eine ungewöhnliche Felseninsel, die sich völlig von allen anderen unterschied, die er während seiner Expeditionen gesehen hatte. »Die Insel besteht völlig aus weißem Marmor«, stellte Foxe verwundert fest. Sein Schiff mußte sich durch eine Herde von vierzig Walen hindurchmanövrieren, die man zunächst für Felsbrocken gehalten hatte, da sie »schlafend auf dem Wasser lagen«. Sicher auf der Insel gelandet, waren Foxes Leute begeistert vom Pfeifen der Strandvögel und den fernen Rufen der Kanadagänse. Nachdem sie das felsige Ufer hinaufgeklettert waren, stießen sie auf geschützte Mulden »mit vielen Teichen und großen Vogelschwärmen, besonders Wasservögeln«. In Foxes ornithologischer Aufzählung findet sich sogar ein Kanadakranich, den er irrtümlich für einen Strauß hielt. Auch ein Karibu tauchte auf und wurde vom Schiffshund gejagt. »Einer der Quartiermeister folgte der Jagd, mußte das Tier aber entkommen lassen, da er weder ein Gewehr noch eine Harpune hatte«, berichtete Foxe. »Mag sein, er bekam Mitleid, als er den

35

Hirsch Tränen vergießen sah.« Das erste Kapitel der Entdek-
kungsgeschichte war damit zunächst abgeschlossen. Es sollten
fast hundert Jahre vergehen, bis der nächste Forscher von der
Hudson Bay aus die Suche nach der Nordwest-Passage wieder
aufnahm, und eben diese seltsame Insel für Kapitän James
Knight zum Marmorgrab werden sollte.

Das totale Desaster der Knight-Expedition im Jahr 1719 ist
nach Art und Umfang nur dem Scheitern der dritten Forschungsreise von Sir John Franklin 126 Jahre später vergleich-
bar. Das dunkle Geheimnis, hinter dem sich die Wahrheit über
das Verschwinden Franklins verbarg, konnte inzwischen im
wesentlichen bei vier wissenschaftlichen Expeditionen gelöst
werden, die der forensische Anthropologe der University of
Alberta, Owen Beattie, mit seinen Mitarbeitern in den Jahren
1981 und 1986 durchgeführt hat. Zum ersten Mal wurden dabei
die modernsten technischen Möglichkeiten der forensischen
Wissenschaft genutzt. Die eindrucksvollen Ergebnisse, die sich
nach der Exhumierung dreier englischer Seeleute aus ihren
Permafrost-Gräbern auf Beechey Island ergaben, erzwangen
nicht nur eine Überprüfung der veralteten historischen Theorien über das Franklin-Desaster, sondern rückten auch eines der
ältesten aller arktischen Rätsel, das Verschwinden Knights,
wieder in den Mittelpunkt des wissenschaftlichen Interesse.

Jeder Versuch, sich auf zeitgenössische Berichte über die
letzten Tage der Expedition zu stützen, begegnete großen
Schwierigkeiten. Anders als im Fall Franklins wurden bei
Knights Verschwinden keine umfangreichen Suchaktionen
gestartet. Es gibt daher weder entsprechende Chroniken, noch
fand man eine von Knights Männern hinterlassene Botschaft
oder gar frische Spuren von Blei. Der einzige Versuch, Marble
Island gezielt nach Überresten der Expedition abzusuchen, der
im August 1864 von dem amerikanischen Polarforscher Charles
Francis Hall unternommen wurde, scheiterte noch vor Erreichen der Insel. Auch bestand anders als im Fall Franklin keine
Hoffnung, makellos erhaltene menschliche Überreste oder
Gerätschaften zu finden, die vom eisigen Griff des Permafrosts
vor dem Verfall bewahrt worden wären. Auch Marble Island
rühmt sich eines harten, unerbittlichen Klimas. Dennoch reicht

hier die sommerliche Sonneneinstrahlung aus, den gefrorenen Boden zumindest an der Oberfläche aufzutauen. Aber mehr als jeder andere Umstand hat die Zeit selbst die Wahrheit darüber verhüllt, was mit James Knight am Ort seines Untergangs geschah.

Beattie wußte, daß er diesen Fall anders anpacken mußte, daß sich seine Suche nicht auf die Untersuchung menschlicher Überreste beschränken konnte. Nur in Zusammenarbeit mit einer ganzen Reihe von Disziplinen und modernster Techniken, wie sie die Polizei bei der Verbrechensaufklärung anwendet, bestand überhaupt Hoffnung, neues Licht auf die Katastrophe zu werfen. Zeitgenössische schriftliche Berichte geben zwar wichtige Hinweise auf mögliche Gründe für Knights Scheitern, aber für sich allein reichen diese nicht aus. Die in ihnen enthaltenen Schlußfolgerungen sind durchweg von den persönlichen Auffassungen jener durchdrungen, die selbst in die Ereignisse verwickelt waren. Insoweit ist keines dieser geschichtlichen Zeugnisse wirklich befriedigend. Andererseits sind sie von unschätzbarem Wert für das Verständnis der komplexen Persönlichkeit Knights sowie der Entwicklung jener Ideen, die ihn zu seinen Forschungen und letztlich ins Verderben trieben. Beattie begann seine Untersuchungen damit, daß er die Historie anhand neuen Beweismaterials über die Expedition überprüfte, und zwar anhand physischer Beweise, die geeignet waren, die Genauigkeit und Stichhaltigkeit der vorliegenden geschichtlichen Interpretationen zu testen.

Theoretisch hätte es kein besseres Beweismaterial geben können als die Gebeine der Toten. Vierzig Körper, unzählige Variationen und Aspekte des Todes. Jeder Tote ein Hinweis auf das, was geschehen war. Der elende Anblick verrenkter Körper, der friedliche Eindruck der in Beckenhöhe gefalteten, eingetrockneten Finger. Letztlich wäre aber das Vorhandensein von Gräbern für sich allein genommen nicht höher zu bewerten als die Tatsache, daß überhaupt menschliche Überreste gefunden wurden oder daß Gräber vollständig fehlen.

Forensische Forschung beinhaltet die Suche nach unterschiedlichen Beweisketten und deren Dokumentation. Im Fall der Knight-Expedition konnten die Ortung und Untersuchung

des Wracks der *Albany* und *Discovery* möglicherweise ebenso
wichtig sein. Aufgrund archäologischer Ausgrabungen der eingefallenen Behausung und anderer Stellen, die mit Hilfe von
Fundstücken oder durch ihre Beziehung zur Expedition interpretiert werden, könnte man vielleicht etwas mehr darüber
erfahren, wie die Forscher des 18. Jahrhunderts auf Marble
Island gelebt haben, wovon sie sich ernährten und womit sie sich
beschäftigten. Eventuell könnte man sogar herausfinden, wie
lange sie an ihrem Zufluchtsort ausharrten, bevor wieder absolute Stille eintrat.

Der Abend des 17. Juli 1989 markiert den Beginn einer vierjäh-
rigen Reise in ein lange Zeit unberührtes Gebiet, eine weiße
Einöde. Landschaften bewahren die Spuren von Menschen, und
so hoffte das Forschungsteam, mit jedem Schritt dem unbegreif-
lichen Geschehen näher zu kommen. An jenem Abend erreichten Beattie und seine Mitarbeiter zum ersten Mal den geschütz-
ten Hafen, in dem die Knight-Expedition ihre letzte Zuflucht
gefunden hatte. Zuvor hatte das Team die historische, zum Teil
gefährliche zweistündige Überfahrt von Rankin Inlet in einem
Fischkutter hinter sich gebracht und war der Legende entsprechend den Hang hinaufgekrochen, um den ruhelosen Geistern
der Insel ihre Achtung zu erweisen. Als sie die massiven Ausläufer überquert hatten, öffnete sich nach und nach die Bucht
vor ihnen. Kleine Wellen auf der Wasseroberfläche deuteten
auf eine schmale Öffnung am Ende der Felsen, und dort lagen,
kaum sichtbar auf einem sanften, zartgrünen Hang, nicht mehr
als dreihundert Meter entfernt die zusammengefallenen, verwit-
terten Überreste von Knights letztem Außenposten.
　Die Ruine war ein klein wenig dunkler als das sie umgebende
Erdreich. Ihre Größe war gegen den kahlen Hintergrund von
weitem nicht zu erkennen. Der Zugang wurde durch den steilen
Abfall des quarzitenen Ufers erschwert, einer natürlichen
Bastion aus zerklüftetem Felsgeröll, die der Frost herausgebrochen hatte. Am Fuß des Abhangs waren die großen Felsbrocken
gegen kleinere ausgetauscht worden, um sie bei rückläufigem
Wasser als Trittsteine zu benutzen. Bald darauf betrat das
Forschungsteam das Lager der Knight-Expedition, um zunächst

einmal zu verharren und die Anlage aus der Nähe zu betrachten, wie es die Harpuniere der *Success* zum ersten Mal am 22. Juli 1767 getan hatten, bevor sie zu ihren Booten zurückeilten, um die Entdeckung »der Ruinen eines Hauses« zu melden.

Was noch immer am meisten beeindruckt, ist die Größe des Gebäudes. Die Anlage mißt 14,4 m × 9 m, mit 1,5 m hohen Wänden aus Stein und Erde. Kein anderer Forscher hat auf der Suche nach der Nordwest-Passage ein ähnliches Monument in der Einöde hinterlassen. Die Ruine liegt inmitten arktischer Tundra, einem weichen, dichten Teppich aus Karibuflechten, durchsetzt mit Riedgras, zerzausten Zwergweiden und – gelegentlich – cremefarbenen Rosenblüten. Das Ufer steigt vom Hafen aus 130 m leicht an bis zu einem kleinen Trinkwassersee, der im Norden und Süden von abgerundeten Quarzitfelsen geschützt wird. Und über allem lastet dieses Gefühl, das auch den Walfängern »die Überzeugung vermittelte, daß hier ein Schiff untergegangen war«. Die verrotteten Segel sind inzwischen verschwunden, ebenso die Kohlen. Nur den Platz, auf dem sie gelegen und auf dem nahezu dreihundert Jahre lang nichts gewachsen ist, kann man noch erkennen. Daneben lag eine lederne Schuhsohle, Erinnerung an einen der Expeditionsteilnehmer, die das Schmelzwasser aus dem Boden gespült hatte. Vielleicht stammte sie von einem der »französischen Modelle«, das Joseph Stevens beschrieben hatte.

Aufgrund seines Standortes in einer Senke zwischen zwei schroffen Felsen sah es so aus, als sei das Haus vor allem als Schutz gegen die eisigen Stürme gebaut worden. Nur gelegentlich fallen hier leichte Böen ein, während die Hauptkraft des Windes lediglich die hoch fliegenden Eiderenten mitreißt. Am Eingang zu Knights Haus, der auf der Südwestseite tief in den Boden gegraben war, herrschte Totenstille: die Schwelle zu einer vergangenen Zeit. Von Anfang an stand fest, daß es ziemlich schwierig sein würde, diese Schwelle zu überschreiten. Nach acht Tagen systematischer archäologischer Bodenvermessungen gab es noch immer keinen Hinweis auf irgendwelche Gräber der Expeditionscrew, noch sonstige Anhaltspunkte für die Ursache der Katastrophe. Die einzige aussagekräftige Spur von Knights zerronnenen Träumen war seine zerfallene

Zufluchtsstätte. Mit ihren dicken, klobigen Wänden aus Steinen und Erde erinnerte sie aus der Ferne eher an eine bronzezeitliche Wehranlage als an die Unterkunft einer Expedition aus dem 18. Jahrhundert. In ihrer Nähe lagen sogar noch Reste des ursprünglichen Baumaterials herum: Dutzende von Backsteinen, wovon manche, inzwischen ausgewaschen, langsam zu zerfallen begannen und rote Spuren im sanften Grund hinterließen. Zerbrochenes Glas und verrostete viereckige Nägel steckten verstreut unter den Flechten und den flachen Wurzeln der Zwergweiden. Dagegen fanden sich nach wie vor keinerlei Anzeichen für »die zahlreichen Gräber«, die die Walfänger entdeckt hatten, weder Grabsteine auf dem nahegelegenen Strand noch steinbedeckte Grabhügel. Vorsichtig durchgeführte Suchgrabungen auf dem gesamten Gelände förderten lediglich die Knochen eines geschlachteten Karibus ans Licht. Es war, als habe sich die Crew in Luft aufgelöst. Ihre einstige Existenz war genausowenig greifbar wie der Wind.

3

Der hinterste Winkel Nordamerikas

James Knights Lebensweg nachzuzeichnen, gleicht einem
Puzzle. Nur bruchstückhaft lassen sich die Episoden rekonstruieren, nur schwer die wohlüberlegten Schritte dieses Mannes
verfolgen, der halsstarrig seinen eigenen Weg ging. Knight war
ehrgeizig, jeder seiner Schritte diente dazu, konsequent ein
bestimmtes Ziel zu verfolgen. Die Mischung aus starkem Ehrgeiz und ausgeprägter Zielstrebigkeit aber ließen ihn den Visio-
nen ferner Reichtümer erliegen und führten ihn am Ende ins
Verderben.

Über Knights frühen Lebenslauf gibt es nur Andeutungen.
Das genaue Datum seiner Geburt und sein Geburtsort sind
unbekannt, obgleich es zwingende Beweise dafür gibt, daß er
der Vorgänger von Robert Peary, Richard Byrd und den anderen amerikanischen Helden der Polarforschung war. Ein Brief
an Knight vom 27. April 1683 enthält einen spezifischen Hinweis auf seine »neu-englischen Landsleute«. Aber in der subarktischen Wildnis wurden die puritanischen Tugenden wie Genüg-
samkeit, Abstinenz und Frömmigkeit bald von Knights Primär-
tugend verdrängt: der Gerissenheit, mit der er während seiner
gesamten Karriere stets den eigenen Vorteil verfolgte. Diese
Karriere begann am 15. August 1676, als die *Shaftesbury*, ein
Dreimaster der Hudson's Bay Company, in der Mündung des
Rupert River in der James Bay vor Anker ging und ihre großen
Kanonen abfeuerte.

Der Kanonendonner sollte in Fort Charles, einem kleinen
Handelsposten am Rande eines großen im Norden gelegenen
Sees, die Ankunft des Schiffes melden. Aber der Tagesbericht

verzeichnet ein für uns weit wichtigeres Ereignis: die erste Ankunft James Knights in Rupert's Land. Diese Ankunft war keineswegs zufällig. Als Schiffszimmermann hatte Knight, ein Mann in den Zwanzigern, für 42 £ Jahresheuer einen fünfjährigen Arbeitsvertrag für den »Bottom of the Bay« unterzeichnet. Ähnlich wie seine Kameraden aus dieser frühen Zeit hatte er nur das unmittelbare Ziel, der drohenden Armut zu entgehen und genug Geld zu sparen, um mit einer gewissen Unabhängigkeit nach Hause zurückkehren zu können.

Der Werber der Company, Thomas Gorst, hatte ein durchaus erträgliches, ja geradezu idyllisches Bild vom gewinnträchtigen Handel mit Biberpelzen gezeichnet, die wegen ihrer Unempfindlichkeit gegen Nässe besonders als Kopfbedeckung sehr geschätzt wurden. Seine Schilderung von Fort Charles erzählte von gemütlichen Blockhäusern, von Bier, das »dort für unseren täglichen Gebrauch gebraut wird«, und von großen Kaminen, die während des langen Winters angeblich dafür sorgten, daß es im Innern der Häuser stets Sommer blieb, während es draußen nichts als Eis und Schnee gab. Gorsts phantasievolle Schilderung verzichtete auch nicht auf Gärten voller Erbsen und Senfsamen sowie Pferche mit »Hühnern und Schweinen, die dort sehr gut gedeihen«.

Knight mußte ziemlich bald feststellen, daß die Wirklichkeit etwas anders aussah. Der erste Anblick von Fort Charles empörte ihn derart, daß er noch vierzig Jahre später schimpfte: »Wir hatten nichts als ein winziges Loch, in dem man nicht einmal Schweine hätte halten können.« Wie sich herausstellte, brauchte man für Schweine aber sowieso keine Unterkunft; das Experiment der Company mit lebendem Vieh blieb ein ständiger Mißerfolg, und auch den Garten nahm regelmäßig der Frost in seine Obhut. Und was das wärmende Feuer betraf: sobald das Holz heruntergebrannt war und das Abzugsrohr geschlossen wurde, füllte sich der Raum mit beißendem Rauch; wie ein Angestellter der Company später schrieb, bereitete er »Kopfschmerzen und ist sehr aggressiv und ungesund«.

In seinem 1708 erschienenen Buch »The British Empire in America« beschreibt der Autor John Oldmixon den Handelsposten als »ein armseliges Fort . . . in einer der ungemütlichsten

Gegenden der Erde«. Doch Knights Ehrgeiz half ihm über die rauhe Wirklichkeit hinweg. In Fort Charles hatte er nicht nur eine moosgedeckte Baracke betreten, sondern auch die Basis dessen, was Adam Smith zu den »schäbigen und bösartigen Mitteln des merkantilen Systems« zählte: das koloniale Monopol. »The Govenor and Company of Adventurers of England Trading into Hudsons Bay« oder kurz »Hudson's Bay Company« rühmte sich einer königlichen Urkunde, die ihr das Recht über ein nördliches Handelsimperium von sieben Millionen Quadratkilometern, genannt »Rupert's Land«, einräumte. Das Monopol umfaßte das Land, die Erzgewinnung, Fischerei und Handelsrechte über ein Herrschaftsgebiet, welches das weite Flußgebiet der gesamten Hudson Bay einschloß.

Während Knight seine ersten fünf Pflichtjahre am »Bottom of the Bay« abdiente und beim Aufbau neuer Gebäude schuftete, stellte er seine übrigen Talente keineswegs zurück. Aus kleinen Verhältnissen kommend, ließ ihn sein Ehrgeiz schnell in der gesellschaftlichen Rangordnung aufsteigen. Ein erster Beweis hierfür ist, daß Governor John Nixon ihn damit beauftragte, am Albany River ein neues Fort zu bauen. Da ihm der hierfür gewählte Standort nicht zusagte, sandte Knight durch Boten einen Brief an den Governor in Moos Factory. Er bemängelte, daß die Niederlassung viel zu weit den Fluß hinauf liege und von allen Seiten gegen feindliche Angriffe offen sei. Die Antwort überraschte ihn zwar, brachte ihn aber offensichtlich nicht aus der Fassung:

»Statt seine Meinung zu ändern, sandte er mir einen sehr wütenden Brief und erklärte mir, meine Aufgabe sei es, zu gehorchen und die mir von ihm mündlich oder schriftlich erteilten Befehle auszuführen, und nicht, ihm Vorhaltungen zu machen. Ich gab mich jedoch noch nicht zufrieden und reiste an den Moose River, um zu versuchen, ihn vielleicht doch von seinem Entschluß abzubringen, aber er bereitete mir einen solchen Empfang, daß ich am nächsten Tag schnellstens zurückfuhr.«

Der Handelsposten wurde gebaut, wo es der Governor befohlen hatte. Aber nur vier Jahre nach Knights Eintritt in die Gesellschaft traf sich das Londoner Verwaltungskomitee, zu dem hervorragende Männer wie der Architekt Sir Christopher Wren gehörten, in der Taverne »Zum goldenen Anker« in Cornhill, um über die Ernennung eines Deputy Governors für die Bay zu beraten; »Master Knight gehörte zum Kreis der Kandidaten«. Knight wurde zwar nicht gewählt, aber er machte das Beste aus seiner Niederlage. Im Herbst 1681 kehrte er nach London zurück, um das Komitee mit »einem hervorragenden Bericht über den Zustand des Landes, des indianischen Teils wie dem der Factory«, zu beeindrucken.

Winterquartier in der Hudson Bay im 18. Jahrhundert.

Die Geschäftsführung der Company wird Knights Report aufmerksam zugehört haben. Trotz zweier Jahrhunderte englischer Entdeckungen in der Hudson Bay war das Vorhaben, einen Seeweg von der »Bay of the North« zu den unendlichen nördlichen Wäldern zu erkunden, keine englische Erfindung. Die Idee kam aus Neu-Frankreich und war eine logische Konsequenz des lukrativen nördlichen Handels mit Biberfellen, der zu Beginn des 17. Jahrhunderts seinen Anfang genommen hatte. Initiiert von Handelsposten in Acadia, hatte sich der Handel nach und nach durch indianische Mittelsmänner den St.-Lorenz-Strom hinauf ausgedehnt und war schließlich – durch die »coureurs de bois« – bis ins Landesinnere vorgedrungen. »Waldläufer« waren umherziehende Pelzjäger, die in die Wildnis vordrangen, um die indianischen Mittelsmänner auszumanövrieren. Trotz aller Anstrengungen, die Wirtschaft der Kolonie zu diversifizieren, blieb die französische Niederlassung jedoch weitgehend vom Pelzhandel abhängig, und ihre Händler waren sich der drohenden Konkurrenz durch die aufstrebende »Hudson's Bay Company« sehr wohl bewußt. Zur gleichen Zeit, als Knight seinen Bericht ablieferte, machten sich die Franzosen bereit, einen Angriff auf das englische Monopol zu starten – ein Unternehmen, das durch seinen brillanten taktischen Erfolg inmitten eines großen Durcheinanders auffällt.

Knight überzeugte das Komitee davon, daß er »sehr geistreich und bestens bewandert in den Geschäften unseres Hauses« war. Sein Lohn war die Ernennung zum Chief Factor of Albany Fort an der Westküste der James Bay. Schon bald erhielt er ein zweites Amt. Diesmal war es die Berufung, die ihm zwei Jahre zuvor verweigert worden war: Knight wurde zum Deputy Governor at Hudson Bay ernannt und erhielt sämtliche Sonderleistungen, die mit dieser Position verbunden waren: zusätzliche 30 £ Gehalt pro Jahr, Möbel für seine Räume in Albany, einschließlich »eine Garnitur Gardinen, zwei wollene Decken, einen Vorleger, ein Bettgestell und Gardinenstangen, einen Teppich, sechs Stühle und zwei spanische Tischsets« sowie die Erlaubnis, seinen jüngeren Bruder Richard »für seine Bedienung« einzustellen. In einer Zeit, in der sehr sorgfältig auf Rangunterschiede geachtet wurde, sollte selbst ein in einer Blockhütte in der nördlichen Wildnis stationierter Deputy Governor zumindest den Schein von Erhabenheit genießen.

Im Mai 1682 wurden in Gravesend fünf Schiffe für die Reise in die Hudson Bay ausgerüstet, aber die monatelange sorgfältige Planung scheiterte bereits am Kai. Am Abend vor ihrer Abreise verlangte das Komitee den Offizieren der Expedition einen Eid ab, mit dem sie sich verpflichteten, keinen privaten Handel zu treiben, also kein persönliches Eigentum gegen Pelze einzutauschen in Konkurrenz zu den Interessen der Company.

Aus dem 17. Jahrhundert stammende Darstellung eines Bibers.

Während andere bereitwillig den verlangten Eid ablegten, kollidierte diese Forderung mit Knights unternehmerischen Instinkten. Zwischen ihm und den Komitee-Mitgliedern kam es zum Streit. Wenn es um seine eigene Brieftasche ging, war der selbstsichere Deputy bereit, es sogar mit den gerissenen Finanziers der City aufzunehmen, die der Company als Direktoren dienten. An einem bestimmten Punkt der Verhandlungen wurde der Kapitän der *Friendship* angewiesen, »Mister James Knight nicht ohne eine von mehreren Komiteemitgliedern unterzeichnete Genehmigung an Bord seines Schiffes zu lassen«. Die Auseinandersetzung endete jedoch am selben Tag mit dem Ausdruck »völliger Satisfaktion« seitens der Company, und

Knight konnte sich endlich für die Reise zur Hudson Bay einschiffen. Aber der Schaden war bereits angerichtet. Zweifel an Knights Loyalität blieben bestehen, und ein Brief, der dem nächsten Schiff mitgegeben wurde, erinnerte ihn: »Wir sind nach wie vor davon überzeugt, daß Sie uns nicht betrügen, sondern sich so verhalten werden, wie es sich in unseren Diensten schickt.«

Vielleicht war diese Affäre der Grund dafür, daß Knight bei der Wahl zum Governor übergangen wurde, als das Amt 1683 frei wurde. »Sie hatten mir die Stelle als Governor of the Country bereits versprochen«, murrte Knight. Und noch deutlicher: »Ich habe mit 130 Guineen gerechnet.« Statt dessen ging der lukrative Posten an Henry Sergeant, der mit einem ganzen Troß erschien. Im Gefolge hatte er seinen Pfarrer, seinen Sohn, drei Diener sowie einen »Haufen Frauen« inklusive seiner Ehefrau, ihrer Begleiterin Mrs. Maurice und eines Dienstmädchens – die ersten weißen Frauen, die sich in die Hudson Bay wagten. Das aufgeblasene Benehmen des neuen Governors paßte nicht so recht zum Leben in der Bay und stieß schon bald auf den Widerstand der Angestellten der Company, was Sergeant veranlaßte, sich beim Komitee über ihr »rebellisches Intrigieren und Lästern« zu beschweren. Es überrascht nicht, daß ein verbitterter Knight, der seinerseits darüber schimpfte, daß sie sich widerrechtlich »Lebensmittel und Getränke und überhaupt stets das Beste von allem aneigneten«, ebenfalls Sergeants Beschwerden zum Opfer fiel.

Im September 1685 wurde Knight nach London beordert, um sich gegen den Vorwurf des Privathandels zu rechtfertigen. Zwei Monate später wurde er vor ein Tribunal gezerrt. Mit Entschiedenheit bestritt er Sergeants Behauptungen, in denen es um ein Bündel Felle ging, die im Sommer zuvor verschifft worden waren. Zum Beweis seiner Unschuld legte Knight eidesstattliche Erklärungen vor, die ihm absolute Ehrlichkeit und unverminderte Loyalität attestierten. Das Komitee ließ sich davon zwar nicht beeindrucken, setzte aber die Verhandlung aus, um die für denselben Sommer erwartete Rückkehr Sergeants abzuwarten. In einem vertraulichen Brief an den Governor vom 20. Mai 1686 hieß es: »Ihren schweren Vorwurf gegen

Mr. Knight haben wir geprüft. Er leugnet das Ganze. Wir glauben jedoch Ihnen und haben ihn deshalb nicht entlastet. Wir werden dies auch vor Ihrer Ankunft nicht tun, denn wir erwarten, daß Sie Ihre Anklage beweisen werden.«

Da er den Ernst seiner Lage spürte, nutzte Knight die Pause, um für sich Stimmung zu machen, indem er der Company Vorschläge unterbreitete, die »die Kosten in der Hudson Bay erheblich senken würden«. Seine Kostensparmaßnahmen wurden im folgenden Monat von der Company überprüft. Sie empfahlen, die Gesamtzahl der in den drei Handelsposten am »Bottom of the Bay« – Fort Albany, Fort Moos und Fort Charles – stationierten Männer von 89 auf 36 drastisch zu reduzieren. Aus wirtschaftlichen Gründen sprach sich Knight auch gegen den Plan aus, Angestellte der Company ins Landesinnere zu schicken, um den Handel auszuweiten. Seine Einstellung war in diesem Punkt eher realistisch als konservativ. Statt zu versuchen, mit den französischen »coureurs de bois« auf deren eigenem Gebiet zu konkurrieren, trat er dafür ein, lieber befreundete Indianer anzuwerben und sie damit zu betrauen, »mit ihren Stammesgenossen zu reden und sie einzuladen, zu den englischen Factorys zu kommen«. Seine Vorschläge wurden weiteren Prüfungen unterzogen, und Knight konnte nichts tun, als auf Sergeants Rückkehr und seine Rechtfertigung zu warten. Beides fand 1686 nicht mehr statt.

Der Kampf um die Hudson Bay sollte nicht nur mit farbigen Glasperlen und Decken geführt werden. Die jahrelange chronische Vernachlässigung französischer Interessen im subarktischen Pelzhandel fand ein plötzliches Ende, als der Marquis de Denonville 1685 zum Governor of New France ernannt wurde. De Denonville mußte sich rasch entscheiden: entweder die englische Konkurrenz ein für allemal aus der Hudson Bay zu vertreiben oder aber den wirtschaftlichen Ruin seiner Kolonie hinzunehmen. Der Hudson's Bay Company war es inzwischen gelungen, ein Vermögen an Pelzen aus Montreal abzuziehen und damit riesige Gewinne einzustreichen. 1684 hatte sie damit begonnen, den Profit mit ihren Aktionären zu teilen und zahlte ihnen eine stattliche Dividende von fünfzig Prozent. Zwei Jahre später wurde ihr Imperium von Süden her angegriffen. De

Denonville versammelte seine Truppen unter dem Kommando des Chevalier de Troyes, eines jungen Parisers, und dessen hitzigem Leutnant Pierre Le Moyne d'Iberville. Dreißig französische Soldaten und siebzig »coureurs de bois« brachen im Frühjahr 1686 mit 35 Kanus von Montreal aus auf. Indianische Fährtensucher geleiteten das Überfallkommando den Ottawa River hinab über den Lake Abitibi, den Abitibi River und den Moose River an ihren Bestimmungsort, die James Bay. Sie überraschten die Verteidiger nachts im Schlaf, und sowohl Moos Factory als auch Fort Charles fielen nach nur kurzer Gegenwehr den Franzosen in die Hände.

Pierre Le Moyne d'Iberville

Sergeants gut befestigte Basis Fort Albany war eine härtere Nuß. Nachdem er den Governor zur Übergabe aufgefordert, aber keine Antwort erhalten hatte, begann de Troyes, das Fort mit Mörsern zu beschießen. Der erste Schuß unterbrach Sergeants Abendessen, ließ seine Frau in Ohnmacht fallen und verfehlte nur knapp einen Diener, der gerade ein Glas Wein einschenkte. Nachdem 140 Schuß abgegeben worden waren, wurden die »Vive-le-roi!«-Rufe der Angreifer von »dumpfen

Stimmen« aus dem Innern der Baracken beantwortet. Die gedämpften Rufe kamen aus dem Keller, wo der Governor mit seiner gesamten englischen Garnison kauerte. Als das Feuer schließlich eingestellt wurde, erschien eine einsame Gestalt auf der Palisade und schwenkte eine weiße Fahne. Innerhalb eines Monats hatten de Troyes und seine Leute damit alle Handelsposten der Company erobert, mit Ausnahme von Fort York, einer neuen Factory im Nordwesten am entfernten Nelson River. Schlimmer war, daß der wütende d'Iberville den inzwischen von den beiden Herrschern Jakob II. und Louis XIV. angeordneten Waffenstillstand ignorierte. Er blieb als französischer Oberbefehlshaber in der Hudson Bay und erwies sich als eine echte Plage für die Interessen der Company.

Der besiegte Sergeant stahl sich im Oktober 1687 nach London zurück, wo man ihm vorwarf, seine Kapitulation sei das Ergebnis von »Verrat und Feigheit«. Wegen seines totalen Versagens wurde Sergeant vom Komitee eine saftige Rechnung für den Verlust ihrer Factorien am »Bottom of the Bay« überreicht. Trotz seines angeschlagenen Rufes und obwohl sich die Company eigentlich um Wichtigeres zu kümmern hatte, wie ein Gesuch an König Jakob II., »zugunsten der Company bei den Franzosen zu intervenieren«, zeigt, erlaubte man Sergeant, seine alten Vorwürfe gegen Knight mit Nachdruck weiter zu verfolgen. Nach elf Dienstjahren wurde Knights Vertrag mit der Company aufgelöst. Er behielt jedoch das letzte Wort. Während es Sergeant gelungen war, »mich durch falsche Beschuldigungen von meinem Posten zu vertreiben«, hatte er es jedenfalls fertiggebracht, »das Land mit allem, was darin ist, den Franzosen zu überlassen«, wie Knight grimmig feststellte.

Es bedurfte des strahlenden Lichts der »Glorreichen Revolution«, um die Aussichten auf eine Rückeroberung des verlorenen Empires der Hudson's Bay Company neu zu beleben. Mit der Vertreibung Jakobs II. und der Thronbesteigung von William und Mary im Jahr 1689 endete auch der unbefriedigende Waffenstillstand, der von einer fortwährenden Präsenz der Franzosen in der Hudson Bay ausging. Der neue englische König vertrat einen härteren Standpunkt gegenüber den Eroberern, und das Londoner Komitee jubelte, daß »es dem Allmächtigen Gott gefallen hat, den Dingen eine wundervolle Wende zu geben«. Ermutigt durch die große englisch-europäische Allianz und die ersten Salven im Festlandkrieg König Williams III. fand ein geheimes Treffen statt, um die Rückeroberung von Fort Albany zu planen. Bei der Frage, wer den Angriff befehligen solle, fiel die Wahl der Company überraschend auf James Knight, der durch den simplen Zufall, daß er sich unter Anklage befunden hatte, nicht in die Kapitulation verwickelt war. Knight, beschrieben als »aus London, Kaufmann«, war inzwischen ein wohlhabender Mann in den mittleren Jahren. Er erfüllte zunächst die gestellte Bedingung und erwarb als Pfand für seine Loyalität einen Gesellschaftsanteil im Wert von 200 £, was gemessen an seinem Salär mehr als zwei Jahresgehältern entsprach. Als dem Komitee gemeldet wurde, daß Knight im Vorzimmer warte, wählte man ihn einstimmig zum Governor of the Bottom of the Bay, eine etwas zweifelhafte Ehre, da alle ehemaligen Handelsposten der Company noch immer in französischer Hand waren.

Das Komitee unterschied sich in seiner Zusammensetzung inzwischen wesentlich von demjenigen, das fünf Jahre zuvor über seine Entlassung befunden hatte. Knight dagegen hatte sich nicht geändert. Sein fanatisches Streben nach Unabhängigkeit und sein Unternehmergeist, die ihn ursprünglich zum Dienst auf der gefrorenen See bewogen hatten, nahmen jetzt die Mitglieder des Komitees für Knight ein. Aber diesmal hatte James Knight und nicht die Direktion die besseren Karten. Und er nutzte seinen Vorteil aus. Während er sich ihre dringenden Bitten anhörte, gab er sich ihrem Angebot gegenüber, ihm das Kommando zu übertragen, erst einmal zurückhaltend. Er ließ das Komitee wissen, »er habe da einige Bedenken, was ihn selbst angehe, und könne ihnen im Augenblick keine positive Antwort geben. Er werde ihnen seine Entscheidung in ein oder zwei Tagen zukommen lassen.« Man schrieb den 14. März 1692. Knight zögerte einen vollen Monat, bevor er ihnen seinen Entschluß mitteilte: Er war bereit, die Aktion zu leiten, aber nur zu seinen Bedingungen. Um sich seine Vorschläge anzuhören, wurde für denselben Abend ein zweites Treffen vereinbart. Knight verlangte unter anderem einen Anteil an der Kriegsbeute. Das Komitee stand vor der Frage, was weniger kostspielig werden würde: ihre Verluste an die Franzosen oder der Preis für Knights Dienste. Man entschied sich für das letztere, und William und Mary verliehen »unserem treuen und vielgeliebten Kapitän James Knight« die königliche Patenturkunde . . . »Wir setzen besondere Hoffnung und Vertrauen auf Eure Loyalität und Tapferkeit.« Seine Vollmacht als Governor und Oberbefehlshaber ermächtigte Knight, alle notwendigen Kräfte zu mobilisieren, um die französischen Schiffe, Männer, Waren und sämtliche Habe in seinen Besitz zu bringen. Die zwei Tage später vom Governor und dem Komitee bestätigten Instruktionen setzten Knight an die Spitze der gewaltigsten Streitmacht, die sich je zur Schlacht in der Bay versammelt hatte. Zu seiner Flotte schwerbewaffneter Fregatten, der *Royal Hudson's Bay*, der *Dering* und der *Pery*, gesellte sich noch die *Prosperous*. 213 Männer und 82 Kanonen waren die stattliche Zahl dieser Armee.

Kurz nachdem am 23. Juni der Befehl zum Auslaufen ergangen war, schiffte sich Knight auf der *Royal Hudson's Bay* ein, und die Schiffe lichteten die Anker. Zwei Monate später landete die Flotte am Nelson River, um mit dem Agenten von Fort York die Lage zu besprechen. George Geyer hatte von den Indianern gehört, daß die Franzosen ihre Posten in der James Bay verlassen hätten: »Sie legten Feuer und zogen nach Kanada ab.« Unter Zurücklassung der *Dering* setzte die Hauptflotte daraufhin ihren Weg nach Süden fort, bis zu einer Insel vor der Flußmündung des Eastmain River an der Ostküste der James Bay.

Der Winteranfang zwang Knight, seinen Plan, sofort anzugreifen, zunächst fallenzulassen. Da sie mit genügend Proviant für zwanzig Monate ausgestattet waren, entschied sich der Kommandant, statt dessen abzuwarten. Der lange Winter verging mit Schießübungen, Jagdpartys und täglichen Gebeten um göttliche Führung. Fünfzig Jahre später wurde auf der Insel ein wuchtiges Denkmal entdeckt, das man zur Erinnerung an das glorreiche Unternehmen errichtet hatte. Die hölzerne Gedenktafel zum Ruhme »der Herrschaft Kapitän James Knights« kam nachfolgend in den Besitz der Company und wurde das letzte Mal 1910 im Büro eines der Direktoren gesehen.

Im Juni 1693 griffen die Engländer schließlich an. Knights Streitmacht landete in der Nähe von Fort Albany und wurde von den Franzosen mit heftigem Kanonen- und Gewehrfeuer empfangen. Geyers Mitteilung erwies sich als falsch. Der starke Widerstand kostete wenigstens zwei Engländern das Leben. Zahlreiche andere wurden verwundet, darunter der Kapitän der *Prosperous*. Knight zog sich zurück, um seine Truppen neu zu formieren, und griff am nächsten Tag wieder an. Diesmal schwiegen die Gewehre der Franzosen. Als weiterhin alles ruhig blieb, betrat Knight vorsichtig das Fort, wo er auf den einzigen Bewohner stieß, einen verrückten Schmied, den man in Eisen gelegt hatte. Die Mienen der enttäuschten Eroberer erhellten sich erst wieder, als sie in den Warenlagern des Forts dreißigtausend Felle entdeckten.

Französische Berichte lösten das Rätsel um das Verschwinden der Besatzung. 1692 war es dem französischen Proviantschiff nicht gelungen, Fort Albany zu erreichen. Ein Großteil der Männer verhungerte im folgenden Winter. Die 21 Überlebenden waren gezwungen, einen Monat vor Knights Erscheinen den mühseligen Marsch nach Quebec anzutreten. Von den acht Männern, die man zum Schutz des Handelspostens zurückgelassen hatte, waren fünf erst einmal auf die Jagd gegangen. Als sie ein paar Tage später zurückkehrten, fanden sie Blutspuren im Schnee. Offensichtlich hatte der Schmied den Kompaniearzt umgebracht und dann seine Sünde in der Kirche des Außenpostens beichten wollen. Als der Pfarrer ihn ermahnte, vor Gott ein offenes Geständnis über sein abscheuliches Verbrechen abzulegen, hatte er sich die Sache offensichtlich überlegt und sich dann entschlossen, statt dessen lieber den Kopf des Pfarrers mit einer Axt zu spalten. Die in ihren Gefühlen verletzten Jäger legten den verrückten Schmied daraufhin in Eisen – gerade in dem Moment, als Knights Schiff in Sicht kam. Nach ihrer anfangs tapferen Verteidigung Albanys hatten sich die verhungernden Franzosen nachts heimlich an den englischen Soldaten vorbeigeschlichen und waren in der Dunkelheit entkommen.

Knight machte das Beste aus seinem Sieg und unterwarf seinen stammelnden Gefangenen einem strengen Verhör, erfuhr von ihm aber lediglich den Namen des längst abgereisten französischen Governors: Monsieur Le Meux. Der Gefangene, »ein Franzose, geboren in Angers an der Loire«, wurde schließlich zusammen mit den Fellen an Bord der *Royal Hudson's Bay* gebracht und nach London überführt. Obgleich sich sein Sieg schwerlich mit dem spektakulären Triumph über die Franzosen bei Blenheim vergleichen ließ, den Knights Zeitgenosse und ehemaliger London-Governor der Hudson's Bay Company, der Herzog von Marlborough, ein paar Jahre später errang, strich er seine Verdienste hinreichend heraus. Die Neuigkeit erreichte London mit der Ankunft des nächsten Schiffes, und am 30. Mai 1694 sandte das entzückte Komitee einen offiziellen Brief nach Albany, in dem es »das umsichtige Vorgehen von Governor Knight« pries und betonte: »Wir sind um so glücklicher, als es dem Allmächtigen Gott gefallen hat, ihn vor den Angriffen der Feinde zu schützen und zu behüten.« Knight wurde gebeten, wenigstens noch einen weiteren Winter dort zu bleiben, da man Fort Albany für sicher hielt, solange er dort Governor war. Wichtiger als das übertriebene Lob und die Taufe einer neuen Fregatte auf seinen Namen war der Inhalt eines privaten Schreibens. Darin kam das Komitee »zur Sache« und teilte Knight die Zahlung eines Bonus in Höhe von 500 £ mit, der in Form einer Schuldverschreibung an seinen Anwalt überwiesen worden war.

Wie sich herausstellte, hatte Knight noch weitere dringende Anliegen. Das ausschließliche Sammeln von Fellen interessierte ihn nicht länger. Sein Auge hatte jenes Glitzern aufgefangen, das so alt ist wie die Entdeckungsgeschichte selbst: der Glanz von »Minen und Erzen«. Als erster war der englische Glücksjäger Martin Frobisher der Verlockung erlegen, als er mehr als ein Jahrhundert zuvor die Nordwest-Passage gesucht hatte. Frobisher war 1576 auf der Suche nach dem Reich des Groß-Khans losgesegelt und hatte von Gold und duftenden Gewürzfeldern geträumt. Statt dessen landete er an der Ostküste von Baffin Island, wo er schwindlig vor Glück Tonnen glitzernden Erzes ausgrub, fest davon überzeugt, es enthalte Gold. Gelegentlich mag jemandem ein Vermögen in den Schoß fallen, aber Frobisher gehörte nicht zu jenen Männern. Es handelte sich um Katzengold – und Frobisher machte sich zum Narren. Knight seinerseits hatte in den Monaten vor der Rückeroberung von

Fort Albany geologische Untersuchungen an der Ostküste der James Bay bei East Main durchgeführt und dabei eine »Gesteinsader« entdeckt und »ein weißliches Metall, das wie mattes Zinn aussieht«. Angefeuert von dem Versprechen der Company, daß »wir jeden, der Erze entdeckt, nach Kräften fördern und belohnen werden«, setzte er die Suche von Fort Albany aus fort.

Auf den ersten Blick scheint es, als sei Knight dem gleichen Irrtum erlegen wie Frobisher. Das Komitee teilte dem Governor mit, daß die Fundstücke, die er gesammelt und nach Hause geschickt hatte, »obgleich sie in ›seinen‹ oder anderer Leute Augen vielversprechend aussehen mögen . . . sich bei genauer Untersuchung als Schwefel erwiesen und sich in Rauch aufgelöst haben«. Als sich jedoch ein Alchimist als Gauner entpuppte und sich mit den von Knight entdeckten Mineralien aus dem Staube machte, erhob sich sofort der Verdacht, sie könnten vielleicht doch sehr wertvoll gewesen sein. Knight wurde gebeten, weitere Proben zu schicken und dabei tief zu graben, weil sich »das echte Erz im Erdinnern« befinde. Man schickte ihm sogar primitive Schürfwerkzeuge, um die Arbeiten zu unterstützen, wies ihn aber gleichzeitig darauf hin, daß bei der Suche nach Erzen im allgemeinen Schießpulver verwandt werde. Außerdem stellte man einen gewissen Gotlob Augustus Lichteneger ein, »ein Sachse und Bergmann«, der jahrzehntelang – im wesentlichen erfolglos – die angeblich von Knight entdeckte »Gesteinsader« suchte.

Im August 1697, fünf Jahre nach seiner triumphalen Rückkehr nach Fort Albany, unterbrach Knight seine Erzsuche vorübergehend, bestimmte einen Nachfolger und schiffte sich auf der *Pery* nach England ein. Er tat dies in dem stolzen Bewußtsein, daß die »Adventurers of England« wieder die absoluten Herren von Rupert's Land waren. Dicker Nebel in der Hudson Strait erhielt ihm seine Illusion. Das Schicksal wollte es, daß Knights Heimreise ohne Hindernisse verlief und er nichts von der gewaltigen französischen Kriegsflotte erfuhr, die sich unter dem Kommando von d'Iberville bereits in der Bucht befand. Eisbarrieren und eine heftige Strömung in der Hudson Strait erwiesen sich als Englands beste Verteidigung. Eins der französischen Schlachtschiffe fiel der stürmischen See zum Opfer, ein weiteres wurde schwer beschädigt. Ein drittes geriet in die Schußweite der *Hampshire,* die die Company auf das Gerücht hin ausgesandt hatte, daß die Franzosen einen Angriff planten. Aber d'Iberville entkam schließlich dem Wüten der Elemente und erreichte mit seinem Flagschiff, der *Pelican,* den Nelson River.

Als die *Pelican* am 3. September vor Fort York auftauchte, wurde das französische Schiff von der englischen Besatzung mit Salutschüssen empfangen. Man hatte es irrtümlich für ein eigenes gehalten. D'Iberville machte sich gerade zum Angriff auf Fort York bereit, als drei Hauptsegel am Horizont auftauchten. In der Annahme, es handele sich um den Rest seiner Flotte, lichtete er die Anker und segelte ihnen zur Begrüßung entgegen. Seine Signale wurden jedoch nicht erwidert. Statt dessen stürzten sich drei schwerbewaffnete englische Kriegsschiffe auf die *Pelican.* Die *Hampshire, Hudson's Bay* und *Dering* schienen unschlagbar: 114 Kanonen gegen 44 der Franzosen. Die Schlacht dauerte zweieinhalb Stunden und wurde ein einziges Blutbad mit Hunderten von Toten. Der dramatischste Moment ereignete sich auf dem Höhepunkt der Schlacht, als die stark angeschlagene *Hampshire* sich längsseits an die schwer beschädigte *Pelican* heranschob. Kapitän John Fletcher und d'Iberville ließen sich jeder einen Humpen Wein reichen, um gegenseitig auf die Tapferkeit des anderen und die größte Seeschlacht der Geschichte in der Hudson Bay einen Toast auszubringen. Kurz darauf feuerte d'Iberville seine letzte Breitseite ab, und die *Hampshire* versank mit Mann und Maus. Der Rückzug der *Dering* und die Kapitulation der *Hudson's Bay* machten d'Iberville völlig überraschend zum Sieger. Er verlor wenig Zeit, Fort York wieder in Besitz zu nehmen. Während französische Schützen die englische Flagge zu Schießübungen benutzten, rüstete ihr Befehlshaber zum Sturmangriff. Da ziemlich klar war, daß die Verteidiger Fort Yorks keine Chance hatten, kapitulierte die Besatzung umgehend. Immerhin bemühten sich die Engländer, das Gesicht zu wahren und marschierten unter Trommelschlag mit geschulterten Gewehren hinter wehenden Fahnen aus der Palisade – das Gepäck hinter sich herziehend. An den französischen Linien vorbei verschwand die Garnison in den Wäldern.

Die Eroberung von Fort York im Jahre 1697 durch d'Iberville.

Erst als die Franzosen ein Jahr später ihre Gefangenen freilie-
ßen, erfuhr das Komitee von der Eroberung Fort Yorks und der
Isolierung Fort Albanys. Frankreich kontrollierte wieder, was
einer der Offiziere als »den hintersten Winkel Nordamerikas«
bezeichnete. Nach zehn Jahren Krieg um die Wildnis war die
voreilige Hoffnung der Company, ihr Empire zurückzuerobern,
in herbe Enttäuschung umgeschlagen. Wenn das Feuer der
Kanonen irgend etwas erhellt hatte, dann, daß die Kosten eines
Krieges viel zu hoch waren, um sie einfach als Betriebskosten
abbuchen zu können. Die Direktoren der Company sahen einen
Moment von ihren Geschäftsbüchern auf und versicherten sich
abermals der Dienste Knights, des einzigen Offiziers, der sie in
diesen zehn Jahren niemals enttäuscht hatte.

Der Vertrag von Ryswick, der kurz nach der Eroberung Fort
Yorks durch d'Iberville unterzeichnet wurde, befriedigte die
Company in keiner Weise. In Artikel VII des Abkommens
hatten sich England und Frankreich verpflichtet, die ursprünglichen Grenzen der Kolonien wiederherzustellen, unabhängig
davon, wem welches Gebiet zum Zeitpunkt der Kriegserklärung
im Jahr 1689 gehört hatte. Dementsprechend hätten die Engländer Fort Albany und die Franzosen Fort York herausgeben

müssen. Kleinliches Gezänk verzögerte jedoch die Erfüllung der Vertragsbedingungen in der Bay, bis schließlich das gesamte Abkommen 1702 mit Ausbruch des Spanischen Erbfolgekrieges ohnehin Makulatur wurde. Knight, inzwischen als »Gentleman aus London« geführt, wurde zu einem der wenigen überseeischen Offiziere, die jemals einen Sitz im mächtigen Komitee erlangten. Er spielte eine wichtige Rolle in den Geschäften der Company, da sich bei ihm ein angeborener Geschäftssinn mit praktischem Know-how paarte. Seine Erfahrungen als Schiffszimmermann leisteten ihm bei der Überwachung des Baus und der Ausstattung ihrer Fregatten gute Dienste, wobei er stets seine eigenen finanziellen Interessen im Auge behielt. So zum Beispiel, als er sich 24 Posten unverkaufter Marderfelle zu einem Spottpreis sicherte. Die verlangten 933 £ bereiteten ihm keine größeren Schwierigkeiten. Knights neubegründetes Ansehen war so groß, daß er 1703 gebeten wurde, sich mit weiteren Komiteemitgliedern in Londons Jerusalem Coffee House zu treffen, »um gemeinsam zum House of Peers zu gehen und dem Herzog von Marlborough ihre Aufwartung zu machen«. Allerdings waren nicht alle seine Aufgaben so erhebend. So überwachte Knight im Auftrag der Company sämtliche Anschaffungen: von Betten und Bettvorlegern bis zu Saatgut. Er übernahm es sogar persönlich, Möglichkeiten zu prüfen, wie man Kühe am leichtesten in die Hudson Bay transportieren könnte.

Im Februar 1710 wurde Knight ausgewählt, nach Holland zu reisen, »um die Interessen der Company im anstehenden Friedensvertrag zu vertreten«. Er wurde von Sir Bibye Lake begleitet, einem der führenden Bankiers der City, der als ihr London Governor seit drei Jahrzehnten das Vermögen der Company verwaltete. Von ihrem Standort aus, dem English Coffee House in Den Haag, trafen sich die Emissäre, bewaffnet mit einer Truhe voller Bücher und Dokumente zur Stützung der Company-Interessen, mit Marlborough und Viscount Townshend, um auf eine Rückgabe der eroberten Handelsposten und ihres Kolonialgebietes zu drängen. Nach viermonatigen Verhandlungen hatten Knight und Lake eine Klausel durchgedrückt, in der nach den Worten des englischen Außenministers gefordert wurde, »daß alle von den Franzosen gehaltenen Plätze

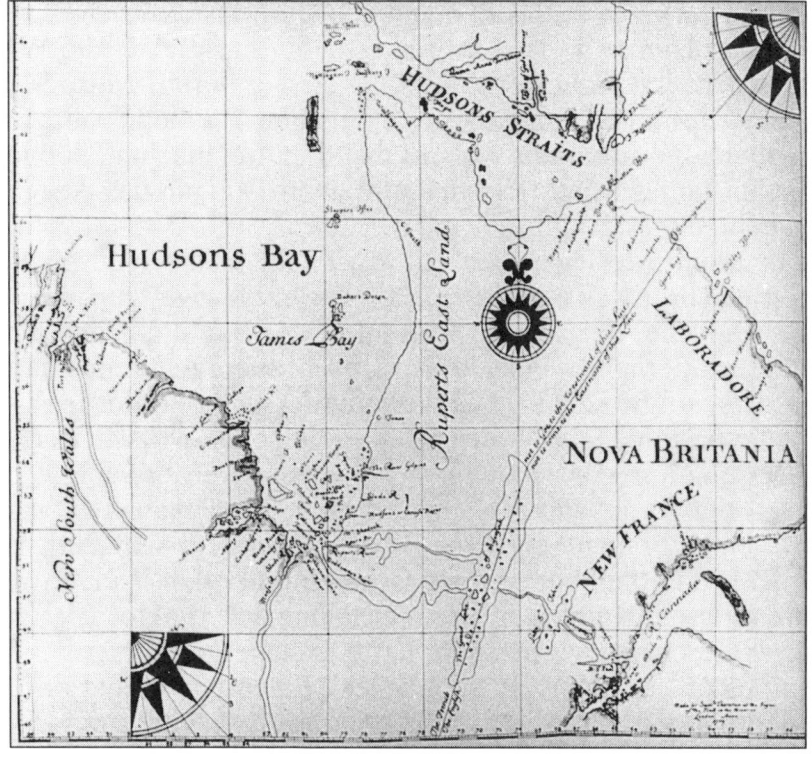

Eine bei den Friedensverhandlungen von 1710 verwendete Karte.

und Kolonien in der Bay und Streights of Hudson zurückzuge-
ben seien«.

Nachdem sie die Interessen der Company erfolgreich vertreten hatten, kehrten die zwei nach London zurück, um die
Unterzeichnung des Vertrages von Utrecht abzuwarten, die am
31. März 1713 erfolgte. Während dieser Zeit hatte Knight wiederholt an einer nicht identifizierten Krankheit gelitten, die
schließlich so schlimm wurde, daß am 19. April 1714 ein
Komiteemitglied gebeten wurde, »nach Temple Mills zu gehen
und sich nach dem Gesundheitszustand von Kapitän James
Knight zu erkundigen«. Er erholte sich jedoch wieder, und als
das Komitee zusammentrat, um den Governor zu bestellen, der

Fort York wieder in Besitz nehmen sollte (das unter den Franzosen den Namen Fort Bourbon erhalten hatte), fiel die Wahl ganz selbstverständlich auf ihn. Obgleich er bereits Mitte Sechzig war, beständig unter gesundheitlichen Problemen litt und sich einen geruhsamen Lebensabend hätte machen können, brauchte James Knight diesmal nur einen Tag, um das Angebot anzunehmen.

Der Mann, der sich jetzt zur Rückkehr in die Hudson Bay bereit machte, war ein anderer als der ehrgeizige, zupackende junge Bursche, der sich im Bottom of the Bay unter den nicht gerade zimperlichen Pelzhändlern nach oben gearbeitet hatte. Wie stets, sorgte seine acht Punkte umfassende Forderungsliste für eine bestmögliche Wahrung seiner eigenen wirtschaftlichen Interessen. Für das leibliche Wohl des Governors sorgte ein Jahresgehalt von 400 £. Hinzu kamen ein Pelzmantel »zum täglichen Gebrauch« und eine Biberfelldecke für sein Bett. Für den Fall, daß dankbare französische Händler den Wunsch verspüren sollten, Knight für die Übernahme ihrer Faktorei irgendwelche Geschenke zu machen, hatte er sichergestellt, daß diese unmittelbar in sein »persönliches Eigentum« übergingen. Außerdem verlangte er, daß London ihm eine nie zuvor gewährte Unabhängigkeit garantierte, wonach er »an keine Befehle und Instruktionen« gebunden sein sollte. Er wollte freie Hand haben für die Durchführung seiner Pläne, die ihn schon bald über jede Grenze der Vernunft hinausschießen lassen und ihm letztlich sein eisiges Grab bereiten sollten: die Jagd nach »neuen Entdeckungen«, vor allem jede Art von Mineralien. Damit keiner seiner Kollegen im Komitee auf die Idee kam, er lasse in diesem Punkt mit sich handeln, stellte Knight klar, »daß er anderenfalls nicht zu gehen gedenke«.

Als sein Stellvertreter begleitete ihn Henry Kelsey. Ein Vierteljahrhundert zuvor hatte dieser ganz auf sich allein gestellt ausgedehnte Erkundungsreisen unternommen, nachdem das Komitee angeordnet hatte, »den jungen Henry Kelsey zum Churchill River zu schicken . . .«, da es gehört habe, »daß er ein sehr unternehmungslustiger junger Mann ist, der Freude daran hat, mit den Indianern zusammenzusein, und den nichts glücklicher macht, als mit ihnen umherzuziehen«. Der junge

Mann war von der Wildnis begeistert, und er war der erste Europäer, der nördlich des Churchill River Hunderte von Kilometern über Land reiste.

Mit Anfang Zwanzig unternahm Kelsey eine zweite, noch erstaunlichere Expedition. Zwischen 1690 und 1692 wanderte er den Hayes River und den Saskatchewan River hinauf und erreichte als erster Engländer die Prärien Westkanadas. Dort traf Kelsey auf Büffelherden, kreuzte die Fährte von Grizzlybären und schrieb einen viele Verse umfassenden Reisebericht. Seine weitere Karriere war etwas weniger bemerkenswert, obwohl er »wegen Treue und Sorgfalt in allen Angelegenheiten« mit einer Gehaltserhöhung von fünf Pfund belohnt wurde, als er unter Knight in Fort Albany diente. Kurzfristig war Kelsey auch Kapitän auf der Fregatte *Knight* und stieg schließlich zum Leiter einer Company-Factory auf, bevor er 1714 Knight an Bord der *Union* begleitete, um mit ihm nach Fort York zu segeln. Knight führte eine Königliche Vollmacht mit sich, verliehen von Königin Anne, die 1702 die Nachfolge Wilhelms von Oranien angetreten hatte, und die ihren Governor-in-chief of Hudson Bay autorisierte, »für Uns und in Unserem Namen besagte Bucht, Meerengen, Land, Seen, Küsten, Flüsse, Forts und andere Gebäude, Kanonen, Kugeln, Pulver und Proviant in Besitz zu nehmen«.

Eine Zeitlang schien es, als ob Knight sein Triumph vorenthalten bleiben sollte. Ein Schaden am Steuer der *Union* machte die Fahrt durch die Hudson Strait zu einer Qual. Die schwerfällige Fregatte wurde gegen Eisschollen geschleudert und saß fünf Tage lang im Eis fest, wobei sie einmal gefährlich nah an die Küste getrieben wurde. Nach heftigen Anstrengungen kam die *Union* schließlich frei und ankerte Anfang September vor der Landzunge, die bei Fort York den Nelson vom Hayes River trennt.

Knight verlor bei der Übernahme des Handelspostens keine Zeit. »Ich schickte meinen Vertreter mit der Schaluppe, die das Emblem des französischen Governors trug, an Land und gab ihm die Vollmacht der Königin mit . . . um unser Recht zu dokumentieren, den Platz in Besitz zu nehmen«, schrieb er als ersten Eintrag in sein York-Journal, ein täglich fortgeführtes

Tagebuch, das als eine erstaunliche Chronik vom Überlebenskampf und der Entdeckung des Nordens erhalten geblieben ist. Die Bedeutung seines literarischen Werkes ist Knight durchaus bewußt gewesen. Er hat die Mitglieder des Komitees immer wieder gedrängt, seine Berichte zu lesen, »da sie mehr Einzelheiten über Ihr Land enthalten, als alles, was Sie bisher bekommen haben«.

Kelsey kehrte am folgenden Tag in Begleitung des französischen Governors von Fort Bourbon, Nicholas Jérémie, zurück, um die Übergabebedingungen auszuhandeln. Als geborener Neu-Franzose und erfahrener Pelzhändler erwies sich Jérémie Knight als in jeder Hinsicht gewachsen. Er zankte sich mit ihm über jedes Detail bei der Übergabe des Forts und erteilte ihm zweimal eine schroffe Abfuhr, als Knight die Schlüssel verlangte, bevor er endlich an Land gehen konnte, um seine neue Residenz zu inspizieren. Er tat dies mit wachsendem Entsetzen: »Dieser Platz ist nichts als ein zusammengewürfelter Haufen alter, verrotteter Häuser ohne jede Ordnung und Zucht . . . meine eigene Unterkunft, in der ich diesen Winter verbringen muß, ist nicht halb so gut wie unser alter Kuhstall im Bottom of the Bay.« Der Governor würde lediglich auf seine Biberfelldecke zurückgreifen können, um sich warm zu halten.

Am Sonnabend, dem 11. September, ließ der französische Governor seine Leute antreten und verlas den Marschbefehl. Die französische Flagge wurde eingeholt, und Knight ließ die englische Fahne hissen. Nachdem er seine Vollmacht vor der zusammengewürfelten Schar laut verlesen hatte, nahm der neue Governor »das Fort für die Königin mit dem üblichen Zeremoniell in Besitz«, indem er die Kanonen abfeuern ließ und einen Toast auf die Gesundheit Ihrer Majestät ausbrachte. Während die Franzosen packten, feierten die 27 Leute der Company bei einem Faß Starkbier bis weit in die Nacht hinein.

Kaum waren die Männer am nächsten Morgen aus ihren Träumen erwacht, als bereits ihre zukünftigen Kunden eintrafen, um eine Beratung abzuhalten. Einer der ersten Indianer, der sich in das wiedererlangte Fort wagte, erklärte Knight, daß er das französische Geschäftsgebaren dem englischen vorziehe; eine Mahnung, die bedeutete, daß nach siebzehn Jahren »viele

Indianer große Freundschaft für die Franzosen empfanden«. In scinen »Narrative of Twenty Years of York Factory« ging der scheidende Governor noch einen Schritt weiter und führte die guten Handelsbeziehungen, ·die sich unter der französischen Besatzung herausgebildet hätten, als Beweis dafür an, daß die Eingeborenen sie als »Väter und Beschützer« betrachtet hätten. »Den Engländern bringen sie nicht die gleiche Anhänglichkeit entgegen«, mokierte sich Jérémie.« Sie behaupten, diese versuchten sie zu betrügen und sagten niemals die Wahrheit, und das gefalle ihnen nicht.«

Wie dem auch sei, Knights erste Versammlung in Fort York verlangte ein »umfangreiches Zeremoniell«. Die Indianer breiteten ihre Freundschaftsgeschenke wie Biberfelle, Hirschzungen und etwas Tierfett vor dem Governor auf dem Boden aus. Danach wurden vier Kalumets — Friedenspfeifen — hervorgeholt. Es sollte ein schwer errungener Friede werden. Knight klagte, er habe so viele »Züge aus jeder Pfeife« nehmen müssen, daß er darüber zum »echten Raucher« geworden sei. Die dreistündige Zeremonie endete mit der Überreichung von Geschenken an die Eingeborenen, begleitet von Knights Versprechen, sich ihnen gegenüber fair zu verhalten. Die Indianer waren offensichtlich nicht überzeugt, und drei Tage später mußte die feierliche Zeremonie noch einmal wiederholt werden.

Ende September befahl Knight, die *Union* reisefertig zu machen. Drei Tage später trat das Schiff mit der französischen Garnison an Bord die Heimreise an. Unter dem Frachtgut der französischen Händler und ihren Biberfellen befand sich auch ein Schreiben an das Londoner Komitee. »Ich gratuliere Ihnen zur Wiedererlangung Ihrer Rechte im gesamten Gebiet der Hudson Bay«, schrieb Knight voller Stolz. Der freudlose Winter der Company war endlich vorüber. Doch für Knight sollte die Dunkelheit erst beginnen.

4

Die Indianerin

Die Unbeirrbarkeit, mit der Knight sich auf die Suche machte, ist rational nicht recht zu erklären. Ihren Ursprung hatte sie mit ziemlicher Sicherheit in seinen Schürf- und Förderversuchen nach der Rückeroberung von Fort Albany. Ferner weiß man, daß Knight die Berichte der ersten Entdecker – Button, James und Foxe – gelesen und sich über die mögliche Existenz eines fernen »Land des Goldes« Gedanken gemacht hat. Seine anschließenden Unternehmungen jedoch ähneln eher Francisco de Coronados nebulösen Wanderungen durch den amerikanischen Westen auf der Suche nach dem goldenen Königreich Quivira als den weit gezielteren Forschungen derer, die nach der Nordwest-Passage suchten. Gerüchte unter den Indianern hatten den spanischen General immer tiefer in den unbekannten Kontinent hineingelockt. Sein Eroberungszug der Jahre 1540/41 endete schließlich in Kansas, dessen einziger erkennbarer Reichtum in der endlosen Weite des Landes bestand. Auch für Knight lagen die reichen Erzvorkommen nicht in einem entfernten orientalischen Feudalreich, sondern in den unerschlossenen Gebieten der Neuen Welt, einer Region, die grenzenloser war als alles, was sich Coronado hätte vorstellen können. Dies vor Augen, hatte sich Knight nicht nur eine Grabungsvollmacht ausstellen lassen und sich die notwendige Ausrüstung besorgt (»Cruseables, Schmelztiegel und Borax für die Gesteinsproben«), sondern sich auch einen zehnprozentigen Anteil am Gewinn garantieren lassen.

Gläubige hoffen auf Bestätigung, und so suchte auch James Knight in seinen ersten Nächten in Fort York am dunklen

Himmel nach einem guten Omen. Durch einen seltsamen Zufall lieferte ihm eine Chippewa-Squaw das erhoffte Zeichen. Ihre Augen leuchteten auf, als sie den alten Governor in seiner prächtigen, seinem Rang entsprechenden Uniform das erste Mal erblickte. Dann legte sie ihre Hände auf die blanken Goldknöpfe seines Uniformrocks und verkündete, daß es dieses wertvolle Metall in den fernen Ländern im Nordwesten im Überfluß gebe. Bedauerlicherweise zeigte sich die Eingeborene Knights stundenlangen, intensiven Verhören nicht gewachsen, und es »gefiel Gott, daß sie erkrankte und starb«. Er jammerte noch über ihren Verlust, als barmherzigerweise eine zweite Botin erschien.

Knight spricht von dieser ungewöhnlichen Frau nur als »Slavewoman«. Thanadelthur war aus der Gefangenschaft der Crees entflohen und hatte im Zelt einer Jagdgesellschaft in der Nähe des Ten Shilling Creek Schutz gesucht. Sie war eine Chippewa vom Unterstamm der Slaves, die am entfernten Ufer des Great Slave Lake lebten, und war bei einem Überfall der Crees im Frühjahr 1713 geraubt worden. Die Slaves verdankten ihren Namen wiederholten Raubzügen, denen sie während der Stammeskämpfe ausgesetzt waren, und bei denen die Crees stets die Oberhand behielten, weil diese als erste von englischen und französischen Händlern Gewehre bekommen hatten. Thanadelthur hatte versucht, die weiten Barren Lands zu überqueren und zu ihrem Stamm zurückzukehren, war aber gescheitert, und suchte nun statt dessen Zuflucht in Fort York. Fasziniert durch ihr Erscheinen gleichsam aus dem Nichts und inzwischen voller Hochachtung vor der generellen Genauigkeit indianischer Ratschläge, war Knight sofort überzeugt, daß Thanadelthur »ihm bei seinem Vorhaben von großem Nutzen sein werde«. In der Tat sollte sie zu einer der interessantesten Persönlichkeiten in der Entdeckungsgeschichte des Nordens werden. Ihre Lebenserfahrung und das von ihr geteilte Wissen ihres Stammes bestimmten die Art und Weise, wie Knight ihr Land, seine Geographie und seine Möglichkeiten begriff.

Mündliche Überlieferungen der Chippewas preisen Thanadelthurs Jugend und Schönheit. Da beide Merkmale unter Berücksichtigung der ungeheuren Härte des Nomadenlebens

65

gleichermaßen flüchtig sind, und kräftige junge Frauen bei Stammeskämpfen die begehrteste Beute waren, war Thanadelthur wahrscheinlich noch keine zwanzig Jahre alt, als sie von den Crees entführt wurde. Es waren jedoch ihr resoluter Charakter und ihre Intelligenz, die Knight gefangennahmen. Die Slave-Frau fesselte den Governor schon bald mit ihren hinreißenden Erzählungen von einem fernen Land, einer Gegend, wo »die Felsen die unterschiedlichsten Farben aufweisen und nach der Beschreibung reich an Erzen« sind, wo es »eine Menge Mauerschwalben, Hermeline, Füchse, Büffel usw.« gab, sowie »einen großen Fluß oder eine Meerenge mit einer starken Tide, so daß er in manchen Wintern kaum zufriert«. Für Knight konnte es sich nur um eines handeln, den Traum aller Seefahrer: die Nordwest-Passage.

Cree-Lager

Gegen Januar 1715 waren seine Hoffnungen auf eine Entdeckung vorübergehend in tiefe Depression umgeschlagen. Unter der nördlichen Sonne können Eiskristalle wie Diamanten funkeln, aber im tiefsten Winter in Fort York schien das nächtliche Dunkel unendlich. »Es ist so schwarz und dunkel, kalt und feucht«, jammerte Knight. Die trübselige Routine im Fort wurde allenfalls durch Rebhuhnjagden oder die gelegentliche

Amputation eines erfrorenen Fingers oder eines Zehs unterbrochen. Bei achtzehn Stunden Dunkelheit am Tag vertrieb sich Knight die Zeit mit Nebensächlichkeiten, erstellte eifrig einen der ersten kanadischen Wetterberichte und führte genau Buch über die tägliche Beute an Rebhühnern und Hasen, wobei die Engländer wesentlich schlechter abschnitten als die Franzosen. Knights Gesamtzahlen bleiben weit hinter den von Jérémie behaupteten zurück, dessen achtzigköpfige Besatzung im Winter 1709/1710 90 000 Rebhühner und 25 000 Hasen verzehrt hatte. Die von Knight im Tagesjournal eingetragenen klimatischen Daten gehören zu den seltenen Zeugnissen über den Kälteeffekt der »Kleinen Eiszeit« in den Jahren zwischen 1650 und 1850.

Diese »Kleine Eiszeit« hatte ihren Höhepunkt am Ende des 17. und in den ersten Jahrzehnten des 18. Jahrhunderts und machte sich in dieser Periode auch in Europa bemerkbar. Durch das kalte und feuchte Wetter in Deutschland und in der Schweiz dehnten sich die Gletscher in den Alpen deutlich aus. England erlebte einen Winter, in dem die Themse völlig zufror. In einer Analyse der Wetterbedingungen stellt der Klimatologe Dr. Thimothy Ball fest, »die Gewalt der Stürme dieser Epoche sind dem extrem südlichen Verlauf der Polarfront zuzuschreiben«. Knights stereotyp wiederholten Hinweise auf »schneidende Kälte« und »Stürme« machen deutlich, daß das Klima in der Hudson Bay damals deutlich kälter war als heute. Der Klimatologe Ball hat darauf hingewiesen, daß die Gegend um Fort York, das heute in der Borealzone liegt, damals subarktisches Gebiet war.

Am 13. Februar 1715 unterbrach ein Unglücksfall die Monotonie. Von drei Leuten der Company kehrten nur zwei von einer Außentour zurück. Der dritte, George Mace, war vor Erschöpfung unterwegs im Schnee zusammengebrochen. Sie hatten ihn in einen Bibermantel gewickelt zurückgelassen und waren umgekehrt, um Hilfe zu holen. Knight schickte sofort einen Suchtrupp los und befahl am folgenden Tag auch dem Schneider der Garnison, Thomas Butler, sich der Suche anzuschließen. Der Suchtrupp fand schließlich Maces Spuren im Schnee. Sie führten zunächst etwa einen Kilometer in Richtung des Forts, bogen dann aber in Richtung des Nelson River ab. Die Leute folgten den Fußspuren bis zum Ufer des gefrorenen Flusses. Dort entfachten sie ein gut sichtbares Feuer und schossen mehrmals in die Luft. Etwa gegen 9 Uhr setzte ein Blizzard ein, der das Feuer ausblies und die entmutigten Männer zwang, zum Fort zurückzumarschieren.

Es dauerte zwei Tage, bevor Knight einen weiteren Suchtrupp losschicken konnte, der dieses Mal aus Butler und zwei Fährtensuchern der Crees bestand. Gegen Mittag kam die Nachricht, daß Mace gefunden sei. Trotz erfrorener Hände und Füße war es ihm gelungen, sich bis zu dem Platz zu schleppen, wo man das Feuer entzündet hatte, und hatte sich neben die verlöschende Asche gekauert. Man entfachte ein neues Feuer, und Butler blieb bei Mace, während die Fährtensucher umkehrten, um einen Schlitten zu holen. Abschließend konnte Knight berichten, »sie brachten ihn gegen acht Uhr abends in einem miserablen Zustand zurück. Seine Hände waren von den Fingerspitzen bis zum Handgelenk fürchterlich geschwollen und seine Füße weitgehend erfroren.«

Maces Schicksal war kein Einzelfall. Eine wissenschaftliche Abhandlung aus dem Jahr 1742 über »Extraordinary Degrees and Surprizing Effects of Cold in Hudson's Bay«, die der Royal Society eingereicht wurde, stellt fest, daß die Männer, die sich im Winter nach draußen wagten, trotz Winterkleidung – bestehend aus Pelzstiefeln, mit Flanell gefütterten Hosen, Pelzmützen, gestrickten Handschuhen und Biberfäustlingen – regelmäßig mit schrecklichen Blasen und Erfrierungen an »Armen, Händen und Gesicht zurückkehrten, so daß sich ihre Haut löste, sobald sie ein warmes Haus betraten«. Mace büßte mehr als seine Haut ein. Drei Wochen nach seiner Rettung vermerkte Knight beiläufig, daß »der Schmied einen Amputationsmeißel angefertigt habe für George Maces Hände und Füße«. Die grausame Arbeit nahm zehn Tage in Anspruch. Am 18. März berichtet Knight, »nun hat er keine Finger und Zehen mehr«. Mace stand noch kein Jahr im Dienst der Company, als er verunglückte. Doch er überlebte die Tortur und durfte aus Barmherzigkeit im Fort bleiben.

Die tragische Episode hatte noch ein Nachspiel. Gequält von

der Erinnerung daran, wie er seinen erfrierenden Kameraden gefunden hatte, ließ sich Butler gehen. Für die strikten Anweisungen des Governors »über das Benehmen der Leute« hatte er nur noch ein Achselzucken übrig. Knights puritanischer Verhaltenscodex verbot unter anderem das Fluchen, Streiten, Sich-Betrinken, Rauchen in den Lagerräumen und den Kontakt mit Indianerinnen. Ferner verlangte er von den Männern, »daß sie die ihnen übertragenen Arbeiten freudig und bereitwillig« auszuführen hätten. Das einzige, woran sich Butler noch hielt, war das Rauchverbot im Lagerraum. Nachdem er sich wiederholt über entsprechende Verwarnungen hinweggesetzt hatte, berief Knight eine allgemeine Versammlung ein, die sich mit seinem schändlichen Verhalten befassen sollte. Bei der auf Befehl des Governors vorgenommenen Durchsuchung von Butlers Kammer entdeckte Henry Kelsey unter losen Dielenbrettern ein heimliches Versteck und darin ein Bündel Biber- und Fuchsfelle, die aus dem Lagerhaus stammten. Möglicherweise hätte Knight für Butlers Diebstahl sogar Verständnis gehabt, hätte dieser das Loch nicht so tief und nicht so nah neben Knights eigenem Keller gegraben, so daß der Frost eindringen konnte und seinen persönlichen Getränkevorrat gefährdete. Der wütende Governor ließ in seinem Tagesbericht an Butler kein gutes Haar:

»Er hat Brandy aus meinen Räumen gestohlen . . . Strümpfe, Seife und Biberfelle aus dem Lagerhaus und Nahrungsmittel von seinen Kameraden. Gegen mein Verbot hat er sich mit einer Frau dieses Landes eingelassen und dadurch unser Leben in Gefahr gebracht, denn mehrere Franzosen sind aus demselben Grund getötet worden . . . außerdem hat er mich, als ich ihm den verlangten Brandy verweigerte, öffentlich vor den Leuten beschimpft und einen lügnerischen alten Gauner genannt.«

Butler wurde summarisch für seine »schweren Verbrechen und sein schlechtes Benehmen« verurteilt, aus der Company ausgestoßen und eingesperrt, um ihn mit dem nächsten Schiff nach Hause zu schicken. Dennoch war er es, der zuletzt lachte; er ließ sich in London seinen vollen Lohn auszahlen und machte sich damit aus dem Staub, bevor das Komitee von seinen

Verbrechen erfuhr, da es noch keine Zeit gehabt hatte, den »voluminösen Bericht des Governors« zu lesen.

Der Verlust zweier Männer – der eine im Krankenrevier, der andere im Gefängnis – war belanglos gegenüber dem, was sich den ehrgeizigen Plänen des Governors sonst noch in den Weg stellte. Während der Bottom of the Bay ein Ort sei, an dem es sich gut leben lasse, sei Fort York die »Hölle«, schrieb ein verbitterter James Knight. Kaum war der entsetzliche Winter vorüber, brach der Frühling mit Macht über sie herein. Am 7. Mai 1715 – man hatte eben zum Abendessen Platz genommen – trat während der Tauwetterperiode infolge starken Eisgangs der Hayes River über seine Ufer. Das Wasser stieg so schnell, daß der Governor und seine Tischgenossen gezwungen waren, sich eilends in Sicherheit zu bringen und »das ganze Essen auf dem Tisch stehenzulassen«. Die gesamte Garnison mußte »in die Wälder fliehen«, wo sie von den Baumwipfeln aus hilflos zusahen, wie das Wasser die Palisaden des Handelspostens wegspülte. Die Flut war so gewaltig, daß sie sich nicht einmal hätte aufhalten lassen, »wenn St. Paul sich ihr persönlich entgegengestemmt hätte«. Eisschollen türmten sich um die restlichen Gebäude auf und bildeten Eisberge, die um einige Meter höher waren als die Dächer der Baracken. Am Abend schien die Flut zurückzugehen, doch am nächsten Morgen stieg das Wasser wieder an und erreichte sogar einen noch höheren Stand als am Vortag. Knights regelmäßige Sonntagsmessen wurden durch Gebete um Errettung abgelöst. In jener Nacht versetzte »ein fürchterliches Krachen und Poltern« die Männer in Angst und Schrecken. »Es war eine Nacht voller Entsetzen und Verzweiflung, daß bis zum Morgen alles verloren sein würde«, schrieb Knight in sein Tagebuch.

Als die Wasserfluten schließlich abebbten, kehrten die Männer in ihre durchnäßten Quartiere zurück. Es war klar, daß der Handelsposten an einem höher gelegenen Ort neu aufgebaut werden mußte. Der überschwenglich beginnende Brief des Lagerverwalters Alexander Apthorp an das Londoner Komitee, in dem er das »rasche Eingreifen« seines Chefs zur Rettung des Warenlagers in den höchsten Tönen lobt, endet mit düsteren Klagen über ihr »elendes und unbequemes Leben«. Die Liste der aufgeführten Mißgeschicke war so lang, daß Apthorp sich zu dem Hinweis genötigt sah, die Flecken auf dem Papier seien nicht durch seine Tränen, »sondern durch von der Decke fallende Wassertropfen« verursacht worden.

Kaum war die Katastrophe überstanden, kehrte Knights Zuversicht zurück und mit ihr die Hoffnung, irgendwann eine Erzader zu entdecken. Inzwischen nutzte er die Atempause, um die Entsendung einer Friedensexpedition in die Barren Lands zu planen. Denn solange zwischen den dort lebenden Indianern kein Friede herrschte, konnte er sein Ziel, seine Handelsbeziehungen auch auf die »Nord-Indianer« auszudehnen — Knights Bezeichnung für die Chippewas — und auf diesem Weg vielleicht Neues zu entdecken, nicht verwirklichen. Im Juni 1715 gab der Governor ein erlesenes Festmahl für »seine« Crees und fragte sie in ihrer Sprache, wer von ihnen bereit sei, sich für eine Friedensmission zu engagieren. Nur vierzehn von ihnen traten vor. Aber ihre Zahl erhöhte sich, als Knight ihnen versprach, sie bei ihrer Rückkehr reich zu beschenken. Das Friedenscorps wurde großzügig mit Pulver, Kugeln und Tabak ausgestattet. Die Leitung der Expedition wurde formell William Stuart übertragen. Er stammte von den Orkney-Inseln und hatte ein Vierteljahrhundert zuvor als Dreizehnjähriger bei der Company angeheuert. Thanadelthur sollte Stuart als Dolmetscherin begleiten. Es besteht jedoch kein Zweifel, daß in Wahrheit sie bei diesem Unternehmen das Kommando führte. Knight war sich völlig klar darüber, daß der Erfolg seiner Mission in hohem Maß von Thanadelthur abhing, und machte Stuart ausdrücklich dafür verantwortlich, daß »kein Indianer die ›Slave-Frau‹ mißhandele oder mißbrauche.« Seine Instruktionen besagten ferner, daß er »genaue Erkundigungen über die Mineralien« der Chippewas anstellen und sie gleichzeitig über seine Absicht informieren solle, am Ufer des Churchill River einen Handelsposten zu errichten. Seine Anordnungen endeten mit der Ermahnung: »Falls Sie bei ihnen irgendwelche Mineralien finden, geben Sie sich uninteressiert und lassen Sie niemanden merken, daß das Zeug wertvoll ist, aber bringen Sie von allem, was sie finden, eine Probe mit . . . besonders von dem gelben Metall und dem Kupfer.« Mit diesen Ausführungen und den

guten Wünschen für eine erfolgreiche Reise verließ die Stuart-
Expedition Fort York in Richtung Nordwesten. Zusammen mit
den Crees und ihren Familien waren es 150 Personen.

Kaum waren Stuart und seine Kolonne im Dickicht verschwunden, gab es abermals Schwierigkeiten. Das in jenem
Sommer erwartete Versorgungsschiff, die *Hudson's Bay III*, sah
sich gezwungen, nach England zurückzukehren, ohne seine
Fracht gelöscht zu haben, weil es Kapitän Joseph Davis nicht
gelungen war, den Eingang zum Hayes River zu finden. Knight
hörte das Donnern der Schiffskanonen, konnte Davis aber nicht
auf sich aufmerksam machen, der, wie er wütend schäumte,
sogar das am Strand entzündete Freudenfeuer offensichtlich für
»eine Sternschnuppe« gehalten habe. Mehrere Tage lang
»tappte« Davis erst nördlich, dann südlich von Port Nelson
»umher«. Schließlich verlor man die Segel des Schiffes aus den
Augen. Knight mußte sich damit abfinden, daß Davis »wie ein
hirnloser, dämlicher, sturer Narr umgedreht und nach England
zurückgesegelt war«. Die Wut des Governors wurde selbst mit
der Zeit nicht geringer. In einem zwei Jahre später abgefaßten
Brief konnte er noch immer nicht begreifen, daß Davis nicht vor
Scham über Bord gesprungen, »sondern beladen mit Schimpf
und Schande nach Hause zurückgesegelt sei«. Immerhin war es
für Knight eine kleine Genugtuung, daß der unfähige Kapitän
aus Angst, die Sache dem englischen Komitee erklären zu
müssen, einen heftigen Gichtanfall erlitten hatte.

Ohne den notwendigen Nachschub an Lebensmitteln sah
Knights Kolonie einem zweiten entbehrungsreichen Winter entgegen. Für die Eingeborenen jedoch sollte sich die Angelegenheit geradezu katastrophal auswirken, da ihr Überleben inzwischen gänzlich vom Warenaustausch mit der Garnison abhing.

Einige Monate nach der Übernahme von Fort York von den
Franzosen hatte Knight in seinem Tagebuch notiert, daß einige
Crees einen »Windigo« gesehen hätten, »einen bösen Geist«.
Die Indianer glaubten, daß diese abscheulichen Monstren, mit
»blutigen Augen« und einem unersättlichen Appetit auf verrot-
tetes Holz, Torfmoos, Pilze und Menschenfleisch, als Geister
– manchmal in Menschengestalt – durch das nördliche Waldge-
biet wanderten. Für die Company-Agenten gehörte die

Bekämpfung der durch solche Erscheinungen hervorgerufenen Ängste zum Alltag, wobei sich einer von ihnen damit brüstete, »daß ein kleiner Brandy, rechtzeitig getrunken, hervorragend gewirkt habe«. Von Knight ließ sich das Monster nicht so leicht vertreiben. Häufig mit dem Hungertod in Verbindung gebracht, erwies sich die Erscheinung auch jetzt als Vorbote einer künstlich hervorgerufenen Hungersnot. Als im Frühjahr 1716 große Verbände schwer mit wertvollen Pelzen beladener Kanus ankamen, mußte Knight den Indianern erklären, daß er keinerlei Waren zum Tausch anbieten könne. Es gab keine neuen Gewehre und auch kein Schießpulver, das die Indianer dringend für die Jagd benötigten. Ohne Waffen würden sie auf ihrem langen Rückmarsch ins Landesinnere mit ziemlicher Sicherheit verhungern. Infolgedessen weigerten sich die meisten, wieder abzuziehen.

»Ich bin sicher, unsere Lage wird schon allein dadurch schwierig werden, daß wir von so vielen unzufriedenen Indianern umgeben sind«, schrieb Knight am 1. Juni. »In gewisser Weise sind wir von ihrer Gnade abhängig.« Die Engländer waren besonders verwundbar, weil die Befestigungsanlagen des neuen, höhergelegenen Forts noch nicht fertig waren. Neben anderen Verzögerungen wurden die Arbeiten am Graben durch den Permafrost behindert, für den Knight die klassische Definition fand, »der Boden taut im Sommer nie so tief auf, wie er im nachfolgenden Winter wieder gefriert«. Knight zählte allein vierhundert Kanus, die den Upland-Indianern gehörten. Bei einem Durchschnitt von 140 Fellen pro Kanu konnte sich der Governor schnell ausrechnen, daß sich der Handel in dieser Saison bereits auf mehr als fünfzigtausend Felle belaufen hätte, »ein Geschäft, wie es die Factory seit zwanzig Jahren nicht mehr gemacht hatte«.

Die Tragödie weitete sich unterdessen täglich aus. »Die Indianer haben sich mit ihrem Tod abgefunden«, notierte Knight am 3. Juni. Der Kapitän war schier entsetzt darüber, mit ansehen zu müssen, wie sich starke junge Männer in Haut und Knochen verwandelten. Viele der Eingeborenen starben damals als Folge der von der Company verschuldeten Hungersnot, auch wenn man die genauen Zahlen nie erfahren wird. Zugleich ist das

Ganze ein erschreckender Beweis dafür, bis zu welchem Grad die Indianer bereits vom Pelzhandel abhängig waren. Plötzlich waren Menschen, deren Vorfahren sich jahrhundertelang von den Früchten des Landes ernährt hatten, nur noch mit Hilfe europäischer Waren in der Lage, ihr Leben zu fristen. Knight, der die wachsende Zahl der Eingeborenen nicht aus den ohnehin kargen Vorräten der Garnison unterstützen konnte, schickte den erfahrenen Seemann David Vaughan mit zwei Begleitern per Kanu auf die weite Reise nach Fort Albany, um Nahrungsmittel zu organisieren. Vaughan hatte das Fort kaum verlassen, als zum Entsetzen des Governors weitere 36 Kanus der Mountain-Indianer eintrafen: »Ich mache mir um sie mehr Sorgen als um alle anderen, weil sie den weitesten Weg zurückgelegt haben, und ihr Gebiet an das der übelsten Indianer in diesem Land grenzt, die ihre Feinde sind, und sie tun mir von Herzen leid.«

Europäische Darstellung von Cree-Indianern in der von einer Palme (!) gesäumten Hudson Bay.

Anfang August lagerten mehr als tausend feindselige, hungernde Indianer auf 150 km Länge flußaufwärts von Fort York. Eine vorüberziehende Karibuherde brachte eine kurze Atempause, »da die hungernde, lästige Gruppe, die um das Fort lagerte und uns so lange bestohlen und ausgeplündert hat, einer nach dem anderen die Zelte abbrachen und abzogen«. Nach zwei Tagen waren sie wieder da. Knight ließ seine Leute doppelte Schichten arbeiten, um in einem verzweifelten Wettlauf mit der Zeit die Palisaden fertigzustellen. Die Engländer konnten die Anlage nicht einmal verlassen, um zu jagen oder Holz zu sammeln, um sich auf den nahenden Winter vorzubereiten, aus Angst, ihr Auftauchen würde einen Angriff provozieren. Knight wußte von einem vier Jahre zurückliegenden Zwischenfall. Damals hatte Jérémie einige seiner Leute unter ähnlichen Umständen auf die Jagd geschickt. In seinen *Narrative* schreibt er, die sterbenden Indianer seien beim Anblick der Franzosen, die sich »mit Wild vollstopfen« wollten, in Wut geraten. Sie seien in der Nacht über sie hergefallen, hätten ihnen die Kehlen durchgeschnitten und ihre Waffen und ihr Pulver geraubt. Einer der Jäger habe überlebt, indem er sich totstellte. Die Angreifer hätten sich damit zufriedengegeben, ihm die Kleider auszuziehen. Als sie weg gewesen seien, habe er seine Wunden mit Blättern verbunden und sei den weiten Weg zum Fort zurückgelaufen, »durch Gestrüpp und Dornen, nackt wie ein eben geborenes Kind«. Der Mann überlebte die Strapaze und warnte Jérémie, sich mit seiner Artillerie auf einen Angriff vorzubereiten. Knight erhielt eine ähnliche Warnung, aber von den Indianern selbst.

Am 22. August stellte ein aufgebrachter Häuptling den Governor zur Rede und warnte ihn, daß »sämtliche Indianer wegen ihrer enttäuschten Hoffnungen sehr wütend« seien. Nach dieser unverblümten Mitteilung verließ ihn der Häuptling wieder, denn »er wage es nicht, länger zu bleiben, da er glaube, die Indianer würden kommen und versuchen, ihnen Schaden zuzufügen«. Knight informierte sich sofort über den Stand der Bauarbeiten, und »Gott sei Dank waren die Palisaden auf zwei Seiten fertig.« Am nächsten Tag bat er die Indianer zu einer Versammlung und teilte ihnen mit, daß das Proviantschiff aus England in den nächsten zehn Tagen ankommen werde. Sein Bluff wirkte, und Knight vertraute seinem Tagebuch an: »In der Zwischenzeit können wir uns einschließen und uns gegen jeden angedrohten Angriff wappnen.« Sieben Tage später waren die Palisaden fertig.

Mit typischer Bescheidenheit erklärte Knight, das neue Fort besitze »die besten und größten Häuser und Schutzwälle« im ganzen Land. Sechs Jahre später allerdings bezeichnete sein mürrischer Nachfolger Thomas McCliesh Fort York herabsetzend als »irische Hütte«. Hinter den verbarrikadierten Toren seiner hölzernen Festung grübelte ein verbitterter James Knight noch immer darüber nach, woran es gelegen haben könnte, daß das Proviantschiff im vergangenen Jahr nicht zu ihnen durchgekommen war, ob an der »Trunkenheit oder Nachlässigkeit des Kapitäns« oder möglicherweise an einem ausgeprägten Desinteresse des Komitees an seinem nördlichen Empire:

»Ich weiß nicht, was ich denken soll, aber dessen bin ich mir sicher, das Land verdient mehr Interesse, als man ihm schenkt, und es macht mich traurig, wenn ich feststellen muß, wie wenig die Company auf das Land setzt, und es nur als Ballast in ihrem Vermögen betrachtet, wo sie keine vergleichbare Blume haben, wenn sie sie nur richtig pflegen.«

Der langjährige Aktionär nörgelte weiter, daß Aktien der Hudson's Bay Company im Nennwert von 1000 £ gegen Aktien der mächtigen East Indian Company im Nennwert von 5000 £ hätten getauscht werden können, wenn die Company nicht den guten Kurs verdorben hätte.

Nach dem Morgengebet am 2. September glaubte man plötzlich, von See her so etwas wie Kanonendonner zu hören. Knight ließ sofort eine der Fort-Kanonen abfeuern, fürchtete aber, das Pulver verschwendet zu haben. Es kam keine Antwort, und es wurde auch kein Schiff gesichtet. Am nächsten Morgen, als Knight gerade eine Schar erwartungsvoller Indianer zu Gast hatte, hörte man vom Strand her abermals sieben Kanonenschüsse. »Der Donner der Kanonen ließ sie herumspringen und jubeln, als seien sie übergeschnappt«, schrieb Knight. Der Governor war eher erleichtert als aufgeregt und notierte, »selten ist ein Schiff gelegener gekommen«. Schließlich lichtete sich der Nebel und enthüllte die stolze Fregatte der Company. In der folgenden Nacht feierten die Indianer ihre Rettung, indem sie mit brennenden Holzscheiten an den Ufern der Hudson Bay tanzten.

Schiffe bei der Einfahrt in den Hayes River nahe Fort York.

5

Nordlichter

Die Stuart-Expedition kam nur langsam voran. In einem Brief vom Herbst 1715, der jedoch erst im April 1716 von einer Gruppe Crees überbracht wurde, die zum Fort zurückgekehrt waren, vermutete William Stuart, daß er bisher nicht weiter als 160 km über den Churchill River hinaus gelangt sei. Stuart beklagte sich bei Knight auch darüber, daß er seit acht Tagen nichts mehr gegessen habe und prophezeite traurig, »ich glaube nicht, daß ich Sie noch einmal wiedersehen werde, aber ich bin guten Mutes«. Zwei der zurückgekommenen Indianer berichteten, die meisten Männer seien krank und bereits so schwach, daß sie nicht auf die Jagd gehen könnten. Von Stuart erzählten sie, »er habe große Angst zu verhungern, und weine viel über ihr Mißgeschick«. Die Indianer sagten, sie hätten ihre Hunde essen müssen, und sie hätten sich in kleine Gruppen aufgeteilt, um zu überleben. Dennoch seien einige Crees »auf den Barren Mountains« zusammengebrochen. Vier Tage nach Empfang des Briefes erreichten drei weitere Indianer das Fort und berichteten, daß sie, nachdem sie sich von der Hauptgruppe getrennt hatten, mit einigen »Nord-Indianern« zusammengestoßen seien und sie in Notwehr getötet hätten. Knight war über diese Neuigkeiten deprimiert und hielt die Mission für gescheitert, versprach sich aber selbst: »Ich muß es eben wieder versuchen.«

Seine Stimmung hob sich bald wieder. Nach einer »unglaublichen Mühsal« kehrten Stuart und seine Leute am 7. Mai 1716 nach Fort York zurück. Sie wurden von zehn »Nord-Indianern« begleitet, die glänzenden Kupferschmuck trugen, und erzählten von entsetzlichen Strapazen auf ihrem Marsch in die unbekannten Weiten des Nordens. Mehr als fünfzig Jahre vor der berühmten Hearne-Expedition in die Barren Lands hatte sich auch Stuart den Gebräuchen der Eingeborenen angepaßt und war ungefähr tausend Kilometer in nordwestlicher Richtung in die Wildnis eingedrungen. Knight berichtete, daß die Gruppe »jene unfruchtbaren Wüsten durchquert, sich dann nach WNW gewandt hat und in ein Land mit einem großen Wildreichtum kam«. Es war eine der ganz großen Leistungen unserer Entdeckungsgeschichte, aber sie blieb unbekannt. Stuart war nicht sehr gebildet und brachte – anders als Hearne – keine schriftlichen Aufzeichnungen mit zurück.

Der Historiker Arthur S. Morton schätzt, daß Stuart die nördlichen Wälder zwischen dem Great Slave Lake im Süden und dem Slave River im Osten erreicht hat. Dort machte er, wie Knight berichtet, die grausige Entdeckung, daß einige, zu seiner Gruppe gehörende Crees neun »Nord-Indianer« ermordet hatten. Aus Angst vor Rache erwog Stuart umzukehren. Aber Thanadelthur wollte davon nichts hören. Sie überredete die Expedition, zehn Tage zu warten, in denen sie Verbindung zu ihren Stammesgenossen aufnehmen wollte. Am letzten Tag der Frist tauchte die Slave-Squaw auf dramatische Weise wieder auf. »Sie rief uns etwas zu und gab uns durch Zeichen zu verstehen, daß sie ein paar ihrer Leute gefunden hatte.« Stuart bemerkte zwei Begleiter neben ihr, aber als er sich ihr näherte, gab Thanadelthur abermals ein Zeichen, und 150 junge Chippewa-Indianer traten aus dem Gehölz. Angeblich »sang sie voller Freude, als sie ihre Stammesgenossen auf sich zukommen sah«. Eine Verständigung erwies sich jedoch als schwierig. Völlig heiser von ihrem Gesang oder den »pausenlosen Gesprächen mit ihren Landsleuten, sie zum Mitkommen zu überreden«, war die Slave-Frau nicht in der Lage zu dolmetschen. Statt dessen holte einer der Häuptlinge eine Pfeife hervor, »hielt eine lange Rede über ihre Heiligkeit«, und zündete sie an. Nachdem jede Seite zahlreiche Züge getan hatte, versicherte er ihnen, sie seien nun für immer Freunde. Als Thanadelthur schließlich ihre Stimme wiederfand, erklärte sie ihren Landsleuten, daß die Engländer am Churchill River eine Factory errich-

ten würden und sie zukünftig ihre Waren dorthin bringen könnten. Knight war über diese Nachricht hellauf begeistert: »Ich
glaube, daß durch diesen Erfolg unsere Company in ein paar
Jahren reich sein wird, sofern es Gott gefällt, daß ich gesund
und am Leben bleibe und meinen Plan durchführen kann.«

In seinem Bericht zollte Stuart der Indianerin Thanadelthur
den höchsten Respekt. Er schilderte Knight, »er habe nie zuvor
in seinem Leben einen Menschen mit einer solchen Energie
gesehen«. Zugleich gab er seiner Sorge um ihre Sicherheit
Ausdruck. Während des gesamten Rückmarsches hatte sie die
Crees wegen der feigen Art beschimpft, in der einige von ihnen
ihre Stammesgenossen ermordet hatten. Als sie erfuhr, daß
einer ihrer Stammesbrüder sich mit einer Cree-Squaw eingelassen hatte, »ergriff sie einen Stock und schlug auf den Mann ein,
daß er aufschrie«. Später, als einer der Anführer davon sprach,
den Engländern minderwertige Felle zu verkaufen, »ergriff sie
ihn bei der Nase, stieß ihn zurück und schimpfte ihn einen
Narren«. Nach Fort York zurückgekehrt, bekam sogar der
Governor ihren Zorn zu spüren, als er ihr vorwarf, einen ihr
geschenkten Kessel weitergegeben zu haben. »Sie steigerte sich
in eine solche Wut, wie ich es noch bei keinem erlebt hatte«,
staunte Knight und fügte hinzu, »ich habe sie geohrfeigt.« In
einigen wissenschaftlichen Studien wird behauptet, daß die
Frauen bei den Chippewas noch weniger galten als bei allen
anderen Stämmen und nicht viel mehr waren als »Packesel«.
Die Autoren hatten nichts von dieser Slave-Squaw gehört. Bei
ihren Stammesangehörigen genoß Thanadelthur wegen ihrer
Vermittlerdienste bei den Engländern, mit denen sie einen
regen Warenaustausch begannen, großen Respekt. Für Knight
war Thanadelthur weit mehr als nur Vermittlerin:

»Sie hat in der Tat ein teuflisches Temperament, und ich
glaube, wenn nur fünfzig Männer ihres Stammes gleichermaßen
mutig und entschlossen wären, könnten sie alle Indianer (aus
dem Süden) Amerikas aus ihrem Land vertreiben.«

Der Governor versäumte es aber auch nicht, seine eigene
Geschicklichkeit herauszustreichen und darauf zu verweisen,
daß die für den Friedensschluß aufgewandten Mittel »die beste
Anlage ist, die man im Nordwesten je getätigt hat«. Den Beweis

dafür erbrachten die Neuankömmlinge aus dem Norden mit ihren kupfernen Ringen, Armbändern und Messern. Knight war jetzt absolut überzeugt, daß der alleinige Handel mit Biberfellen die Company niemals reich machen könne. Die Zukunft gehörte dem Erz. Er befragte die Fremden sehr eingehend und berichtete,»Man hat dort große Mengen riesiger Brocken reinen Kupfers gefunden, manche so schwer, daß drei oder vier Männer sie nicht aufheben können.« Aber trotz seiner Begeisterung war Kupfer nicht alles, wonach Knight suchte. Vielmehr begeisterte er sich für die Erzählungen über »einige Indianerstämme an der Westküste, die ein gelbes Metall besitzen, das sie wie Kupfer benutzen«. Im gleichen Maß, wie Knights Aufregung wuchs, wurden auch die Beschreibungen der Erzwunder immer phantastischer. Der Governor nahm, wie es der Garnisonsarzt John Carruthers später ausdrückte, »diese Entdeckung sehr ernst, die schon immer sein Hauptanliegen gewesen war, und nutzte jede Gelegenheit, den Eingeborenen Geschenke zu machen«. Die Gegenleistung bestand in Berichten von Bergen aus Kupfer, Erhebungen aus Silber und Inseln aus Gold.

Während die Existenz des Schatzes gewiß war, war es der Fundort weniger. Knight mußte sich mit verworrenen Beschreibungen und ungenauen, von den Indianern gezeichneten Karten plagen. Dennoch erweiterten sie sein Blickfeld. Die einzelnen Teile waren in ein vollständiges System geographischer Vorstellungen eingebunden: Hatte man bisher nicht gewußt, was jenseits der Barren Lands lag, so gab es jetzt Augenzeugen. Es war nicht länger ein unbekanntes Gebiet, das auf keiner Karte verzeichnet war. Besonders eine Karte, die dem Governor persönlich zugeschrieben wird und die auf den geographischen Beschreibungen der Chippewas beruhte, wurde an das Londoner Komitee gesandt und ist erhalten geblieben. Sie wurde lediglich in bezug auf Fort Prince of Wales und die spätere Reise Kapitän Christopher Middletons geändert. Die laienhaft gezeichnete Karte mit ihren Bezeichnungen in der Sprache der Chippewas erlaubt einen seltenen Blick auf die einzigartige geographische Vorstellung, auf die Knight seine nachfolgenden Unternehmungen stützte. Sie beschreibt den gesamten Küstenstreifen von nördlich des Churchill Rivers in der Hudson Bay zum Coronation Gulf hinter der Mündung des Coppermine River an der arktischen Küste, berücksichtigt jedoch nicht, daß die Küste zwischen den Halbinseln Melville und Boothia in westlicher Richtung verläuft.

Die Karte gibt die Lage mehrerer Kupferminen in der Nähe eines Flusses an. Der Name des 16. Flusses, des Chanchandese oder »Metall River«, identifiziert diesen als den Coppermine River. In seinem Tagebuch berichtete Knight von nahegelegenen »großen Hügeln und Bergen« aus Erz. Gemeint sind wahrscheinlich die niedrigen Ausläufer der Coppermine und September Mountains. Entlang der Flußufer stürzten angeblich große Erzklumpen aus den Felsen. In diesem Punkt hat sich Knights Bericht als bemerkenswert genau erwiesen. Eine 1972 durchgeführte geologische Vermessung dieses Gebietes identifizierte achtzehn Orte, die sich über Hunderte von Kilometern im Gebiet des Coppermine verteilten, wo natives Kupfer in ungewöhnlicher Menge als Blöcke, Platten, dünnes Blech oder als nierenförmiges Konglomerat auftrat. Bereits im 14. Jahrhundert haben die Eingeborenen diese Erzlager abgebaut. Bei archäologischen Grabungen sind in einem großen Umkreis des Coppermine River kupferne Jagdgegenstände und Werkzeuge wie Messerschäfte, Pfrieme, Stanzwerkzeuge und Nadeln sowie Armreifen und Perlen gefunden worden. Noch 1929 hat ein Geologe des Canadian Department of the Interior in dieser Gegend einen massiven, 273 kg schweren Klumpen Kupfer gefunden.

Einen der Flüsse nördlich des Churchill hielt man für die nebulöse Seepassage zu diesem Land des Reichtums. Aber welcher dies war, schien sich täglich zu ändern. Am 11. Mai berichtete Knight: »Ich konnte nicht aus ihnen herausbekommen, ob es irgendeine Meerenge gibt, die Asien von Amerika trennt.« Am nächsten Tag schreibt er: »Ich fange an, zu glauben, daß es dort eine Durchfahrt oder Meerenge geben könnte.« Tatsächlich *wollte* es Knight glauben. Als Bestätigung diente ihm der Bericht eines einzigen Indianers, der behauptete, er sei im Land der Kupfer-Indianer gewesen, eine Bezeichnung für die Yellowknifes. Er gab eine vage Beschreibung von einem großen Fluß, »der aus dem Westsee kommt« und in eine große

Bucht mit drei Inseln mündete, die vom Land aus fast nicht mehr zu sehen waren, und »die dort lebenden Indianer fördern ein gelbes Metall«.

Zumindest in diesem Fall war mit »Westsee« nicht der Pazifik gemeint, sondern wahrscheinlich der Great Slave Lake. Die Quelle des »gelben Metalls« kann nicht genau identifiziert werden. Es kann sich hier um jedes der zahlreichen nachgewiesenen Goldvorkommen im Nordwesten handeln. Trotzdem waren die von Knight zusammengetragenen geographischen Informationen beträchtlich. Die Eingeborenen hatten sogar von »Gummi oder Pech« erzählt, »das den Fluß hinunterfließt« – die früheste Erwähnung des Athabasca-Pechsandes. Die gleichzeitige Ankunft weiterer Indianergruppen ergänzte das große Bild durch den Bericht über ein Land, in dem die Berge fast bis in den Himmel ragten. Mit der Niederschrift dieses Reports, so könnte man mit Recht behaupten, lieferte Knight die erste europäische Beschreibung der Canadian Rockies.

Aber der Governor war mehr an dem interessiert, was man jenseits dieser Berge vermutete, dem Reichtum wertvoller Metalle. Er hatte von einem Stamm der Mountain-Indianer gehört, »die sich mit einem weißen Metall schmücken und auch ihre Nasen und Ohren damit behängen«. Eine Squaw, die bei den Crow-Indianern gewesen war, bestätigte diese Geschichte indirekt, indem sie Knight mit der Behauptung köderte, daß an einer westlichen Seeküste bei heftigem Regen kostbare Goldklumpen aus den Kliffs gewaschen würden. »Sie hatte es mit eigenen Augen gesehen und ihren Händen gefühlt«, frohlockte Knight. Wegen der angeblich dort überall wachsenden Bäume hielt man die Westküste im allgemeinen für wärmer als den östlichen Teil Amerikas. Knight kam zu dem Schluß, daß die See dort für die Schiffahrt offen war, und jedes Jahr »sehen die Indianer mehrere Schiffe auf dem westlichen Meer, die keine Spanier sein können . . . ich halte sie eher für Schiffe der Tataren oder Japaner.«

Erstaunlich gleichlautende Erzählungen waren auch Knights unmittelbarem Vorgänger Jérémie berichtet worden. Dieser war nicht nur über die reichhaltigen Kupfervorkommen unterrichtet worden, sondern hatte von den Indianern auch eine seltsame Geschichte gehört, wonach diese nach einer mehrere Monate dauernden Reise in westlicher Richtung an ein großes Meer gekommen waren mit großen Schiffen, »auf denen bärtige Männer mit Mützen waren, die am Strand Gold gesammelt hatten«. Ebenso hatte Jérémie von Meerengen im Norden erfahren, die auch er für die Nordwest-Passage hielt.

Seine Verwirrung über die Geographie des Landes wurde noch größer, als Knight versuchte, die Aussagen der Indianer mit den höchst unzulänglichen Karten der europäischen Kartographen in Einklang zu bringen. Die Lösung dieses Dilemmas wurde in seinen Augen dadurch erschwert, daß er durch »ein großes Versehen« einem Kollegen im Londoner Komitee seine Kopie der Entdeckerberichte über den Norden geliehen hatte. Knight behauptete, jener habe fest versprochen, sie ihm am Vorabend seiner Rückreise nach Fort York wiederzubringen, dies aber nicht getan: »Jetzt fehlen sie mir, und ich tappe mit meinen Entdeckungen im dunkeln.«

Es ist indessen nicht zu ersehen, wie diese frühen Berichte ihm hätten weiterhelfen können. Zweihundert Jahre europäischer Entdeckung hatten nicht ausgereicht, um die Existenz einer Durchfahrt im Norden der Hudson Bay sicherzustellen. An Amerikas Pazifikküste waren die Forscher noch nicht über die Küste des heutigen Oregon hinaus nach Norden vorgedrungen. Erst 1741 sollte eine russische Expedition unter Vitus Bering das Festland von Alaska zu Gesicht bekommen. 1774 und 1775 erforschten spanische Marineoffiziere die unbekannte Küste von British Columbia, während der große Seefahrer Kapitän James Cook 1778 an der Westküste nach einer Nordwest-Passage suchte. Im Mai 1716 war Knight am äußersten Rand der bekannten Welt stationiert. Den Rest seines Lebens sollte er damit verbringen, nach Möglichkeiten zu suchen, um in das irdische Paradies zu gelangen, das hinter dieser Grenze lag.

Vor die Frage gestellt, ob man am leichtesten »durch Tausch oder per Schiff« an den Reichtum herankam, entschied sich Knight zunächst für die Methode, die er während seiner langen Dienstjahre bei der Hudson's Bay Company stets erfolgreich angewandt hatte. In der Annahme, die Entfernung von »See zu See« betrage 2400 km, und im ungewissen über den Verlauf der gesuchten Meerenge verließ sich Knight lieber auf den Handel. Er schickte Proben des »natürlichen, jungfräulichen Kupfers« an das Komitee in London, um seinen Wert und die Höhe der Zollgebühren in Erfahrung zu bringen und prophezeite eine Handelsspanne von dreihundert Prozent. Die Antwort des Komitees kam ein Jahr später. Man informierte Knight, daß für Kupfer »aus unseren eigenen Kolonien« kein Zoll zu zahlen sei, und fuhr fort, »wenn Sie ein entsprechendes Quantum reines Erz oder etwas Entsprechendes beschaffen könnten, könnte man damit ein besseres Geschäft machen als mit Fellen. Wir hoffen daher, daß Sie diesen Handel nach besten Kräften fördern.« Knight bedurfte kaum dieses Ansporns, nachdem er bereits ohne offizielle Genehmigung aktiv geworden war.

In den dazwischenliegenden Monaten hatte er den »Nord-Indianern« ausrichten lassen, er »werde für sie Meißel anfertigen lassen, damit sie große Blöcke abschlagen können«, und dabei sein Versprechen erneuert, weiter nach Norden und Westen vorzudringen und einen Handelsposten am Churchill River zu errichten, »damit sie mit Kupfer und anderen Waren dorthin kommen und sie eintauschen können«. Um die reibungslose Durchfahrt der erzbeladenen Kanus sicherzustellen, wurden erneut Anstrengungen unternommen, den Frieden »im gesamten Gebiet von Norden bis Südwesten« auszudehnen. Indianische Abgesandte wurden mit kleinen Geschenken und einer Friedensbotschaft nach allen Richtungen ausgesandt. Knight stellt fest, daß, wenn dieser Friede zustande kommt, »er der erste ist, der seit der Sprachverwirrung von Babylon zwischen ihnen geschlossen wurde«.

Die sorgfältig ausgearbeiteten Pläne scheiterten jedoch. Knight gab die Schuld daran vor allem Kapitän Joseph Davis, jenem »gedankenlosen Idioten«, der unfähig gewesen war, den Eingang zum Hayes River zu finden und seine Ladung abzuliefern. Nur weil er bis spät in den Sommer 1716 hinein auf Nachschub hatte warten müssen, bevor die Indianer ihre mühsame Wanderung ins Landesinnere beginnen konnten, erreichten viele von ihnen nicht mehr ihr Ziel. Die Abgesandten der Crow-Indianer, die zur westlichen See aufbrachen, verhungerten unterwegs. »Ich konnte sie nicht ausreichend ausstatten, um sie durchzubringen«, beklagte sich ein verbitterter Knight. Die Chippewas, die im Fort York blieben, litten Hunger, weil Knights Männer wegen der drohenden Haltung der Indianer das Fort während der kurzen Jagdsaison auf Gänse nicht verlassen konnten. So mußten sie sich alle von den kargen Vorräten ernähren, die endlich im September 1716 mit der Fregatte ankamen. Die englische Küche aber machte die »Nord-Indianer« krank. Knight mußte sich eingestehen, daß die tägliche Kost aus Hafermehl, Brot und getrocknetem Rebhuhnfleisch »kein Essen für einen Mann ist«, und versuchte, einige der Chippewas bei den ortsansässigen Crees unterzubringen. Die Sache ging völlig daneben. Ein junger Nord-Indianer, der sich in der Nacht heimlich davongeschlichen hatte, tauchte nach einem Acht-Tage-Marsch wieder im Fort auf und berichtete, daß »die Crees ihm alles abgenommen hatten, was man ihm für den Winter mitgegeben hatte. Er fürchtete, sie würden ihm auch noch das Leben nehmen.«

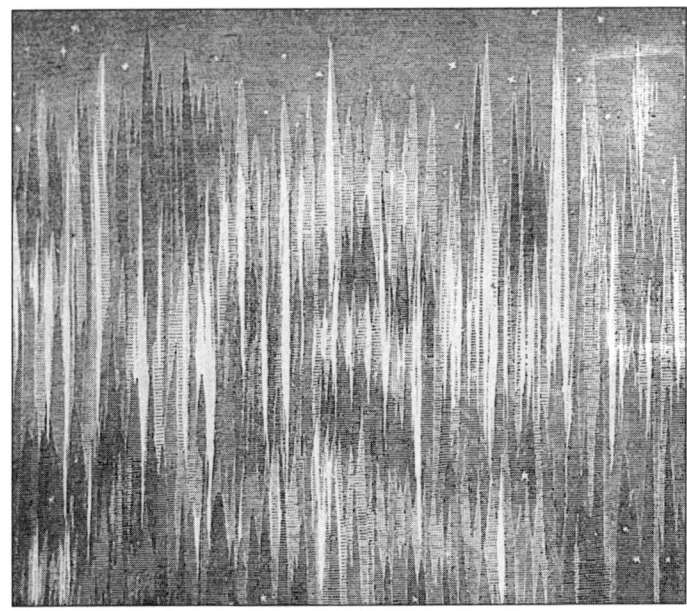

Darstellung einer *Aurora borealis* (19. Jahrhundert).

Der grausamste Schlag sollte jedoch erst noch kommen. Am 8. Dezember 1716 notierte Knight in seinem Tagebuch, daß Thanadelthur erkrankt sei. Drei Wochen später beobachtete er, daß die *Aurora borealis* – oder Nordlichter – außerordentlich farbig und intensiv war. Der ungewöhnliche Lichtteppich, der sich wellenförmig über den arktischen Himmel ausbreitete, faszinierte Knight ungeheuer. Vielleicht glaubte er sogar, die sanfte Musik zu hören, zu der die Nordlichter angeblich tanzten. Aber in ihrem hellen Glanz sah Knight noch etwas anderes: das fahle Gesicht des Todes. Das böse Omen erfüllte sich ein paar Tage später. Er berichtete:»Die Slave-Squaw ist so schwer krank und redet so wirr, daß ich dachte, sie würde heute sterben.« Schon bald gab es drei weitere Krankheitsfälle, unter ihnen auch der Junge, der aus den Wäldern zurückgekehrt war. Knight nahm sich der Kranken persönlich an. Die Slave-Squaw und den Jungen ließ er in sein eigenes Schlafgemach bringen. Erschöpft von der ständigen Sorge um ihre Gesundheit wurde er selbst krank und litt unter häufigen Schwächeanfällen. »Ich bin manchmal fast wahnsinnig geworden, weil ich mir die Sache so sehr zu Herzen genommen habe, und das ist auch der Grund für meine Krankheit«, schrieb Knight am 30. Januar 1717. Fünf Tage später war Thanadelthur tot.

Für Knight bedeutete ihr Tod das Ende seines Traums, sich die Reichtümer »El Dorados« auf dem Handelswege zu verschaffen. Sein Tagebucheintrag vom 5. Februar beginnt mit düsteren Prognosen über die Durchführbarkeit seiner großen Pläne. Aber Knight war weit tiefer getroffen, als aus seinem Journal zu entnehmen ist. Thanadelthur besaß, wie Knight sagte, »eine außergewöhnlich lebhafte Auffassungsgabe«. Sie war »von ungewöhnlicher Kühnheit und einer der tatkräftigsten Menschen«, denen er je in seinem Leben begegnet sei.

Noch auf ihrem Totenbett hatte sie nach Richard Norton verlangt, einem Neuling im Fort, der sie im Sommer auf ihrer Heimreise hätte begleiten sollen, um ihm Mut zu machen, ihre wichtige Arbeit fortzusetzen, und »sich nicht davor zu fürchten, unter die Indianer zu gehen. Ihre Brüder und Landsleute würden ihn lieben und es ihm an nichts fehlen lassen.«

Knight sorgte für eine angemessene Beisetzung und schenkte

den Überlebenden »ein paar überzählige Dinge, um ihre Tränen zu trocknen«. Dann verteilte er Thanadelthurs Habe entsprechend ihrem letzten Willen. Am Ende des Tages gab sich Knight seiner Trauer hin: »Ich bin über ihren Tod und aus Sorge um die anderen, die so gefährlich erkrankt sind, so erschüttert, daß es mir fast das Herz bricht . . . Oh Davis, was hat er durch seine Dummheit und Torheit angerichtet.«

Europäische Darstellung eines Inuit.

Am 22. Februar starb ein weiterer Nord-Indianer. Aus Hilflosigkeit gegenüber dem heftigen Fieber, das sie befiel, griff Knight zu verzweifelten Maßnahmen. Den Kranken wurden Rhabarber, »Abführtabletten« und »electuarys conserves powders« (ein Pulver, das in der Tiermedizin verwandt wird) verabreicht. Da er befürchtete, die Luft im Innern der Baracken habe »uns alle schon fast erstickt« und die »Nord-Indianer« »blakenden Lampen und unzuträglichem Geruch ausgesetzt«, verlegte er die Schwachen und Kranken in ein Zelt im Freien. Zwei

Männer wurden abkommandiert, um rund um die Uhr für sie zu sorgen. Aber auch die frische Luft brachte keine Besserung. Am 25. Februar starb erst der Junge und am 4. März auch der letzte Chippewa von Fort York. Knight war verzweifelt: »Ich habe das Menschenmögliche getan und habe sie gepflegt, als seien sie meine eigenen Kinder ... Wenn ich nur einen von ihnen hätte retten können, hätte er wenigstens seinen Landsleuten berichten können, daß wir sie nicht umgebracht haben.«

Die letzten Unglücksmonate hatten auch die Gesundheit des Governors erschüttert. Er klagte über Schlaflosigkeit, häufige Schwächeanfälle, Gicht und Fieber, »das mich ziemlich durchgeschüttelt hat«. Zum ersten Mal sehnte sich Knight nach England zurück.

Es dauerte einige Zeit, bis er wieder der alte war. Das erste Zeichen seiner Genesung war ein Brief an die Direktion der Company, um vorsichtshalber klarzustellen, daß seine düsteren Tagebucheintragungen und persönliche Klagen nicht auf einen zu hohen Biergenuß zurückzuführen seien. »Aus Furcht, man könnte mich für einen Trunkenbold halten, versichere ich Ihnen, daß ich in den letzten zwölf Monaten keine zwei Quart Punsch ... nicht einen Schluck Brandy und nicht einmal ein Glas Wein getrunken habe«, beteuerte Knight. Selbst auf die Gefahr, sein Protest könne als zu laut empfunden werden, sandte er ein entsprechendes Schreiben auch an den Verwalter von Fort Albany, »damit niemand mich einen betrunkenen Governor schimpfen kann«. Bald darauf träumte er wieder von fernen Reichtümern.

Es stellte sich jedoch schnell heraus, daß der Governor naheliegendere Probleme hatte. Strenger Frost und Nahrungsmangel hatten zum Tod vieler ortsansässiger Indianer geführt, und die Überlebenden schoben die Schuld daran auf den Friedensvertrag. »Sie glauben, der Teufel fordere jedes Jahr seinen festen Tribut, und daß sie, wenn sie nur genügend Feinde umbringen, selbst verschont bleiben«, regte sich Knight auf. Anfang Mai trieb sich eine Bande feindseliger junger Crees in der Nähe des Forts herum, lehnte aber alle Einladungen zu einem Besuch ab. »Schon ihr Aussehen würde jedem Richter genügen, sie hängen zu lassen, ob nun schuldig oder nicht«, sinnierte er. Knight ließ drei Kanonen abfeuern, um seine Leute zu warnen, die draußen auf der Jagd waren, verrammelte die Tore und stellte eine Wache auf. Als der Anführer der Gruppe schließlich ins Fort kam, wurden ihm Geschenke überreicht und ein Fest versprochen. Zugleich gab Knight ihm unmißverständlich zu verstehen, daß er sofort alle Handelsbeziehungen zu den Crees abbrechen werde, falls sie die Chippewas angreifen sollten. Der Governor beendete seinen Vermittlungsversuch mit einem Appell an ihre Mannesehre, indem er darauf hinwies, daß sie »die Friedenspfeifen geraucht hätten, und keine wahrhaften Männer seien, wenn sie diesen Vertrag brächen«.

Kaum war diese Krise abgewehrt, als die Nachricht von der Rückkehr »Kapitän« Swans kam, eines seiner indianischen Abgesandten. Knight war sehr gespannt, da er Swan losgeschickt hatte, um die an der Westküste lebenden Indianer untereinander zu befrieden. Im Fort angekommen, erzählte Swan dem unruhig wartenden Governor, seine Mission sei erfolgreich gewesen, und er habe mit dem dortigen Stamm »gefeiert, gesungen, getanzt und geraucht«. Im übrigen war sein Bericht für Knight jedoch eine Enttäuschung. Einer der Küsten-Indianer hatte Swan auf seinem Rückweg begleitet, war aber nach dreimonatigem Marsch wieder umgekehrt. Swan räumte ein, daß er die westliche See nicht selbst gesehen hatte. Man hatte ihm aber versichert, sie sei ganz in der Nähe, und er war überzeugt, daß sich von dort aus ein umfangreicher Handel entwickeln werde. Von dem »gelben Metall«, auf das Knight so scharf war, war keine Rede.

Nach mehr als zwei Jahren in Fort York war Knight nunmehr überzeugt, daß seine einzige Chance, einen Handel mit Mineralien aufzubauen, in der Wiedererrichtung eines bereits 1689 von der Company erbauten, aber nach wenigen Monaten wieder abgebrannten Forts an der Mündung des Churchill River bestand. Man sandte zunächst eine Vorhut aus. Im Juli 1717 übergab Knight Fort York an Henry Kelsey und schiffte sich in Richtung Churchill River ein. Bei seiner Ankunft drei Tage später erwarteten ihn bereits wieder schlechte Nachrichten. Man hatte Spuren gefunden, die darauf hindeuteten, daß eine größere Gruppe »Nord-Indianer« weisungsgemäß die weite

Reise zum Churchill gemacht hatte, aber einen Tag vor Ankunft der Vorhut wieder umgekehrt war, weil sie den versprochenen Handelsposten nicht vorgefunden hatte.

Der Governor schluckte seine Enttäuschung hinunter und ging erst einmal an Land, um seinen neuen Besitz in Augenschein zu nehmen. Kaum hatte er den Strand betreten, als er von einem blutrünstigen Moskitoschwarm hartnäckig verfolgt wurde. Er warf einen flüchtigen Blick auf die Stelle, wo der dänische Forscher Jens Munk den tragischen Winter 1619/20 verbracht hatte, und besuchte die verkohlten Ruinen des erfolglosen Siedlungsversuchs der Company von 1689. »Ich glaube, sie waren so entmutigt, daß sie Feuer legten, um in seinem Schein davonzulaufen«, bemerkte er später verdrießlich aus der relativen Sicherheit seines hastig errichteten Zeltes.

Einige Tage später hatten die Moskitos ihren Weg auch ins Innere des Zeltes gefunden. Knight versuchte, sie auszuräuchern. Aber letztlich konnte er nur wütend um sich schlagen, nachdem er »sich fast die Augen ausgeraucht hatte«. Der unersättliche Appetit der Insekten machte das Leben vor allem für jene Männer unerträglich, die fieberhaft daran arbeiteten, das neue Fort noch vor Beginn des Winters fertigzustellen. Knights Behauptung, daß die rasenden Moskitos »alle Männer umzubringen« drohten, wird durch eine Studie über stechende Insekten in diesem Gebiet bestätigt, die zu dem Ergebnis kommt, daß sich ein Mensch bei einer heftigen Attacke innerhalb einer Minute bis zu 280 Moskitostiche auf dem nackten Unterarm zuzöge. Hochrechnungen ergeben, daß ein unbekleideter Mann in einer Minute circa 9250mal gestochen würde. In weniger als zwei Stunden hätte er somit mehr als die Hälfte seines Blutes verloren.

Als die Kälte die Gegend schließlich von den Moskitos befreite, fielen Wolken schwarzer Fliegen von nahezu biblischem Ausmaß über die Garnison herein und brachten Knight zeitweilig zur Verzweiflung:

»Hier sind jetzt so dichte Schwärme von kleinen Sandfliegen, daß wir kaum noch die Sonne sehen . . . Sie fliegen uns in Ohren, Nase, Augen, Mund und Hals . . . Wahrscheinlich sind dies die Fliegen, die als Plage über die Ägypter gesandt wurden und Dunkelheit über das Land brachten und Ausschlag und Geschwüre verursachten, die aufbrachen und den ganzen Körper in eine einzige Wunde verwandelten.«

Aber während seiner Jahre in der Bay war er mit weit größeren Schwierigkeiten fertig geworden, und so unternahm er bald abermals den Versuch, eine Niederlage doch noch in einen Sieg zu verwandeln, indem er Norton zusammen mit zwei Indianern hinter den »Nord-Indianern« herschickte. Norton war 1714 als Lehrling zur Company gekommen und erst 16 Jahre alt, als er den Auftrag zu seiner heldenhaften Reise ins Landesinnere erhielt, um über den Stand der Bauarbeiten an dem neuen Fort am Churchill zu berichten, das später den Namen Ford Prince of Wales erhielt. Er fuhr am 18. Juli in einem Kanu los, wobei er der Fährte der Chippewas nach Norden folgte.

Nur wenige Tage nach Nortons Abreise fuhr Knight ein gehöriger Schreck in die Glieder, denn seine Leute entdeckten die Überreste eines Camps der Inuit so groß, »daß es wie eine Stadt aussah«. Voller Sorge um seine Abgesandten ließ der Governor sofort die Palisaden des Forts abstützen, damit seine Leute vor möglichen Angriffen der Inuit geschützt waren. Die Männer waren dafür allerdings den Elementen heftig ausgesetzt, denn Knight hatte als Baugrund eine ungeschützte Stelle ausgewählt, die kleiner war als der Platz, auf dem »die Londoner Börse« steht, aber den Vorteil hatte, daß man sie gut verteidigen konnte. Vier Verteidigungsbauwerke beherrschten die Gesamtanlage. In dreien von ihnen waren Knights Leute untergebracht, das vierte bewohnte er selbst. Um ein waches Auge auf die Handelsware haben zu können, hatte der Governor sie unter seiner eigenen Schlafkammer gelagert.

Die Inuit — traditionelle Feinde der Indianer — waren europäischen Händlern wie Knight praktisch unbekannt. Ihr Wissen über dieses Polarvolk basierte fast ausschließlich auf den furchterregenden Erzählungen der Indianer und den Berichten der frühen Entdecker über ihre feindselige Haltung ihnen gegenüber. Nicholas Jérémie hielt sie sogar für Abkömmlinge gestrandeter baskischer Fischer: »Ihre Sprache hat, obgleich sie ziemlich verkommen ist, noch eine gewisse Ähnlichkeit mit dem Baskischen.« Jérémie entdeckte jedoch bei ihnen keine Anzeichen für eine Sehnsucht nach den Pyrenäen, dafür eher nach Menschenblut. Wenn sie einen Feind getötet oder gefangengenommen hatten, so behauptete er, »essen sie sie roh«. In einem Brief an das Komitee aus dem Jahr 1716 fällt James Knight ein ebenso hysterisches Urteil. »Diese Eingeborenen im Norden sind wild und wie Tiere«, schrieb Knight, sie trinken Blut »wie andere harte Getränke«. In Wahrheit war Knight bisher nur ein einziges Mal einem Inuit begegnet, nämlich sechzehn Jahre zuvor in Fort Albany, als die Crees ihm ein unglückliches »Usquamay«-Mädchen brachten, das sie bei einem Raubzug erbeutet hatten. Der einzige Fall von Barbarei, in den sie verwickelt war, ereignete sich erst nach Knights Abreise, als Angestellte der Company das Mädchen als Kuriosität nach England verschifften.

Angesichts der angeblich von den Inuit ausgehenden Bedrohung ließ Knight kleine Schmuckstücke, Messer, Beile und Kratzeisen an Pfählen aufhängen, um auf die neue Handelsniederlassung hinzuweisen und ihnen anzuzeigen, daß »hier Europäer sind, die Waren zu verkaufen haben«. Er bewies damit seine Bereitschaft, selbst mit den Inuit Handel zu treiben. Unterdessen schlug Norton, ohne einem Inuit zu begegnen, einen »großen Bogen« durch das Land. Er fand schließlich das Lager der »Nord-Indianer« und überredete einige von ihnen, mit ihm zum Churchill River zurückzukehren, wo die abgerissene Schar »nach unsäglichen Mühen« kurz vor Weihnachten eintraf. Die Reise war dermaßen anstrengend gewesen, daß Nortons Mutter Sarah später vom Komitee eine finanzielle Entschädigung für ihren Sohn verlangte. Man gewährte ihr eine Zahlung von 15 £.

Bei der Rückkehr in das neue Fort fanden Norton und seine Begleiter kaum bessere Verhältnisse vor als in den Barren Lands. Knight lobte den Einsatz seiner Leute, die härter gearbeitet hätten als »die Neger in Westindien oder die Sklaven in Algerien«, um das Fort fertigzustellen. Nur einer, den er verächtlich als »jungen Gentleman, der zum Anwalt ausgebildet wurde«, bezeichnete, und der offensichtlich dem harten Klima nicht gewachsen war, wurde nach Fort York zurückgeschickt. Knight widmete auch seinem dortigen Stellvertreter, Henry

Kelsey, ein paar unfreundliche Worte, da dieser ihn mit seiner Behauptung, es gäbe am Churchill massenhaft Wild, Fische und Geflügel, hereingelegt hatte.

Die Situation sollte sich durch die völlig unzureichende Nachschublieferung, die die Company-Fregatte im August brachte, noch verschlechtern. »Ich meine, das Leben ihrer Leute sollte ihnen ein wenig mehr wert sein«, kränkte sich Knight, »sie sollten die menschlichen Schädel und Knochen sehen, die von der Mündung bis zu zwölf Meilen den Fluß hinauf verstreut liegen.« Die Gebeine stammten von den Männern der unseligen Jens-Munk-Expedition. Munk hatte 1619 auf Befehl König Christians IV. von Dänemark auf der Suche nach der Nordwest-Passage bereits die trügerische Hudson Strait bezwungen, als ihn das Eis zwang, sein Winterquartier am Churchill River aufzuschlagen. Hier waren die Dänen innerhalb weniger Wochen an Skorbut zugrunde gegangen, einer durch Vitamin-C-Mangel verursachten Erschöpfungskrankheit. Munk hatte seine Leute reihenweise daran sterben sehen, »als ob sie von tausend Messern durchbohrt würden«. Das Gefühl des Ausgeliefertseins verlor sich in der Mitte des Winters für kurze Zeit, als herrlicher Sonnenschein den schwerkranken Schiffspfarrer zu einer Andacht inspirierte. Es war seine letzte Predigt in dieser Welt. Bald darauf erkrankte auch Munk. Mit der Bitte, Gott möge seinem Elend ein Ende setzen, schrieb der ausgemergelte Kapitän eine letzte Botschaft: »So sei es denn; gute Nacht der ganzen Welt, und meine Seele in Gottes Hand.«

Zwei Wochen später brach das Eis endlich auf. Von den 64 Männern, die von Dänemark aufgebrochen waren, lebten nur noch drei, die die Schaluppe nach Hause segelten, unter ihnen Jens Munk. Es überrascht nicht, daß Munks grauenhafte Schilderung das Interesse der Dänen an der Nordwest-Passage beendete. Die dunklen Gewässer und unerforschten Küsten der Hudson Bay konnten vernünftige Leute nicht in Versuchung führen; bei James Knight jedoch war die tödliche Lektion verschwendet. Ein Jahrhundert war vergangen, und nun plante er, die Suche nach jener Wasserstraße wieder aufzunehmen, die seit dem Altertum die Forscher genarrt hatte.

Holzschnitt nach Munks Erzählungen, der dessen Vorbereitungen zur Überwinterung an der Mündung des Churchill Rivers darstellt.

6

Seltsame Magie

Die Dunkelheit des Winters lastete wie ein Leichentuch auf Knight. Sein Körper war durch seinen lebenslangen Aufenthalt in der Bay geschwächt, sein Gemüt durch Langeweile und Kälte beschwert. Jetzt, da er über 70 Jahre alt war, ließ jede weitere lange Nacht die Hoffnungen auf eine geheimnisvolle Passage eher wie das Gebet eines sterbenden Mannes erscheinen. Jede Morgendämmerung aber gebar ein neues Trugbild. Dann meinte der alte Mann, die lauen Lüfte eines nördlichen Frühlings zu atmen.

Knights Amtszeit endete schließlich mit der Ankunft der Fregatte *Albany* im Sommer 1718. Kapitän George Berley überbrachte ihm die Genehmigung der Company, nach Hause zurückzukehren, zusammen mit einem Geschenk von acht Dutzend Flaschen Wein, um ihm über die lange Reise hinwegzuhelfen. Die *Albany* brachte Knight zunächst nach Fort York, wo Henry Kelsey Mitte September als sein Nachfolger die Ernennungsurkunde zum Governor-in-Chief entgegennahm. Knight, der nun ein freier Mann war, erhielt den Ehrentitel eines Kapitäns. Daß sich zwischen den beiden ein ernster Riß aufgetan hatte, geht klar aus der knappen, über Vermittler geführten Auseinandersetzung hervor, bevor Knight das Land verließ. Offensichtlich war Kelsey über Knights neueste Pläne im dunkeln gelassen worden. Er hatte lediglich gehört, »daß er einen Indianer zu den Goldminen geschickt hat«. Kelsey erbat von ihm eine genaue Aufstellung über die Vorräte von Fort Churchill, um der *Albany* seine Bestellung mitzugeben. Knight ließ ihm sagen, er habe dazu jetzt keine Zeit, werde aber die

Company persönlich über den Bedarf des Forts unterrichten. »So können wir nur hoffen«, schrieb Kelsey, »daß er heil und gesund ankommt, was keineswegs sicher ist.« In der Tat hat Knight die schwierige Rückreise nur mit Mühe überlebt.

In London machte man sich bereits Sorgen, das Schiff könne zugefroren oder gestrandet sein. Aber am 20. November tauchte die *Albany* mit einer großen Ladung Biberfelle auf der Themse auf – und der Nachricht, daß Knight erkrankt sei. In ihrer nächsten Ausgabe berichtete die Saturday's Post, daß Knight »infolge der fürchterlichen Kälte, die ihm in jenem Land in die Glieder gekrochen sei, gelähmt in Limehouse liege, und der Company noch keinen Bericht über den Stand ihrer Angelegenheiten habe erstatten können«. Einen Monat später hieß es, sein Zustand habe sich noch nicht gebessert: »Kapitän Knight, vormals Governor der Hudson's Bay, liegt seit seiner Rückkehr krank im Bett.« Immerhin war der bettlägerige Knight kräftig genug, um am 19. Dezember eine Zahlung der Company in Höhe von 50 £ anzunehmen.

Wieder einmal keimte am Ende eines Winters neue Hoffnung auf. Zu viel hatte Knight bereits in die Entdeckung der Klippen aus Gold und Kupfer investiert, um jetzt einfach aufzugeben. Das neue El Dorado existierte, jenseits der Barren Lands. Dieser unbeirrbare Glaube, das Leuchten des fernen Reichtums bewirkten, daß Knight wie durch ein Wunder wieder gesund wurde. Auf einer Sitzung des Komitees am 20. März 1719 befaßten sich Sir Bibye Lake und seine Kollegen mit einem Schreiben Knights, in dem er ihnen den Vorschlag für eine Entdeckungsreise unterbreitete. Kurz darauf erschien der alte Kapitän höchstpersönlich vor dem erstaunten Kreis, um sich vehement für die Suche nach der Nordwest-Passage und die so oft erträumten Erzvorkommen einzusetzen.

Die Gründungsurkunde verlieh der Company praktisch das Monopol auf jede neu entdeckte Wasserstraße. Aber die Suche nach der Nordwest-Passage war längst zugunsten des Pelzhandels aufgegeben worden. Dies sollte sich nun ändern. Zu einer Zeit, als der Philosoph George Berkeley seine Abhandlung »A New Theorie of Vision« aus dem Jahr 1709 erläuterte, die sich mit Sinneswahrnehmungen wie der Schätzung von Entfernungen, Größen und Begebenheiten beschäftigte, hatte Knight seine eigene Version dieser Theorie formuliert. Berkeley behauptete, »die Schätzung einer Entfernung basiert, je weiter das Objekt von uns entfernt ist, eher auf Erfahrung als auf Wahrnehmung«. Knight mochte die Strait of Anian oder den Erzreichtum des Nordens nie wirklich gesehen haben, in einem übertragenen Sinn jedoch hatte er es. Durch die Wahrnehmungen der Indianer, so behauptete Knight, »kenne er den Weg dorthin ebenso gut wie den zu seinem Bett«.

Knight brachte die Direktoren dazu, ein Sub-Komitee mit der Prüfung seiner Vorschläge zu beauftragen. Joseph Robson, ein ehemaliger Angestellter der Company, der später ein ausgesprochener Kritiker ihres Handelsmonopols wurde, schrieb in seinen *Account of Six Years Residence in Hudson's-Bay,* Knight habe keinerlei Unterstützung erfahren. Statt dessen, so fuhr er fort, »schlief die Company am Rande der gefrorenen See«. Sie hatte kein Interesse an einer Erforschung des Landes und setzte »ihre ganze Geschicklichkeit und ihre Macht ein, um jeden Unternehmungsgeist bei anderen zu unterdrücken«. Robson behauptet, Knight habe das Komitee erst an die sich aus der Gründungsurkunde ergebende Verpflichtung erinnern müssen, zu forschen und den Handel auszudehnen, und man habe erst nachgegeben, nachdem er damit gedroht hatte, Unterstützung bei der Krone zu suchen, »und bereits einem der Minister seine Aufwartung gemacht hatte«.

Dieser Bericht wird durch eine Erklärung Kapitän Christopher Middletons aus dem Jahr 1735 bestätigt, einem der erfahrenen Kommandanten von Versorgungsschiffen, der durch Knights Expedition veranlaßt wurde, in die Dienste der Company einzutreten. Er hatte bereits 1721 in Fort Churchill überwintert. Middleton bezeugte, »die Company war gegen ihn; aber da er sehr starrsinnig war, wagten sie nicht, ihn zu verärgern, damit er sich nicht an jemand anderen wandte.«

Es bestanden indessen nicht nur Bedenken gegen den Plan als solchen, der so sehr dem Pragmatismus des Pelzhandelsgeschäfts zuwider lief. Angesichts seines fortgeschrittenen Alters und seiner angeschlagenen Gesundheit erhob sich auch die Frage, ob Knight für ein solches Kommando noch rüstig genug war. Zu einer Zeit, als die durchschnittliche Lebenserwartung in England unter vierzig Jahren lag, schien allein der Gedanke absurd, einen Siebzigjährigen auf die Suche nach der Nordwest-Passage zu schicken. Aber da Knight darauf drängte, die Expedition noch im selben Sommer zu beginnen, mußte das Sub-Komitee eine Entscheidung treffen.

Ein weiterer Bericht vom 24. April besagt, daß mehrere Treffen mit Knight stattgefunden hätten und man einer Einigung näher gekommen sei. Noch am selben Tag trat das gesamte Komitee zusammen, um die Angelegenheit zu beraten, und innerhalb einer Woche wurde ein Vertrag unterzeichnet, der »Kapitän James Knight ermächtigte, auf Entdeckungsreise zu gehen«.

Nach einer Pause von 88 Jahren sollte also wieder eine Forschungsreise zu den »eisigen Wassern der Legende« unternommen werden. Das große Zeitalter der arktischen Entdeckungen in Amerika, das mit den wilden Hoffnungen Frobishers begonnen und mit dem Scheitern von Foxe und James geendet hatte, hatte zu einer gewissen Ernüchterung geführt. Jetzt flammte die Hoffnung wieder auf. Das Geheimnis der Terra incognita, jenes großen weißen Flecks auf der Weltkarte, sollte gelöst werden, Hand in Hand mit dem Erwerb phantastischer Reichtümer. Und so war es nur fair, daß der Mann, der dieses alles vollbrachte, auch der größte individuelle Nutznießer sein würde.

Eintragungen in den Geschäftsbüchern der Company belegen, daß die Expedition ein Gemeinschaftsunternehmen war, das anteilig von der Hudson's Bay Company und privaten Investoren finanziert wurde, nicht zuletzt von Knight selbst. Dem Grand Journal der Company ist zu entnehmen, daß er zur Zahlung von 142.3.1 £ aufgefordert wurde, »seinem Anteil von einem Achtel an den Kosten der Ladung und Ausstattung der Fregatte *Albany* sowie einer Schaluppe für eine Expedition in die nördliche Hudson Bay entsprechend seinem Vertrag mit der Company«. Als Gegenleistung sollte Knight einen Anteißl von einem Achtel an den erwarteten Reichtümern erhalten.

Im Hinblick auf die normalen Geschäftsgepflogenheiten der Company war diese Vereinbarung einigermaßen ungewöhnlich, aber Knight war schon lange nicht mehr nur irgendein Angestellter. Bereits bei seiner Ernennung zum Governor hatte er einen Vertrag ausgehandelt, der ihm einen Anteil an sämtlichen, während seiner Amtszeit entdeckten Mineralvorkommen zusicherte. Im übrigen hatte der betagte Abenteurer keine Mühe, seinen Anteil an den Reisekosten aufzubringen; am 12. Mai forderte er die Company auf, ihm sein rückständiges Gehalt in Höhe von 250 £ auszuzahlen.

Der Forschungsexpedition wurden die robuste *Albany*, eine von James Taylor 1716 gebaute 80-Tonnen-Fregatte, sowie die 40-Tonnen-Schaluppe *Discovery* zur Verfügung gestellt. Die *Albany* hatte unter Kapitän George Berley bereits zwei Reisen in die nördlichen Gewässer hinter sich und hatte Knight 1718 wieder mit nach London zurückgenommen. Berley hatte zehn Jahre zuvor als Kanonier bei der Company angeheuert und wurde 1709 für seine Verdienste bei der Verteidigung von Fort Albany gegen einen französischen Angriff ausgezeichnet. Dem Bericht zufolge waren die Franzosen unter ihrem irischen Kommandanten vor den Toren des Forts aufmarschiert und hatten die Engländer zur Übergabe aufgefordert. Berley, der gerade Wache schob, sagte ihnen, der Governor schlafe, aber er werde sofort die Schlüssel holen. Daraufhin scharten sich die Franzosen, »so eng sie konnten«, um das Tor. Aber statt hineingelassen zu werden, empfing Berley sie mit einer von zwei Sechspfündern abgefeuerten Kartätsche. Wenngleich der Bericht über Berleys heroisches Verhalten ein wenig übertrieben klingt, hatte er genügt, um ihm das Kommando über die *Albany* einzubringen, das er auch während der Knight-Expedition behielt.

Die kleinere *Discovery*, eine Namensschwester von Henry Hudsons berühmtem Schiff, war erst wenige Monate zuvor bei dem Schiffbauer Thomas Crotchett in Auftrag gegeben worden. Dies war ihre Jungfernfahrt. Das Kommando führte David Vaughan, der als Kapitän der Schaluppe *Eastmain* in der Bay gedient hatte, bis er im September 1714 nahe Fort York sein Schiff im Eis aufgeben mußte. Vaughan kam anschließend zu Knight nach Fort York. In einem Brief an das Komitee stellte ihm dieser das beste Zeugnis aus: »Sie können keinen nüchterneren und aktiveren Mann finden.«

Im Sommer 1718 fuhr Vaughan mit einem Prahm nach Norden und eröffnete einen Tauschhandel mit den Inuit. Diese Erfahrung machte ihn zusammen mit seiner Ausbildung als Schiffszimmermann zum idealen Kommandanten. Außerdem hatte er Knight und Berley in jenem Frühjahr auf der *Albany* nach London zurückbegleitet, und zweifellos war auf dieser Reise ausführlich über die Forschungsexpedition diskutiert worden. Als einen weiteren Teilnehmer an der Reise hatte man Alexander Apthorp ausgesucht – unter Knight Lagerhausverwalter von Fort York –, dessen Aufgabe es sein sollte, über die erwartete riesige Ladung wertvoller Mineralien genau Buch zu führen. Dagegen mußte man auf William Stuart leider verzichten, der wegen seiner in die Geschichte eingegangenen Inlandreise und seinen Erfahrungen mit den »Nord-Indianern« ein idealer Reisegefährte gewesen wäre. Noch vor Knights Rückkehr nach England hatte Henry Kelsey ihm jedoch geschrieben, »daß der arme William Stuart verrückt« geworden sei, und man ihn mehrfach habe an sein Bett fesseln müssen. Obgleich er zeitweilig wieder völlig klar war, verschlechterte sich Stuarts Gesundheitszustand. Er starb am 25. Oktober 1719 in Fort York.

Von den übrigen Expeditionsteilnehmern sind nur drei Namen belegt: Benjamin Fuller, David Newman und John Awdry, die alle auf der *Albany* dienten. Bei anderen ist man auf Vermutungen angewiesen. So ist in den Unterlagen der Company von einer Gratifikationszahlung an einen gewissen Thomas Hall die Rede. Sein Name steht in den Zahlungsanweisungen unter dem Knights, getrennt von den Offizieren und der Crew. Dies läßt vermuten, daß Hall eine führende Position bei der Mineraliensuche einnahm. Man schätzt, daß auf der *Albany* neben dem Kommandanten eine Crew von siebzehn Mann und auf der *Discovery* zehn Leute Dienst taten. Die letztere Zahl ergibt sich aus einer Protokollnotiz, in der auf eine Schutzbestimmung der Admiralität verwiesen wird. Außerdem schlossen sich der Expedition ins Unbekannte noch zehn »Landratten« an – in einem Zeitungsbericht als Munitionstechniker bezeichnet – sowie ein »Kindermädchen« oder Vorarbeiter, was die Gesamtzahl der Teilnehmer auf vierzig erhöhte.

Aus Company-Abrechnungen ergeben sich Bestellungen für die mitzuführenden Handelswaren wie Messer, Scheren, Musketen, Pfrieme, Decken, Glasperlen, Angelhaken, Jackenknöpfe und acht *squard* Spiegel. Ferner wurde der Kauf von 3500 Backsteinen bewilligt, drei Fässern Kalk und hölzerne Rahmen für den Bau eines Winterquartiers. Knight war sich der Gefahr einer unzureichenden Behausung sehr wohl bewußt, »seit der dänische Kapitän Munk am Churchill River überwinterte«. Für Heizzwecke wurden zwanzig *chaldrons* (26 m³) Kohle von der *Albany* übernommen. Nahrungsmittel, die weit über das hinausgingen, was man sonst bei den routinemäßigen Reisen zu den Außenposten der Hudson Bay mitführte, wurden ebenfalls sorgfältig verstaut, darunter Mehl, Brot, Butter, Speck, Stockfisch sowie Rind- und Schweinefleisch. Gegen den Durst gab es Starkbier, Brandy und Spirituosen. Die Nahrungsmenge war für einen arktischen Winter berechnet. Zugleich wurden große Mengen Salz mitgenommen, was den Schluß zuläßt, daß Knight den Speiseplan durch Wild zu ergänzen beabsichtigte, wie er es in Fort York und Fort Churchill bereits praktiziert hatte. Knight bemerkte hierzu, daß die Gräber der Dänen am Churchill River zeigten, obgleich es »harte Burschen« waren, was sie erwarte, wenn sie keine entsprechende Vorsorge träfen, bevor der Winter einsetzt. Mrs. Isabella Ellis wurde beauftragt, die Flaggen der Schiffe zu nähen, und zuletzt ließ man noch eisenbeschlagene Kisten anfertigen, um den Schatz in ihnen verstauen zu können.

Auf der Sitzung des Komitees am 22. Mai erhielten Berley und Vaughan ihre Segelinstruktionen mit der Order, »an jeden Ort zu segeln, wohin besagter Kapitän James Knight es ihnen befiehlt«. Gegenüber den Kapitänen besaß Knight damit absolute Befehlsgewalt. Davon ausgenommen war allein die unmittelbare Führung des Schiffes. Für den Fall, daß die Schiffe bei der Überfahrt über den Atlantik infolge schlechten Wetters getrennt werden sollten, hatten die Kapitäne Befehl, sich vor Resolution Island am Eingang der Hudson Bay zu treffen. Falls sie sich erst danach aus den Augen verloren, sollten sie ihre Reise unabhängig voneinander fortsetzen, wobei Berley mit der *Albany* den Anweisungen Knights folgen sollte. Vaughan hatte

Order, die *Discovery* in diesem Fall »zum 64. Grad nördlicher Breite und von dort nach Norden zu segeln, um zu versuchen, die Streights of Anian zu finden. Dabei sollte er die Boote so oft wie möglich an den Strand schicken, um herauszufinden, wie hoch die Flut steigt und aus welcher Kompaßrichtung die Strömung kommt.«

Auf dem 46. Breitenkreis, im Gebiet von Roe's Welcome, hatte Luke Foxe im Jahre 1631 während seiner Reise an Bord der *Charles* eine von Westen kommende Strömung entdeckt. Auch Thomas Button hatte schon im Jahre 1613 »eine starke Strömung« in der Nähe der von ihm *Ne Ultra* genannten Wasserstraße beobachtet. Eine solche Strömung war nach damaliger Auffassung der Beweis für die Existenz einer Nordwest-Passage in den Pazifik, das Tor zur Strait of Anian. Knight erwähnt Roe Welcome erstmals am 12. Mai 1716 in einer Eintragung in seinem York-Journal, wo die Passage beschrieben wird als »noch immer einer der entferntesten Flüsse, der weiter nördlich liegt, als je einer unserer Entdecker gekommen ist«.

Seine Absicht ist im Protokollbuch der Company vermerkt: Er sei entschlossen, »eine Nordwest-Passage jenseits von Tho' Buttons (Ne Ultra) zu entdecken«. In der Manier der ersten Expeditionen, deren Hoffnungen auf eine glückliche Umsegelung Amerikas ausschließlich von der Vision orientalischen Reichtums bestimmt wurden, geht auch aus Knights eigenen Anordnungen hervor, daß die Entdeckung der Nordwest-Passage nur das Mittel war, um ein lukratives Ziel zu erreichen. Die geplante Reise, so wurde von ihm erwartet, würde »so Gott will . . . die Streight of Anian« erreichen, »um Gold und andere wertvolle Waren im Norden zu entdecken«. Im Falle eines Scheiterns sollte er »bestmöglich mit allem haushalten«, das hieß, er sollte versuchen, einen Teil der Kosten durch vermehrten Handel und Walfang wieder hereinzuholen.

Es fällt auf, daß Knight den Ausdruck »Strait of Anian« benutzt, während englische Forscher in der Regel von der Nordwest-Passage sprechen. Prof. Glyndwr Williams hat auf die Möglichkeit hingewiesen, daß Knight eine oder mehrere französische bzw. niederländische Karten des frühen 18. Jahrhunderts studiert hatte, wie den Globe Terrestre des französichen

Geographen J. B. Nolin aus dem Jahr 1708, der den östlichen Eingang zur Strait of Anian an die Nordwestküste der Hudson Bay verlegt. Es ist denkbar, daß Knight auf diese Karte gestoßen war, als er sich 1710 im Zuge der Friedensverhandlungen einige Monate in Holland aufhielt, die dann zum Abschluß des Vertrages von Utrecht führten. In seiner Abhandlung »The British Search for the Nordwest Passage in the Eighteenth Century« führt Williams aus: »Solchen Karten brachte man damals wegen der langen Besetzung von Fort York durch die Franzosen wahrscheinlich mehr als nur gewöhnliches Interesse entgegen.«

Wegen Knights hohen Alters gab es an Bord spezielle schriftliche Instruktionen, die nur im Falle seines Todes geöffnet werden sollten. Sie bestimmten in allen Einzelheiten, wo die beiden Kapitäne versuchen sollten, »alle Arten von Handel zu treiben . . . insbesondere die Kupfer- und Goldminen zu finden«, wobei sie Knights letzten Anweisungen folgen sollten. Offensichtlich wollte man Knights Reiseziel vor der Mannschaft geheimhalten und nahm deshalb seine detaillierten Direktiven nicht in die ausgegebenen Segelorders auf, sondern teilte Berley und Vaughan noch in London alles Nötige persönlich mit. Dementsprechend hatten die Kapitäne den Befehl, nicht nur ihre eigenen Schiffsjournale, sondern auch die Tagebücher ihrer Offiziere und jede andere Aufzeichnung an Bord ihrer beiden Schiffe abzuliefern, »falls sie irgendwelche entdecken«. Nach der erfolgreichen Durchführung ihres Auftrags hatten die *Albany* und die *Discovery* Order, mit ihrer Fracht auf direktem Weg nach London zurückzukehren, ohne einen Zwischenhafen anzulaufen, »außer im Fall höchster Gefahr, und auf keinen Fall die Ladung zu löschen«.

Die Instruktionen für die Kapitäne enthielten ferner eine Klausel, die sich auf den zunehmenden Streit zwischen dem Ex-Governor und seinem ehemaligen Stellvertreter bezog. Bei seiner Rückkehr nach London hatte Knight Henry Kelsey der angeblichen Mittäterschaft an einem Diebstahl bezichtigt, bei dem Indianer des Nachts »mehrere Bündel Felle aus dem Warenhaus entwendet hatten«. Das Komitee hatte Kelsey in einem Brief vom 4. Juni 1719 von Knights Anschuldigung unterrichtet und um eine detaillierte Antwort gebeten. Bis diese vorlag, wurde die Expedition angewiesen, Kelsey aus dem Weg zu gehen sowie alle Handelsposten der Company zu meiden. Dieser Befehl stellte unmißverständlich klar, daß die Schiffe den Hafen am Churchill River, Fort York oder Fort Albany »nur im Fall höchster Gefahr« anlaufen durften, »und nur, um Schiff, Schaluppe und das Leben der Männer zu retten«. In diesem Fall aber sollten sie »der absoluten Weisungsbefugnis« Kelseys unterstehen. Auf diese Weise wollte man offensichtlich weiteren Streit zwischen den beiden Parteien vermeiden. Knight wurde darüber hinaus ermahnt, falls er mit Kelsey oder irgendeinem seiner Offiziere zusammentreffen sollte, ihnen »jeden möglichen Respekt zu erweisen und sie weder zu belästigen noch zu behindern«.

Wie vorauszusehen, war Kelsey über die Anschuldigung verbittert und wütete: »Ich bin absolut sicher, daß diese gemeinen Lügen gegen mich nur auf Verleumdung beruhen.« Er bekundete ferner den herzlichen Wunsch, der Company möchten »durch die Entdecker« keine zu großen Verluste entstehen. »Die böswilligen Angriffe, ihn aus seinem Amt zu verdrängen«, schrieb er allein ihrer Angst zu, »selbst hinausgeworfen zu werden.«

Auch Kelsey hatte seine eigenen, etwas weniger phantasievollen Pläne, wie man die Handelsbeziehungen der Company durch eine Ausdehnung nach Norden erweitern könne. Noch bevor er von Knights Expedition erfuhr, hatte er mit einer Schaluppe eine kurze Tour an die Nordwestküste der Hudson Bay unternommen. Das Ergebnis war vielversprechend. »Ich habe eine Menge Eskimos gesehen und tauschte ein paar Gegenstände aus Fischbein und einige Walroßzähne ein«, schrieb er.

Am 2. Juni 1719 reisten Sir Bibye Lake und sein Komitee nach Gravesend, um die letzten Vorbereitungen für die erste Forschungsexpedition zu überwachen, die nach fast einem Jahrhundert wieder von England aus auf die Suche nach der Nordwest-Passage aufbrechen sollte. Sollten sie keinen Goldschatz finden, so hofften sie doch wenigstens, ihre Kosten wieder hereinzubekommen. Für Kapitän James Knight bedeutete die

Reise mehr als die Chance auf Reichtum: sie gab ihm den inneren Frieden nach einem lebenslangen Kampf.

Am Vorabend der auf den 5. Juni festgesetzten Abreise gab man für Knight und die Schiffskapitäne einen Empfang. Das Komitee zahlte den Leuten die Heuer aus, schenkte jedem eine Guinee für Schnaps und den Offizieren eine Zulage für frischen Proviant, und wünschte dem betagten Entdecker eine erfolgreiche Reise sowie eine sichere Rückkehr. Mit einer ironischen Verbeugung vor der »seltsam magischen Macht des Goldes« verkündete die Saturday's Post ihren Lesern, daß »Kapitän James Knight sich im Hafen in Richtung Nordpol eingeschifft habe, um in der Terra Borealis eine Goldmine zu entdecken«. Knight nahm seine primitiven, von den Indianern gezeichneten Karten, seine Entdeckerberichte und seine Träume und dirigierte die *Albany* und die *Discovery* ans Ende der bekannten Welt.

7

Die Insel der Toten

Es folgte keine Erleichterung, kein Trost. Nur die Stille eines
arktischen Grabes.

Auf der Route, die alle Fregatten der Hudson's Bay Company
seit einem halben Jahrhundert genommen hatten, steuerten die
Albany und die *Discovery* bald westwärts ins Unbekannte – und
verschwanden für immer. Zwei Jahre lang warteten Knights
Geldgeber auf eine Nachricht über seine Entdeckungen, jedoch
vergeblich. Schließlich faßte man die unausgesprochene Angst,
daß irgend etwas entsetzlich schiefgegangen sein mußte, in
Worte: »Wir müssen uns fragen, was aus Kapitän Knight geworden ist, da wir bisher nichts von ihm gehört haben«, schrieben
Governor und Komitee am 26. Mai 1721 an Henry Kelsey. Als er
diesen Brief bekam, kannte Kelsey die schreckliche Antwort
bereits.

Die Expedition verbrachte den ersten Winter an der Nord-
westküste der Hudson Bay auf »etwa 62 Grad 30 Minuten
Breite«, der Gegend um Marble Island. Dies erfuhr man von
John Hancock, dem Kapitän der *Prosperous,* der 1720 von Fort
York aus nach Norden segelte, um den Handel mit Walöl und
Walroßzähnen weiter voranzubringen, den Kelsey im Jahr
zuvor begonnen hatte. Hancock hatte über den Verbleib der
Expedition von einheimischen Inuit gehört, wobei allerdings mit
keinem Wort die Rede davon gewesen war, daß die beiden
Mannschaften sich in Not befanden. Kelsey, der noch immer
über Knights Beschuldigungen wütend war, bemerkte abfällig,
»die Goldsucher haben dort überwintert, wo wir im letzten
Sommer waren und mit jenen Indianern Handel trieben, die uns

dann das Geschäft verdarben«. Kelsey hatte darauf einen »Vorschlag für eine Überwinterung im Norden« entwickelt, den das Komitee jedoch in seinem Antwortbrief ein Jahr später verwarf und unmißverständlich zum Ausdruck brachte, daß er nicht in der Lage sei, ein solches Unternehmen adäquat vorzubereiten und auszustatten. »Wir können einer Überwinterung im hohen Norden wegen der damit für Sie verbundenen Lebensgefahr nicht zustimmen.« Kelsey wurde angewiesen, seine Fahrten nach Norden auf die Sommermonate zu beschränken.

Am 16. April 1721 erfuhr Richard Staunton, Knights Nachfolger im neuen Fort am Churchill River, das auf dessen Vorschlag den Namen Fort Prince of Wales erhalten hatte, von einer Gruppe »Nord-Indianer« ein paar seltsame Dinge. Sie erzählten ihm, daß die weiter entfernt lebenden Copper-Indianer im vorhergehenden Sommer weißen Männern begegnet seien, »die einige unserer Landsleute besucht und ihnen eine große Menge Eisen gegeben haben«.

Diese beziehungsvolle Nachricht wurde bald von weiteren, unheilverkündenden Neuigkeiten verdrängt. Als Kelsey einige Monate später mit seiner Schaluppe nach Norden segelte, entdeckte er die ersten Anzeichen für eine Katastrophe: Er fand bei den Inuit Gegenstände der vermißten Expedition. Der Gedanke jedoch, die vierzig Männer könnten einer Tragödie zum Opfer gefallen sein, schien ihn nicht im mindesten beunruhigt zu haben. Kelsey glaubte sich weder zum Handeln verpflichtet noch fühlte er Mitleid. In seinem persönlichen Tagebuch vom 9. August notiert er lapidar: »Ich drehte ab, weil der Wind meinen Plan vereitelte, weiter nach Norden zu segeln, um nach dem Ort zu suchen, wo die *Albany* und die Schaluppe gestrandet waren, nachdem wir Sachen gesehen hatten, die zu den Schiffen gehörten.«

Die Company hatte die Order ausgegeben, daß die Handelsschiffe aus Sicherheitsgründen spätestens Ende August/Anfang September aus dem Norden zurück sein mußten. Kelsey war am 16. August wieder am Churchill River und widersetzte sich jeder Forderung nach einer sofortigen Suchaktion. Angesichts der Möglichkeit, eventuell noch Überlebende der Expedition retten zu können, unterließ er, was jeder andere an seiner Stelle getan hätte. Daß er auch im folgenden Jahr keinen Rettungsversuch unternahm, läßt seine Motive nur noch zweifelhafter erscheinen. In einem Brief an einen Angestellten der Company beklagt sich Kelsey, Knights Beschuldigungen, die er auf so hinterhältige Art seinem Dienstherren hinterbracht habe, hätten seinen Ruf zerstört, »der wertvoller ist als das Leben selbst«. Ob nun mit Vorsatz oder aus Fahrlässigkeit, Kelsey hatte seine Rache.

1722 bekam die Schaluppe *Whalebone* den Auftrag, vom Churchill River aus die Nordwestküste der Hudson Bay abzusegeln und nach eventuellen Kupferminen Ausschau zu halten. Aus diesem Grund schloß sich auch Richard Norton, Knights ehemaliger Lehrjunge, der Crew an. Trotzdem enthalten die Instruktionen Kapitän John Scroggs' keinerlei Order, nach den vermißten Schiffen zu suchen. Lediglich in einem Nachsatz wird der Ort genannt, an dem Knight angeblich überwintert hatte.

Hinzu kam, daß Scroggs ein nur mittelmäßiger Navigator war, den seine Zeitgenossen als »einen ängstlichen Mann und keineswegs von der Expedition begeistert« bezeichneten. Seine Beobachtungen wurden von den späteren Forschern an der Nordwestküste der Bay heftig kritisiert. So war es purer Zufall, daß Scroggs über Wrackteile der *Albany* und *Discovery* stolperte. Auf der Hinfahrt hatte er »in 62 Grad 48 Minuten Breite ein Boot ausgesetzt, um ein im Wasser schwimmendes Stück Holz zu bergen. Es handelte sich um den unteren Teil vom Vormast eines Schiffes, der etwa fünf Fuß über Deck abgebrochen war.«

Das Fundstück schwamm in den unruhigen Gewässern vor der Küste von Marble Island, die damals noch den Namen Brooke Cobham trug. Die Schaluppe setzte anschließend ihren Weg nach Norden bis zum Chesterfield Inlet fort, wo man die westliche Passage gefunden zu haben glaubte. Aber statt diese mögliche Durchfahrt zum Pazifik zu passieren, entschloß sich Scroggs umzukehren. Auf seinem Rückweg kreuzte er vor der Küste von Marble Island und gab ihrem berühmten Wahrzeichen, dem höchsten Punkt der Insel, den Namen Pits Mount. Scroggs ankerte vor der Insel und schickte ein Boot an Land, um nach weiteren Wrackstücken der vermißten Schiffe suchen zu lassen. Bald darauf segelte Scroggs eilends zum Churchill River zurück, wo er von seiner aufregenden Entdeckung berichtete. Er sei an der Stelle gewesen, »wo beide, die *Albany* und die *Discovery*, gestrandet sind«.

Unglücklicherweise ist das Logbuch der *Whalebone* mit seinen überaus wichtigen Eintragungen verlorengegangen. Statt dessen sind wir über das, was Scroggs auf der öden Insel gesehen hat, auf unbefriedigende Berichte aus zweiter Hand angewiesen. Am 25. Juli 1722 berichtet Richard Staunton in seinem Journal, Scroggs »behauptet, daß alle Männer von den Eskimos getötet wurden. Ich bedaure ihr hartes Schicksal von ganzem Herzen.« Einen Tag später bestätigte ihm Scroggs noch einmal, »daß alle Teilnehmer an der Entdeckungsreise in den Norden umgekommen sind«. Scroggs Schlußfolgerung, die Männer der Knight-Expedition seien von Inuit angegriffen und getötet worden, mag lediglich auf einem Indizienbeweis beruht haben. Auszüge aus seinem verlorengegangenen Logbuch erschienen in späteren geographischen Beschreibungen über die Region und enthüllten, daß Kapitän Scroggs auf Marble Island auf ein Inuit-Camp gestoßen war, wo Schiffssparren »zu Zeltpfählen verarbeitet und die Zelte mit Segeln bedeckt waren«.

Die Beweise für Knights Untergang fanden sich überall. Scroggs entdeckte bei den Eingeborenen eine Medizinkiste, Eispickel, Kabinenverkleidung und den Teil eines Mastes. Er bot den Inuit Eisen zum Tausch an, aber sie waren nicht interessiert. Man könnte schlußfolgern, daß sie sich bereits hinreichend aus den vermißten Schiffen eingedeckt hatten. Ein 26 Jahre später veröffentlichter Bericht über das Journal des Kapitäns bringt weitere Einzelheiten zu Scroggs Theorie über den Untergang der Knight-Expedition und stellt fest: »Scroggs glaubte, daß einige von ihnen ertrunken und andere im Kampf mit den Eskimos umgekommen sind.« Dann kam das, worin Scroggs den furchterregenden Beweis für einen Angriff der Eingeborenen gesehen hatte: das Auftauchen eines Inuit, »mit einer langen Narbe auf der Wange, die aussah, als stamme sie von einem Entermesser, und die damals noch ganz frisch war«.

Von den goldenen Träumen Kapitän James Knights blieb nichts übrig als Schreibarbeit für die Bürokraten der Londoner

Company. Vom Komitee zurückbeordert, brachte Henry Kelsey im Herbst 1722 die Bestätigung vom Untergang der Expedition nach London. Aber bereits einen Monat vor seiner Ankunft, am 29. September, wurden die *Albany* und die *Discovery* aus den Geschäftsbüchern der Company gestrichen, offensichtlich aufgrund der ein Jahr zuvor von Kelsey geäußerten Überzeugung, daß die Schiffe »verloren« seien: »untergegangen im Norden der Hudson Bay auf einer Entdeckungsfahrt Anno 1720«. Dies geschah, ohne nach eventuellen Überlebenden zu suchen oder irgend etwas zu unternehmen, um sich Gewißheit zu verschaffen, oder aber wenigstens etwas von den investierten 7000 bis 8000 £ zurückzubekommen. Zum ersten Mal in der 250 Jahre alten Suche nach der Nordwest-Passage war eine Expedition völlig vom Erdboden verschwunden. Nicht ein einziger Teilnehmer kehrte jemals zurück. Kapitän James Knight war nach zwanzig Dienstjahren in der Hudson Bay der erste Expeditionsleiter seit Henry Hudson, der in dieser Gegend den Tod gefunden hatte. Am Ende seiner Reise hatte ihn nicht der strahlende Glanz des Reichtums erwartet, sondern unmenschliches Leiden und ein Tod in der bitteren Gewißheit, gescheitert zu sein.

Obgleich sich Kelseys grausame Gleichgültigkeit gegenüber dem Schicksal der Expedition am besten aus seinem Streit mit Knight erklären läßt, sah man sein Verhalten später als Teil eines großangelegten Komplotts, die Entdeckung der Nordwest-Passage zu verhindern. In seiner Kritik an der Geschäftspolitik der Company verurteilte Joseph Robson das Londoner Komitee, weil es Kelsey nicht auf die Suche geschickt hatte. »Armer Knight . . . er war ihre Fürsorge nicht wert . . . ein solch grausames Desinteresse verträgt sich nicht ganz mit der Genehmigung seiner Reise.« Robson behauptete, die Hudson's Bay Company habe das Unternehmen nie unterstützt und sie habe auch niemals einen ernsten Versuch unternommen, eine Nordwest-Passage zu finden, weil die Entdeckung einer solchen Durchfahrt ihr Handelsmonopol im Norden in Gefahr gebracht hätte. Er kam zu dem Schluß, daß »der Verlust des Schiffes und der Schaluppe nicht zählte, solange er sie von jenen Störenfrieden befreite«. Sicherlich war Robson voreingenommen. Die

Gleichgültigkeit jedoch, mit der die Company die Nachricht vom Untergang der Expedition aufnahm, spricht für die Richtigkeit seiner Behauptung.

Obgleich das Verschwinden der Knight-Expedition als das größte Rätsel der arktischen Forschungsgeschichte gilt, hat es in der Öffentlichkeit nie das gleiche Interesse gefunden wie später der Untergang der Franklin-Expedition im Jahr 1845. Es gab weder Mahnmale aus Carrara-Marmor noch tränenreiche Oden an den toten Forscher, keine Rettungsexpedition der Royal Navy oder eine vom Parlament ausgesetzte Belohnung. Der Untergang dieser Forschungsreise wurde schlicht als die Erfüllung des Lebensziels eines närrischen alten Mannes betrachtet. Versteckte Andeutungen über Knights schicksalhafte Suche nach der Strait of Anian finden sich selbst in »Gullivers Reisen«. Jonathan Swifts klassische Satire, die erstmals 1726 veröffentlicht wurde, verlegt Brobdingnag, das Phantasiereich der Riesen, an genau den Ort, wo Knight das Land des »gelben Metalls« vermutete. Frühe Ausgaben des Buches enthalten sogar Landkarten, auf denen Brobdingnag an der Westküste Amerikas liegt, nahe der legendären Strait of Anian.

Im September 1724 wurde schließlich Knights Testament eröffnet. Es enthält den einzigen erhaltenen Hinweis auf sein Privatleben und seine Familie. Seine »geliebte Frau Elisabeth« erbte das gesamte Vermögen. Seinem Sohn Gilpin hinterließ er lediglich einen Schilling, da er »ihm bereits zu seinen Lebzeiten erheblich mehr vorgeschossen habe, als es seinen Vermögensverhältnissen entsprach«. Mit Knights Tod wurden die Anschuldigungen gegen Kelsey stillschweigend fallengelassen, jedoch gestattete man dem einstigen jugendlichen Entdecker und späterem Governor-in-chief nicht mehr, auf seinen Posten in der Hudson Bay zurückzukehren. 1724 ersuchte Kelsey die Company, ihm das Kommando für eine Reise in die Bay zu übertragen, aber seine Bitte wurde abgelehnt.

Vier Jahre zuvor hatte er über Knight und seine Freunde geflucht, »wenn es Gott gefällt, werde ich es noch erleben, daß man sie zwingen wird, ihre Beschuldigungen zu beweisen«. Nun hatte er durch sein eigenes Verhalten verhindert, daß er rehabilitiert wurde. Kelsey starb im selben Herbst. Seine erstaunlichen

Überlandreisen, die er als junger Mann durchgeführt hatte, waren längst vergessen, und seine späteren Verdienste waren durch die Beschuldigungen und den Verdacht überschattet, die während seiner letzten Lebensjahre auf ihm gelastet hatten.

Nachdem Scroggs Entdeckungen den Untergang der Knight-Expedition bestätigt hatten, mieden die Handelsschaluppen der Company die gefährliche Nordwestküste der Hudson Bay. Es sollten fünfzehn Jahre vergehen, bevor die Company einen neuen Versuch zur Lokalisierung der Nordwest-Passage unternahm. Und dies auch erst, nachdem Arthur Dobbs, ein fanatischer reicher Ire, die Company lautstark kritisiert und sich energisch für eine Wiederaufnahme der Suche stark gemacht hatte. Dobbs, Surveyor-General von Irland und Mitglied des irischen Parlaments, der später zum Governor of North Carolina ernannt wurde, entnahm den Beweis für die Existenz einer Passage einem umstrittenen Reisebericht von Juan de Fuca aus dem Jahr 1592. Später berief er sich zusätzlich auf die imaginäre Reiseschilderung eines gewissen Bartolomeo de Fonte, eines angeblichen spanischen Generals, der behauptete, 1640 von Lima aus nach Norden gesegelt und die Nordwest-Passage durchquert zu haben. Der Spanier hatte beschrieben, daß er auf seiner Reise durch die – wie er es nannte – »Sea of Ronquillo« einem Handelsschiff aus Boston begegnet sei, das von einem Mann namens Shapley geführt wurde. Dobbs war überzeugt, daß dieser Shapley im Pelzgeschäft tätig gewesen war und daß die Durchfahrt in der Hudson Bay lag. Mit Hilfe weiterer Beweise für einen Tidenhub an der Westküste der Bay, wie er von Button und Foxe beobachtet worden war, drängte er auf eine Wiederaufnahme der Suche.

Seine ersten Vorstöße in dieser Richtung wurden schroff zurückgewiesen, aber Dobbs war hartnäckig und verfolgte 1733 den Deputy Governor der Hudsons's Bay Company, Samuel Jones, durch ganz London. Jones, der während der Verhandlungen mit Knight dem Sub-Komitee angehört hatte, stimmte schließlich einem Treffen zu. Um Dobbs zu entmutigen, erzählte er ihm detailliert vom Verschwinden der beiden Schiffe Knights und machte ihm klar, was für ein Verlustgeschäft das Ganze für sie gewesen sei. Jones berichtete auch, daß Scroggs

»einen Teil des Achterschiffs« entdeckt habe, und endete mit
der düsteren Schlußfolgerung, daß die Expedition »gestrandet
oder von den Eingeborenen überrascht wurde und die Schiffe
auseinandergebrochen sind«.

Aber statt Dobbs von seinem Plan abzubringen, stachelte der
Bericht über Knights Scheitern dessen Neugier nur noch mehr
an, und er bat Jones, Scroggs Journal einsehen zu dürfen.
Daraufhin stellte der Deputy Governor die überraschende
Behauptung auf, Scroggs habe kein Logbuch geführt. Allerdings tauchten später Auszüge aus diesem wertvollen Doku-
ment auf. Das mysteriöse Verschwinden des Originals aus den
Archiven der Company wurde jedoch nie geklärt. Dobbs aber
war durch das Gespräch in seinem Vorhaben nur noch bestärkt
worden:

»Denn nach allem, was sie wissen, könnten Knights Schiffe
die Passage gefunden haben, oder wenigstens eines von ihnen,
und durch irgendeinen Unfall hinterher verlorengegangen sein;
das Wrack, das sie gesehen haben, kann sowohl auf dem Rückweg als auch vor der Fahrt in die Passage gestrandet sein: denn
wenn sie in der Bay untergegangen wären , hätten wahrscheinlich einige der Männer Churchill Factory erreicht.«

Zehn Jahre später schlug Dobbs nachdenklichere Töne an
und räumte ein, daß, falls Knights Crew die Passage nicht
gefunden hatte, sie »vermutlich während des Winters von den
Eingeborenen überrascht wurden«. Diese revidierte Theorie
beruhte offensichtlich auf den Aussagen einiger Pelzhändler,
wonach die Eingeborenen jener Gegend, in der die Expedition
verschollen war, seit dieser Zeit sehr viel zurückhaltender im
Handel mit den Company-Schaluppen seien, was die Händler
auf deren schlechtes Gewissen zurückführten.

Um Dobbs zu beschwichtigen, sandte die Company schließlich 1735 eine Expedition in das Gebiet nördlich des Churchill,
die sich aber nur bis Whale Cove quälte, bevor sie umkehrte,
»weil die Küste so gefährlich« war. Wütend über diesen mageren Versuch, versicherte sich Dobbs der Hilfe eines der erfah-
rensten Kapitäne der Hudson's Bay Company: Christopher
Middleton, der aus Begeisterung über Knights Unternehmungen im Jahre 1721 bei der Company angeheuert hatte, in der

Hoffnung, an einer Expedition teilnehmen zu können. Als geschickten Navigator hatte man ihn Kapitän Scroggs gerade in dem Jahr zugeteilt, als die Überreste der Knight-Expedition auf Marble Island gefunden wurden. Aber der inkompetente Scroggs hatte es abgelehnt, ihn mitzunehmen. Middleton war sich schon damals wohl bewußt, daß die Company lange gezögert hatte, selbst den erfahrenen Knight für eine Expedition auszurüsten. Gemeinsam mit Dobbs begann er dennoch, die britische Admiralität zu drängen, sich an der Suche nach der Nordwest-Passage zu beteiligen.

Selbst die allmächtige Royal Navy kapitulierte schließlich vor Dobbs ständigen Attacken. Das Ergebnis war, daß Middleton beim ersten Vorstoß der Royal Navy zur Suche nach der Nordwest-Passage das Kommando über die *HMS Furnace* erhielt, während William Moor die *HMS Discovery* führte. 1742 segelte die Middleton-Expedition in die unbekannten Gewässer von Roes Welcome, erforschte Wagner Bay und Repulse Bay, und erreichte den Eingang zur Frozen Strait, bevor sie sich geschlagen geben mußte. Auf der Rückfahrt ankerte die Expedition vor Brook Cobman. Ohne zu bemerken, daß es sich um dieselbe Insel handelte, die Luke Foxe bereits 1631 in die Seekarte eingezeichnet hatte, gaben ihr die Teilnehmer der Middleton-Expedition wegen ihres Erscheinungsbildes den Namen Marble Island (Marmor-Insel). Ein Boot wurde an Land geschickt, um Frischwasser zu holen. Und am 14. August 1742 bestätigte Moor in seinem *Discovery*-Journal die Entdeckung »eines großen Teils der Wracks von Kapitän Barlows (Berleys) Schiff und Schaluppe, von denen man annahm, daß sie in der Nähe dieses Breitengrades verlorengingen«.

John Rankin, Leutnant auf der *Furnace,* fand an der Westspitze der Insel einen Hafen und lotete die Wassertiefe aus. Beobachtungen eines Tidenhubs vor Marble Island überzeugten ihn von der »großen Wahrscheinlichkeit«, daß es auf dem nahegelegenen Festland eine Durchfahrt oder Meerenge geben müsse, die »zu irgendeinem Ozean im Westen führe«. Middleton war anderer Meinung, und so fuhren die Schiffe bald weiter.

Bei seiner Rückkehr nach London wurde Middleton von Dobbs kurzerhand zur Rede gestellt, der dem Kapitän vorwarf, seinen Weg durch das Eisfeld nicht fortgesetzt zu haben. Seine Position wurde weiter geschwächt, als mehrere Offiziere behaupteten – unter ihnen Moor und Rankin –, er sei von der Company bestochen worden. Dobbs war mehr daran interessiert, das Handelsmonopol der Hudson's Bay Company anzugreifen, als die Passage zu entdecken, obgleich letzteres weiterhin nach außen vorgeschoben wurde. Wie Middleton es ausdrückte, »war es der Mantel, unter dem man andere Pläne verbarg«. Dobbs startete eine erfolgreiche Kampagne zur Auslobung einer Prämie in Höhe von 20 000 £ durch das Parlament für die Entdeckung der Nordwest-Passage. Anschließend ging er daran, sich das Geld selbst zu verdienen, und gründete ein privates North West Committee, um die Mittel für eine Expedition unter der Leitung Moors aufzubringen, dem er das Kommando auf der *Dobbs Galley* übertrug.

Das zweite Schiff, die *California*, wurde Francis Smith anvertraut, einem erfahrenen Kapitän, der für die Hudson's Bay Company bereits mehrere Handelsreisen vom Churchill River zur Whale Cove durchgeführt hatte. Möglicherweise durch das Vorbild ihres Mentors inspiriert, kam es aber zwischen Moor und Smith zu ständigen Reibereien, die ihre Chancen zunichte machten, einen schlüssigen Beweis für die Existenz einer Passage zu entdecken. Das bemerkenswerteste Ergebnis des Unternehmens in geographischer Hinsicht, die Entdeckung und teilweise Erforschung von Chesterfield Inlet, brachte ebenfalls wenig Neues gegenüber dem, was man bereits von Middleton erfahren hatte. Wirklich erfolgreich waren sie dagegen aber in der Aufdeckung weiterer Einzelheiten über das Schicksal der Knight-Expedition.

Im August 1746 ankerten die Schiffe von Moor und Smith vor Marble Island, um die Strömungen zu untersuchen. Gleichzeitig schickte man mehrere Gruppen zur Jagd an Land. Angelockt durch das ungewöhnliche Erscheinungsbild der Insel, erforschte Dobbs Agent, Henry Ellis, die »zerklüftete und steinige« Landschaft und berichtete anschließend, er habe zwischen dem Geröll tiefe Höhlen entdeckt, wo »man ein lautes Geräusch hört, als ob große Wassermassen über Felsen strömen«. Grundwasser, das aus den Kliffs heraussickerte und den weißen Fels

leuchtend grün färbte, überzeugte Ellis davon, daß es hier
»Kupfer oder anderes Erz« gab. Außerdem fand er überall
unheimliche »Spuren von Eskimos«, darunter Steingebilde
– *inukshuk* –, die er einem »abergläubischen Brauch«
zuschrieb, sowie die Gräber ihrer Toten.

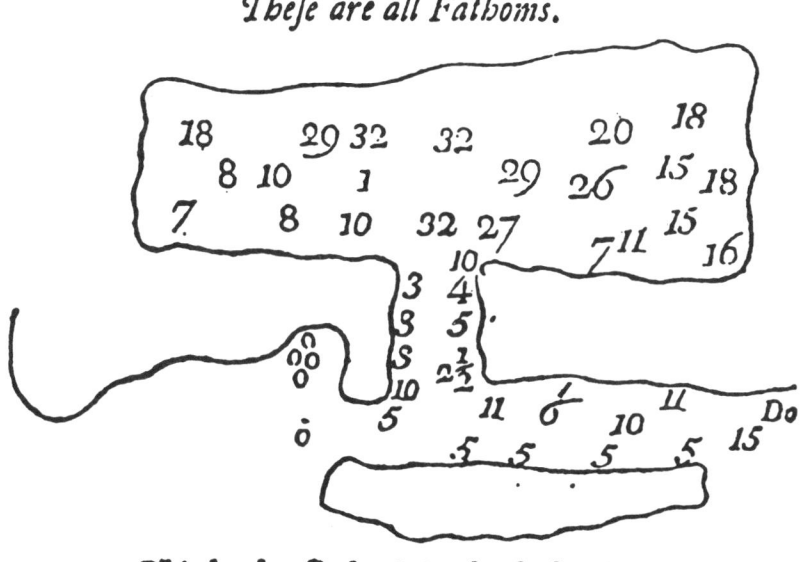

Rankins Karte vom Westhafen Marble Islands mit den in Faden
angegebenen Wassertiefen.

Unterdessen waren die Jäger bei der Suche nach Treibholz für
ein Feuer auf die Dauben einer Boje gestoßen sowie auf ein
Stück Eichenholz »mit Dübellöchern, wie man sie in Schiffs-
wände bohrt«. In seinem *Account of a Voyage For the Discovery
of a North-West Passage* kommt Theodore Swaine Drage, der
Clerk der *California,* zu dem Schluß, »mit hoher Wahrscheinlichkeit waren sie ein Teil der Überreste jener Schiffe, mit
denen Mr. Knight und Mr. Barlow gestrandet sind«. Drage
hatte keine Zweifel, daß die Klippen und Felsen des schroffen
Ufers zum Schiffsfriedhof geworden waren. »Es gibt nur wenige
Küsten auf der Welt, die für einen Unfall dieser Art so prädesti-
niert sind«, meinte er und fügte hinzu, Knights Schiffe seien

wahrscheinlich »in der Dunkelheit oder infolge Nebels oder eines Sturmes auf Grund gelaufen oder gegen die Klippen oder Felsen geschleudert worden«.

Drage machte sich auch Gedanken über das Schicksal der Expeditions-Crews. Ihm war bekannt, daß Scroggs 25 Jahre zuvor zu dem Ergebnis gekommen war, sie seien bei einem Angriff der Inuit umgekommen. Nun aber hörte er von seinem eigenen Kapitän etwas völlig anderes. Francis Smith, der zwischen 1738 und 1744 für die Company sechs Reisen nach Whale Cove durchgeführt hatte, erzählte ihm eine sensationelle Geschichte, wonach einige von Knights Leuten möglicherweise noch jahrelang überlebt hatten:

»Als er mit den Eskimos in Whale Cove Handel trieb, zeigten sie ihm einen jungen Burschen, den sie in Anspielung auf seine Abstammung ›Engländer‹ riefen, und der dem Alter nach der Sohn eines der Verschollenen sein konnte, was die Möglichkeit eröffnete, daß einer oder auch mehrere von ihnen sich an Land retten konnten und eine Zeitlang bei den Eskimos gelebt haben.«

Da bereits die schweren Winterstürme einsetzten, segelten Smith und Moor angesichts der tragischen Lektion aus der Knight-Katastrophe bald in gemäßigtere Zonen. Es dauerte zehn Jahre, bis die Suche wieder aufgenommen wurde, dieses Mal von der amerikanischen *Argo,* die von Philadelphia aus den – erfolglosen – Versuch startete, die Nordwest-Passage zu entdecken. Ihre Reise wurde von keinem Geringeren als Benjamin Franklin gefördert.

Dobbs Wühlereien fanden 1749 ein logisches Ende, als es ihm schließlich gelang, eine parlamentarische Anhörung über das Monopol der Hudson's Bay Company zu erzwingen. Nicht zuletzt aufgrund der von der Company vorgelegten übertriebenen Forschungsberichte, in denen die Suche nach der Nordwest-Passage das Hauptthema bildete, entschied das Komitee des House of Commons zu ihren Gunsten. Man hätte hierin die Bestätigung einer seit langem bestehenden Geschäftspolitik sehen können, ihre Operationen absolut geheimzuhalten, wäre es nicht gerade diese Geheimhaltung gewesen, die in erster Linie Anlaß zur Kritik gegeben hatte. Ein Autor warf der

Company sogar vor, sie habe die Vorstellung genährt, die Hudson Bay sei »der elendste und schlimmste Teil des Universums«. Wären Mühsal und Gefahren, denen die Company und ihre Angestellten bei der Durchführung ihrer Geschäfte unter den dortigen klimatischen Verhältnissen ausgesetzt waren, besser bekannt gewesen, hätte man diese Einstellung vermutlich bereitwillig akzeptiert.

Arthur Dobbs

Nachdem sich Dobbs' erklärtes Ziel, »Gutes zu tun durch Entdeckungen in der Großen Welt«, als unerreichbar erwiesen hatte, widmete er sich fortan den Bienen und fand einen gewissen Trost in der Gesellschaft der »Bewohner der Kleinen Welt, insbesondere bei der sehr nützlichen und emsigen Bienengesellschaft«. Aber selbst mit einer Hand im Honigtopf attackierte er noch gelegentlich die Hudson's Bay Company. Drei Jahre später wurde er zum Governor von North Carona ernannt.

Die nächsten Berichte über das Schicksal der Expedition erschienen erst 1765. Moses Norton, Verwalter des Forts Prince of Wales, dessen von Knight am Churchill River errichtetes Holzfort 1731 durch eine imposante steinerne Festung ersetzt

119

worden war, hatte eine Reihe von Handels- und Walfangreisen entlang der Nordwestküste der Bay geleitet. Auch wenn er später von seinem Untergebenen Samuel Hearne als Polygamist und notorischer Schmuggler hingestellt wurde, »der in offener Mißachtung jeden Rechts, des menschlichen wie des göttlichen, lebt«, so gebührt ihm dennoch das Verdienst, daß er von zwei Inuit-Knaben, die man von einer der Reisen mitgebracht hatte, grausame Einzelheiten über die Knight-Tragödie erfahren hat.

Der eine, ein dreizehnjähriger Junge, wurde im Juli 1765 auf Cape Esquimaux von Magnus Johnston, einem Schaluppenkapitän, gegen einen Säbel und andere Handelswaren eingetauscht. Johnston berichtete, der Vater sei über den Tausch so glücklich gewesen, daß er »schreckliche Freudenschreie« ausgestoßen habe. Offensichtlich war die Mutter des Jungen von dem Handel weniger begeistert, denn zwei Tage später kam der Mann zur Schaluppe zurück, um seinen Sohn wieder abzuholen. Johnston lehnte seine Bitte rundweg ab, da er überzeugt war, daß der Knabe später einmal eine Vermittlerrolle »zwischen den Eskimos und ihnen oder anderen Christenmenschen« übernehmen könnte. Daraufhin bot ihm der Vater auch seinen zweiten Sohn an und erklärte, »er solle seinen Bruder begleiten, um ihm Gesellschaft zu leisten«. Als Johnston nach Fort Prince of Wales zurückkehrte, übergab er Norton eine »genaue Liste über die bei den Inuit eingetauschten Waren«:

»Wolfsfelle − 5, Weißfüchse − 4, Vielfraß − 1, Esquimaux-Jungen − 2.«

Norton hatte ein besonderes Interesse am Schicksal der Knight-Expedition. Sein Vater Richard war 1717 von Knight in die Barren Lands geschickt worden und hatte später sogar Beweise für den Untergang der Expedition entdeckt, als er unter Scroggs diente. Mit Hilfe eines Dolmetschers befragte der Verwalter die beiden Jungen, ob sie etwas über die Katastrophe wüßten. Unter Berufung auf Erzählungen der Alten bestätigten sie, daß im Herbst zwei Schiffe vor Marble Island gestrandet waren, die Crews aber sicher die Insel erreicht hatten und daran gegangen wären, »Hütten aus Moos und Lehm« zu bauen. Das von den Wracks geborgene Eisen hatten sie bei den dort ansässigen Inuit gegen Bärenfleisch sowie Wal- und Seehundfett eingetauscht. Aber ohne die richtige Nahrung und Kleidung hatte ihre Zahl schnell abgenommen, »so daß niemand den Winter überlebte«.

Norton erhielt neue Informationen über den Ort der Katastrophe und des Schicksals der vermißten Schiffe, den sie als »in der Nähe des Marble Harbour, wo jene unglücklichen Leute ihre Hütten errichteten«, beschrieben: Was die Schiffe anging, so hatten »Mr. Richard Norton und Mr. Scroggs 1722 von den Wracks nur mehr den kleinsten Teil gesehen«. Den Rest hatten sich die Eingeborenen geholt. Der Bericht der Jungen endete makaber: Auf Marble Island, so behaupteten die beiden, gingen jetzt die Geister der Toten um.

Inuit in einem Kajak

»Seit jenem Unglück wohnen die Esquimay nicht mehr auf Marble Island, das sie wegen der vielen dort umgekommenen Engländer Dead Mans Island nennen«, schrieb Norton am 29. November 1765 in das Journal des Handelspostens. »Sie behaupteten, daß sogar ihre eigenen Leute früher als normal starben, solange sie auf der Insel lebten, und daß sie aus diesem Grund nicht mehr dorthin zurückkehren wollten.«

Norton bezweifelte die Zuverlässigkeit dessen, was ihm die Jungen erzählt hatten. Immerhin konnten einige der Überlebenden durchaus von den Inuit umgebracht worden sein, wie Scroggs 43 Jahre zuvor berichtet hatte. »Aber ich bin eitel genug zu glauben, daß, wenn einem englischen Schiff heute ein ähnlicher Unfall zustoßen würde . . ., die Eingeborenen bis hinauf nach Marble Island einem Menschen in Not eher helfen würden«, fügte Norton hinzu. In diesem Sinn ließ er die Jungen, »gekleidet in englisches Tuch und bei guter Gesundheit«, im folgenden Sommer zu ihrem Vater zurückbringen. Nortons Glaube an die Freundlichkeit der Nordländer stand in krassem Gegensatz zu den erst unlängst gemachten Erfahrungen.

Als die *Dobbs Galley* und die *California* 1746 Marble Island besuchten, lagen die Schiffe eine ganze Weile in einiger Entfernung vor der Küste, bevor eine bewaffnete Gruppe an Land ging, und selbst dann noch hatten sie Befehl, »sich nicht zu weit von ihren Booten zu entfernen und zusammenzubleiben, damit sie nicht überrascht würden«. Noch 1750, als der Schaluppen-Kapitän James Walker damit begann, jährliche Handelsfahrten vom Fort Prince of Wales in den Norden nach Whale Cove durchzuführen, dem Festland südlich von Marble Island, warnte man ihn ausdrücklich vor möglichen Angriffen der Inuit.

Auf seiner ersten Reise beschrieb Walker die Inuit in Whale Cove als »unverschämt und verschlagen« und beschwerte sich, daß sie gedroht hätten, die indianischen Jäger zu töten, die er auf die Reise mitgenommen hatte. 1753 wurde Walker während eines Aufenthalts an Bord seiner Schaluppe von einem Eingeborenen mit einem Eispickel angegriffen und verletzt. Der verwundete Kapitän vertrieb den Täter mit vorgehaltener Pistole vom Schiff.

Am nächsten Tag versammelte sich eine Schar Inuit auf den nahegelegenen Felsen und begann die eisernen Spitzen ihrer Lanzen zu schärfen und eine drohende Haltung einzunehmen. Walker ließ die Ankertaue der Schaluppe kappen, um die Flucht zu ergreifen, aber kaum waren die Segel gesetzt, war das Schiff von den bewaffneten Inuit in Kajaks umstellt. Am Strand machten weitere 150 Eingeborene Anstalten, sich dem Enterversuch anzuschließen. Walker und seine kleine Crew entkamen ihnen nur mit knapper Not. Es bedurfte zehn Jahre reibungslosen Handelsverkehrs an der Nordwestküste, bis sich die Furcht vor der Feindseligkeit der Inuit schließlich legte. Erst danach liefen die Schiffe der Company auch die »Spukinsel« Marble Island wieder an.

Es gibt keinen Augenzeugenbericht über jenen dramatischen Augenblick des Jahres 1767, als die Harpuniere der Schaluppe *Success* zufällig die letzte Zuflucht der Knight-Expedition entdeckten. Es existiert nur Kapitän Joseph Stevens' Journal, der am nächsten Tag aufbrach, um die »Gebäuderuine« zu untersuchen. Stevens wies seine Leute an, »sich über die Felsen zu verteilen und soviel wie möglich herauszufinden und ihn wissen zu lassen, was sie gesehen hatten«. Der Wert seiner Aufzeichnungen liegt in der großen Detailtreue, mit der Stevens über die Fundstücke von der geheimnisvollen Expedition berichtete. Zusammen mit dem Logbuch Magnus Johnstons von der *Churchill,* der den Fundort zehn Tage später aufsuchte, liefern sie den präzisesten Bericht von der Nachlese der Katastrophe.

Im Eintrag vom 23. Juli beschrieb Stevens in seinem *Success*-Journal peinlich genau die Ruine, den Kohleberg, Anker, Holz, Schuhe und Walknochen. Die Innenmaße der eingefallenen Behausung gab er »mit 47 Fuß von Stirnwand zu Stirnwand, und 29 Fuß in der Breite« an. Die Grundmauern bestanden aus Stein, Schlamm und Moos, »und ragten bis zu fünf Fuß über die Erdoberfläche hinaus«. Im Innern und um die Ruine herum lagen vierhundert bis fünfhundert Ziegelsteine, von denen viele wie neu aussahen. Doch überall gab es Anzeichen dafür, daß sich die Inuit von allem reichlich bedient hatten. Stevens notierte, daß die Eingeborenen alle Holzteile aus dem Gebäude zu Heizzwecken entfernt hatten, den Berg »sehr guter Heizkohle« aber unberührt ließen. Johnston fügte später hinzu, »das Haus besaß ein hölzernes Balkenwerk – und man kann noch sehr deutlich jedes Loch erkennen, wo die Pfosten gestanden haben, die alle ausgegraben und von den Esquimaux weggebracht wurden«. Auch lagen an der Stelle, wo man den Arbeitsplatz der Zimmerleute vermutete, »wegen der Menge der Holzspäne aus zumeist neu-englischer Eiche«, ein paar Hölzer, die in der »Art der Eingeborenen« bearbeitet waren.

Zwischen dem Holz fand Stevens geschnitzte Schiffsteile; Seitensprossen und ein Stück der Rüste (ein horizontaler Balken an der Außenseite eines Segelschiffes zur Befestigung der Wanten), die ihn darauf schließen ließen, das Schiff habe nicht weniger als 140 t gehabt, und daß es »gute Gründe dafür gibt, daß es aufgegeben wurde, denn bei dem von von den Zimmerleuten verwendeten Holz handelte es sich um Schiffsplanken.« Auch drei Ankerschäfte wurden gefunden. Sie waren oberhalb der Schaufeln abgebrochen und ihre Ringe entfernt worden. Stevens war sich nicht sicher, ob die Inuit sie zerstört hatten oder die Expeditionsteilnehmer selbst. Zwei der Anker »scheinen schon lange dort gelegen zu haben, denn sie sind sehr rostig«, während der dritte »besser aussieht als irgendeiner, den ich auf der *Success* habe«.

Ihre unterschiedliche Größe schuf zusätzliche Verwirrung, so daß Stevens meinte, »hier muß mehr als ein Schiff gewesen sein, und das zu verschiedenen Zeiten«. Einen wichtigen Hinweis für seine Theorie lieferte ihm ein vor Ort gefundener Schuh − seiner Meinung nach ein französisches Modell, das einem Offizier gehört hatte. Einen gefundenen Absatz ordnete er wegen seiner langen Stifte und der groben Verarbeitung einem »einfachen Mannschaftsgrad« zu. Er kam zu dem Schluß: »Meiner Ansicht nach haben hier Franzosen mit einem kleineren Schiff überwintert und sind wohlbehalten wieder abgesegelt.«

Die Walfänger waren enttäuscht, daß sie »nichts Bemerkenswertes, wie etwa Dokumente, entdeckten«. Die einzigen Knochen, die man bis dahin gefunden hatte, stammten nicht von einem Menschen, sondern waren eine Menge Walknochen, darunter eine große Schädeldecke. Einige Tage später kehrte Stevens noch einmal an den Fundort zurück. Diesmal war er mit Hacke und Schaufel bewaffnet und wurde von Johnston begleitet, der den Ort ebenfalls sehen wollte, »wo jene Unglücklichen umgekommen sind«. Stevens berichtete: »Wir gruben in der Ruine des Hauses. In drei Fuß Tiefe stießen wir auf einen fachmännisch aus Ziegeln und Mörtel hergestellten Fußboden. Dort fanden wir einen menschlichen Schädel. Es ließ sich jedoch nicht feststellen, ob er von einem Eingeborenen oder einem Christen stammt.«

Johnston schrieb in sein Logbuch, man habe »mehrere englische Männerschuhe und einen menschlichen Schädel gefunden – den einige von uns für den Schädel einer Frau hielten«. Das einzige erhaltene schriftliche Zeugnis, das man schon früher entdeckt hatte, befand sich auf einem Ankerschaft und war wertlos: »E S 5. 166«. Es blieb Samuel Hearne, dem jungen Maat der *Churchill*, überlassen, das ganze Ausmaß des Schreckens aufzudecken.

Am Vorabend seines Aufbruchs von Fort Prince of Charles zu einer Reise, die ihn bis Marble Island brachte, war Hearne zu einem Platz am Churchill River gewandert, wo er seinen Namen für die Nachwelt in einen Felsblock ritzte: »Sl. Hearne, July 1767.« Er war eben 22 Jahre alt und hatte erst vor kurzem bei der Company angeheuert, nachdem er bereits zehn Jahre zur See gefahren war. Angefangen hatte er als Kapitäns-Diener in der Royal Navy während des Siebenjährigen Krieges. Hearnes selbstbewußte Geste wies auf sein späteres Geschick hin: Noch vor seinem dreißigsten Geburtstag sollte er zu einer der größten Persönlichkeiten in der Entdeckungsgeschichte des Nordens werden. Zunächst aber machte Hearne auf Marble Island die direkte Bekanntschaft mit dem grausigen Anblick einer gescheiterten Expedition, bevor er drei Jahre später selbst die Suche nach den berüchtigten Kupferminen und der Nordwest-Passage aufnahm, wobei er nur primitive Navigationsinstrumente und die Unterstützung indianischer Führer zur Verfügung hatte, um die 360 000 m² große Einöde zu durchqueren.

Die Berichte über das, was genau Hearne entdeckte, als er am 6. August in die einsame Bucht zurückkehrte, um Kohlen zu holen, weichen voneinander ab. Sowohl Stevens als auch Johnston erwähnen in ihren Logbüchern, Hearne habe während eines fürchterlichen Gewitters zahlreiche Gräber entdeckt. Johnstons Aufzeichnungen vermerken, sie »fanden eine große Anzahl Gräber, von denen Mr. Hearne eines von seinen Leuten öffnen ließ, um nachzusehen, ob es etwas Wichtiges enthielt, was nicht der Fall war. Er fand lediglich die Knochen eines kräftigen Mannes; ohne Zweifel die eines der Gestrandeten.«

Stevens berichtete: »Bei Grabungen in einem sanft ansteigenden Gelände fanden sie die Schädel und Knochen von mehreren menschlichen Skeletten.« Hearne selbst erwähnte in seinem Jahre später veröffentlichten Bericht, er habe bei seinem Besuch des Unglücksortes in jenem Sommer verschiedene Dinge gefunden, darunter Anker, Taue und Ziegelsteine, »denen die Zeit nichts hatte anhaben können«. Von Gräbern ist bei ihm indessen nicht die Rede. Als die Schaluppen schließlich nach Fort Prince of Wales zurücksegelten, war die Identität der Opfer noch immer ein Rätsel, und trotz allem, was sie gesehen hatten, waren sich die Walfänger nach wie vor über die Ursache des Unglücks im unklaren. Johnston meinte, »ob sie vor Hunger und Kälte umkamen oder von den Eingeborenen erschlagen wurden«, habe er bisher nicht herausbekommen.

Im nächsten Jahr kehrte Stevens mit der *Success* nach Marble Island zurück; dieses Mal in Begleitung der Schaluppe *Speedwell,* die von Hearne kommandiert wurde. Am 3. August 1768 schickte Stevens drei Walfangboote in den östlichen Teil des Hafens, der als Basis für die Waljagd dienen sollte. Sechs Tage später folgten auch Stevens und Hearne in den Hafen, wo man sie mit der enttäuschenden Nachricht empfing, »daß die Aussicht auf Wale in dieser Saison ziemlich armselig sei«. Dennoch verließen die Kapitäne den Ort nicht mit leeren Händen. Stevens notierte die Entdeckung eines weiteren Relikts des im Vorjahr gefundenen geheimnisvollen Schiffswracks: eine Galionsfigur. Das Logbuch der *Speedwell* hingegen enthält keine entsprechende Notiz.

1769 kamen die Walfänger abermals nach Marble Island zurück. Stevens war inzwischen Kapitän der Brigg *Charlotte,* und Hearne diente unter ihm als Maat. Und wieder trafen sie sich mit der *Churchill* unter Magnus Johnston. Inzwischen waren die Fundstücke als Wrackteile von Knights verschollenen Schiffen identifiziert worden. Diesmal stieß Hearne am Unglücksort auf mehrere ältere Inuit, die er mit Hilfe eines Dolmetschers eingehend befragte. Ihren Bericht bezeichnete er später als »vollständig, klar und freimütig«. Anders als Johnston, der bereits zwei Jahre früher mit den Inuit gesprochen hatte, aber von ihnen nichts über die Ursache des Unglücks hatte erfahren können, kehrte Hearne mit einem erschreckenden Augenzeugenbericht zur *Charlotte* zurück. Durch die

Samuel Hearne

Erzählungen der in dieser rauhen arktischen Landschaft lebenden Eingeborenen bekam Hearne die große Chance, das
Geheimnis zu lüften, das den fünfzig Jahre zurückliegenden
Untergang der Expedition noch immer umgab. Um so erstaunlicher ist es, daß sich über die dramatischen Informationen kein
Eintrag in den Logbüchern von Stevens oder Johnston findet.

Der einzige Hinweis auf den Osthafen taucht in Johnstons
Logbuch unter dem Datum des 14. August auf, wo er schrieb:
»Ich schickte den Maat und vier Matrosen in den Osthafen, um
ein paar Kohlen zu holen, da unser Vorrat an Feuerholz fast
aufgebraucht war.« Am nächsten Tag notierte er: »Unser Boot
kam mit einigen Kohlen zurück.« Erst Hearne berichtete in
seinem 1795 veröffentlichten Buch *A Journey From Prince of
Wales's Fort in Hudson's Bay To The Northern Ocean* von der
Erzählung der Inuit über den Tod der Teilnehmer an der
Knight-Expedition. Das Grauen, mit dem diese erste Schilderung aufgenommen wurde, ist noch heute zu spüren.

127

Die Eingeborenen bestätigten, daß Knights vom Sturm stark angeschlagenen Schiffe im Spätherbst 1719 in den Hafen getrieben wurden und die Männer sofort damit begannen, eine Unterkunft zu errichten. Die Inuit schätzten ihre Zahl damals auf fünfzig. Als sie aber im folgenden Sommer zurückkamen, waren es bereits erheblich weniger, und die Überlebenden machten einen kranken Eindruck. Dennoch hatten sie verbissen am Bau eines Langbootes gearbeitet. Aber ihr verzweifelter letzter Rettungsversuch scheiterte. »Krankheit und Hunger richteten unter den Engländern eine solche Verheerung an, daß sich ihre Zahl zu Beginn des zweiten Winters auf zwanzig reduziert hatte«, erzählte man Hearne. Aus ihren Steinbehausungen auf der gegenüberliegenden Seite des Hafens versorgten die Inuit die Fremden vorübergehend mit Walfett und Seehundfleisch, bevor sie im Frühjahr 1721 die Insel wieder verließen. Bei ihrer Rückkehr im Spätsommer lebten von den Schiffbrüchigen nur noch fünf.

Halb verhungert verschlangen die fünf Überlebenden gierig das ihnen angebotene rohe Seehundfleisch und Walfett, aber »sie wurden davon so krank, daß drei von ihnen innerhalb weniger Tage starben. Die anderen beiden, die ebenfalls völlig entkräftet waren, versuchten ihre Kameraden zu bestatten«, berichtete Hearne. Dann folgte die bewegendste Geschichte überhaupt, das Hohelied von Kameradschaft und gemeinsamem Leid:

»Sie überlebten die anderen um viele Tage und stiegen häufig auf einen nahen Felsen und blickten angestrengt nach Süden und Osten, wie in Erwartung von Schiffen, die zu ihrer Rettung kommen würden. Nachdem sie dort lange Zeit gemeinsam ausgeharrt hatten und nichts in Sicht kam, setzten sie sich eng nebeneinander und weinten bitterlich. Schließlich starb der eine, aber auch der andere war so erschöpft, daß er hinstürzte und ebenfalls starb, als er versuchte, seinen Gefährten zu begraben.«

Hearne selbst sah die Skelettreste jener letzten Überlebenden, die er als »jetzt nahe dem Haus auf der Erde liegend« beschrieb. Nach der Erzählung der Inuit war der letzte Überlebende derjenige, der für sie aus Eisen Werkzeuge gemacht

1 Luftaufnahme der massiven Steinruinen des Fort Prince of Wales, das von James Knight gegründet wurde.

2 In der Tradition der Inuit kriechen Mitarbeiter des Teams den Strand von Marble Island hinauf. Von links nach rechts: Feliks Gawor, Martin Amy, John Geiger und Bill Gawor.

3 John Geiger und eines der Gräber auf dem aus dem 19. Jahrhundert stammenden Walfänger-Friedhof von Dead Man's Island.

4 Geröllfeld auf Marble Island.

5 Der dunkelgrüne Bereich kennzeichnet die Grundfläche von Knights Haus auf Quartzite Island.

5 Walt Kowal bei der Freilegung von Knights Haus im Jahre 1991. Der hölzerne Eckpfeiler, der von Inuit abgesägt wurde, und die Wand mit den Grasnarben sind noch deutlich zu erkennen.

7 Ein Messing-Stechzirkel, der auf dem Boden von Knights Haus gefunden wurde.

8 Stolz präsentiert Feliks Gawor die von ihm gefundene dänische Silbermünze aus dem Jahre 1644.

9 Eine weitere Münze aus Knights Haus.

10 Einer der in der Ruine gefundenen Lederstiefel.

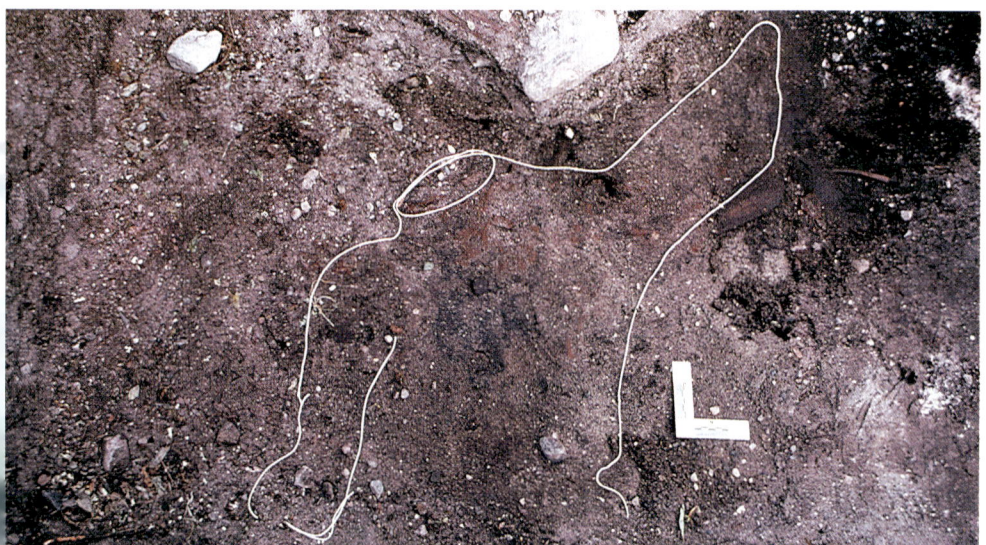
11 Die Schnur kennzeichnet die Umrisse eines teilweise freiliegenden Stoff-Stückes, möglicherweise die Reste eines Hemdes.

12 Eine gut erhaltene Tonpfeife mit abgebrochenem Stiel.

13 Don Palfrey und Jeff Gilmour machen sich bereit, um nach den beiden Schiffen der Knight-Expedition zu tauchen.

14 Sonar-Untersuchungen im Hafen von Marble Island, wo man Knights Schiffe lokalisiert hat.

15 Ein Teil des Rumpfes der Fregatte *Albany*.

16 Ein *inukshuk* auf einer kleinen Insel zwischen Marble Island und dem Festland. Diese Steingebilde in Form eines Menschen finden sich überall in der östlichen Arktis.

17 Die Silhouette Bill Gawors, die eine verblüffende Ähnlichkeit mit den zahlreichen *inukshuk* dieser Gegend aufweist.

hatte, »vermutlich der Waffenmeister oder Schmied«, schloß Hearne.

Das Bild, das von Marble Island blieb, waren ein paar verstreute Knochen und im übrigen nichts als Leere und Kälte.

8

Ein Ort, an dem die Zeit stillsteht

Nichts hat sich verändert. Marble Island ist noch dieselbe Todeslandschaft, derselbe Ort, an dem die verwegenen Unglücksschiffe vor fast dreihundert Jahren Zuflucht vor dem Ansturm des beginnenden Winters gesucht hatten. Die vielen Jahre sind unbemerkt verstrichen – als ob die Zeit außer Kraft gesetzt war. Nur selten wird die Stille unterbrochen. Gelegentlich stürzt sich ein Wanderfalke von seinem Felsenheiligtum oder ein Kranich schreitet gemächlich über die Tundra. Gäbe es nicht diese wenigen Unterbrechungen und das kurze Zwischenspiel des Sommers in der Ewigkeit des Winters, die Zeit stände hier für immer still.

Deshalb hoffte man, daß es angesichts der kaum wahrnehmbaren Veränderungen möglich sein müßte, trotz der vergangenen Jahrhunderte die Wahrheit über das Schicksal Kapitän James Knights am Ort seines Untergangs herauszufinden. Verlorengegangene Dokumente, sich widersprechende Interpretationen historischer Berichte und ein Berg angeblich nicht zu beantwortender Fragen haben Knight, seine Expedition und die näheren Einzelheiten des Dramas fast in Vergessenheit geraten lassen. Zwar gibt es auch über Knight einige wissenschaftliche Abhandlungen, aber ihre Zahl ist verschwindend gering gegenüber dem, was nahezu jedem anderen Entdecker gewidmet wurde, der sich – wenn auch nur für kurze Zeit – in die arktischen Gewässer gewagt hat. Die bekannten Historiker haben Knight kaum erwähnt, und wenn, dann war es für gewöhnlich nur ein flüchtiger Hinweis im Zusammenhang mit Samuel Hearnes' dramatischer Schilderung vom Todeskampf der letzten Expeditionsteilnehmer. Aber die Expedition selbst fand kaum einmal in den Fußnoten der Geschichte Erwähnung; in den letzten dreihundert Jahren war sie die meiste Zeit über schlicht in Vergessenheit geraten.

Vielleicht ist dieses Versagen der Geschichtsschreibung erklärlich, wenn man die rätselhaften Umstände in Betracht zieht, die das Verschwinden der Expedition umgeben und die bis heute nicht gelöst sind. Die beiden Theorien über die Ursache der Katastrophe scheinen gleichermaßen plausibel − und widersprechen sich dennoch völlig. Die allgemein anerkannte Version ist die von Hearne: Sein Bericht über den Tod der vierzig Männer »durch Krankheit und Hunger« und die verzweifelte Lage der beiden letzten Überlebenden, die den Horizont nach Rettung verheißenden Segeln absuchten, die niemals auftauchten. Was Hearnes Bericht so aufregend macht, ist die Aussage eines Historikers, nach der jene Männer im Sommer 1721 tatsächlich die geblähten Segel der *Prosperous* mit Kelsey an Bord erblickt haben könnten, und dann voller Entsetzen mit ansehen mußten, wie das Schiff abdrehte.

Diejenigen, die sich mit dem Schicksal der Expedition befaßt haben, neigten in der Regel zu Hearnes Erklärung − im wesentlichen aus dem Gefühl heraus, daß die traurige Schilderung zu realistisch war, als daß sie erfunden sein konnte. Oder sie erinnerten sich an das ähnliche Schicksal der Männer Franklins, die im Gehen »hinfielen und starben«, und interpretierten den plötzlichen Zusammenbruch der letzten Überlebenden als eine Folge von Skorbut. Für Hearne war die Tragödie der Beweis für die vielen Gefahren bei der Erforschung einsamer Landstriche, und die Expedition war den Unbilden jener »ungastlichen Insel zum Opfer gefallen, wo man weder Stumpf noch Stiel sieht«.

Bezeichnenderweise stimmt Hearnes Schlußfolgerung mit älteren Berichten überein. Die 1765 von Moses Norton befragten Inuit-Knaben hatten eine auffallend ähnliche Geschichte erzählt: von zwei vor vielen Jahren vor Marble Island gestrandeten Schiffen, deren Besatzung »aus Mangel an zuträglicher Nahrung und angemessener Kleidung sehr bald gestorben ist«. Indirekt wird seine Theorie auch von Kapitän Francis Smith bestätigt, wonach ihm bei seinen Handelsfahrten nach Whale

Cove von den Inuit ein »Engländer« präsentiert wurde, dem Anschein nach ein »Mischling«, was Smith vermuten ließ, daß einige von Knights Leuten noch eine Zeitlang bei den Inuit überlebt haben könnten.

Alle diese Berichte schildern die ansässigen Eingeborenen als freundliche Menschen, die die Schiffbrüchigen trotz der Kargheit der eigenen Vorräte nach besten Kräften unterstützten, und vielleicht sogar, zum Ende hin, einen oder mehrere von ihnen vom Rande des Abgrunds retteten. Das aber steht in absolutem Gegensatz zu dem von Kapitän John Scroggs angenommenem Massaker.

Einiges Gewicht muß man der Tatsache beimessen, daß die Spuren der Katastrophe noch frisch waren, als Scroggs 1722 als erster Europäer nach Knight Marble Island betrat. Der spätere Verlust seines Logbuches macht jedoch die Beantwortung der Frage unmöglich, was ihn zu der Feststellung veranlaßte, »alle Männer wurden von den Eskimos getötet«.

In Anbetracht indianischer Berichte über die Gewalttätigkeit der Inuit und des unverwüstlichen Argwohns der Engländer vor dem »diebischen« Naturell der unbekannten Nordländer ist es durchaus möglich, daß Scroggs sein Urteil vorschnell darauf stützte, daß er bei den Inuit Gegenstände aus dem ehemaligen Besitz der vermißten Expedition fand. Daß Scroggs es nicht nur versäumt hat, den »offenen Seeweg« westlich von Chesterfield Inlet weiter zu verfolgen, sondern auch das Schicksal von Knight genauer zu untersuchen, bestätigt die spätere Kritik, er sei »ein ängstlicher Mann« gewesen und stellt zugleich die Glaubwürdigkeit seiner Schlußfolgerungen in Frage.

In seinem phantasievollen Bericht *Heroes of the Arctic* aus dem Jahr 1875 fällt Frederick Whymper über Scroggs wegen dessen Unterlassung, »nicht nach diesen Unglücklichen gesucht zu haben«, das Urteil, daß er »keinen Platz unter unseren Helden verdient«. Für Hearne stützte Scroggs Indizienbeweis nicht einmal dessen Behauptung, daß er dort gewesen sei, »wo die *Albany* und die Schaluppe gestrandet sind«. Hearne argumentiert in seinem »Journal«, daß die Summe aller Dinge, die Scroggs bei den Inuit gesehen habe – eine Medizinkiste, den Teil eines Mastes, Kabinenverkleidung und Segelleinwand –,

»nicht einmal der Beute bei einem unbedeutenden Unfall entsprochen hätte und schon gar nicht als Beweis für einen totalen Schiffbruch gewertet werden konnte«.

Aber auch Hearnes eigene Logik ist teilweise unergründlich. Einerseits berichtet er, daß die Expedition einen reichlichen Vorrat an Proviant, ein Haus mit Balkenwerk und ein großes Sortiment an Handelswaren mit sich führte, stößt sich aber andererseits trotz dieser offensichtlich hervorragenden Ausrüstung nicht an der Aussage seines bejahrten Inuit-Informanten, derzufolge am Ende des ersten Winters die Zahl der Schiffbrüchigen bereits sehr abgenommen und die Überlebenden einen kranken Eindruck gemacht hätten. Hearne schreibt, sein Zeuge habe ihm erzählt, daß nur das größere von Knights Schiffen, die *Albany,* ernsthaft beschädigt wurde, »als man versuchte, sie in den Hafen zu bringen«, um dann selbst zu bestätigen, daß die Rümpfe beider Schiffe »in etwa fünf Faden Tiefe im Wasser liegen, am Kopf des Hafens«. Dann haben die Inuit angeblich behauptet, die Schiffbrüchigen seien eifrig damit beschäftigt gewesen, aus dem Holz der gesunkenen Schiffe für einen letzten verzweifelten Überlebensversuch ein Langboot zu bauen. Hearne selbst sah die Beweise für einen Schiffsbau, denn »dort liegen jetzt eine Menge Eichenspäne, die höchstwahrscheinlich von Zimmerleuten stammen«.

Hearnes Rekonstruktion besitzt durchaus eine gewisse Glaubwürdigkeit, und dennoch wirft jede kleine Information neue Fragen auf. Was veranlaßte die Mannschaften – wie Hearne behauptete –, zwei schreckliche Winter in ihrem stürmischen Refugium auszuharren, während die Männer nach und nach an Skorbut und Hunger starben? Warum retteten sie sich nicht von Marble Island zum nur fünfzehn Kilometer entfernten Festland, um sich dann an der Küste entlang nach Süden durchzuschlagen in das nur vier Tagereisen entfernte neue Fort am Churchill River? War Knight vielleicht zu stolz, die »äußerste Notlage« zuzugeben und sich der Gnade Kelseys auszuliefern? Auf alle diese Fragen hat die Geschichte keine Antwort.

Hearne gibt auch keinen Hinweis auf die Lage der vielen Gräber. Aufgrund seines Berichts über die heroischen Beisetzungsbemühungen der letzten Überlebenden, vertreten Historiker zumeist die Meinung, die Toten seien gewissenhaft beerdigt worden. Aber außer dem innerhalb der Ruine ausgegrabenen Schädel und Hearnes Erklärung, daß die »Schädel und andere große Knochen« der beiden letzten Toten »jetzt auf der Erde in der Nähe des Hauses liegen«, gibt es nur wenig Anhaltspunkte für den Verbleib der sterblichen Überreste der vierzig Männer. Ein paar Hinweise finden sich in den bereits erwähnten Logbüchern der Walfangschaluppen, die den Unglücksort 1767 zum ersten Mal anliefen; aber dies sind Aussagen aus zweiter Hand. Im Journal der *Success* wird berichtet, Hearne sei »zu dem neuen Hafen gesegelt, um Kohlen zu holen, und als sie in einem Teil des leicht ansteigenden Geländes Grabungen durchführten, fanden sie Schädel und die Knochen von verschiedenen menschlichen Skeletten.«

Eine Notiz im Logbuch der *Churchill* besagt bekanntlich, Hearne habe »eine große Anzahl Gräber« entdeckt. Wenn sie in etwa den später für europäische Bestattungen in der Arktis typischen Gräbern entsprachen, hätten sie deutlich zu erkennen sein müssen. So sind die Grabstätten der drei Männer der Franklin-Expedition aus dem Jahr 1846 auf dem steinigen Strand von Beechey Island mit ihren Kopfbrettern und Grabhügeln aus Kalksteinplatten leicht zu finden und erinnern »an einen stillen Friedhof in einem der vielen Winkel Englands«. Ähnliche Aufmerksamkeit erregten auch die Gräber der Teilnehmer an Edward Belchers in den Jahren 1852 bis 1854 durchgeführten Forschungsreise auf Devon Island.

Wenn die vierzig Leute der Knight-Expedition also wirklich nach und nach innerhalb von zwei Jahren gestorben sind, so müßten wenigstens ein paar äußere Anzeichen auf einen Friedhof hindeuten. Seltsamerweise aber hat niemand mehr diese Gräber seit ihrer Entdeckung durch Hearne gesehen; vielleicht aus dem einfachen Grund, weil sich kaum jemand für sie interessiert hat, bevor Owen Beattie 220 Jahre später mit seiner Suche begann.

Für Beattie war es selbstverständlich, sich bei der Knight-Untersuchung der Methoden der modernen forensischen Wissenschaft zu bedienen. Mit einem Startkapital vom Boreal Institute for Northern Studies stellte er im Juli 1989 sein erstes kleines Forschungsteam zusammen. Die Untersuchung sollte in mehreren Abschnitten durchgeführt werden. Aufgrund der ersten Ergebnisse flossen die Geldmittel nach und nach etwas reichlicher. Finanzielle Unterstützung kam nun auch von der University of Alberta und dem Social Sciences and Humanities Research Council of Canada. Ebenso wie bei der Aufklärung der Franklin-Katastrophe wollte Beattie auch bei der Knight-Untersuchung die forensisch-anthropologischen Techniken einsetzen, die er bisher bei Zugunglücken und Flugzeugabstürzen zur Klärung der Ursachen sowie der komplexen Identifikationsprobleme angewandt hatte. Der Schwerpunkt lag in diesen Fällen darauf, die Opfer zu identifizieren und solche Informationen zu sammeln, die behilflich sein konnten, zum einen Todesursache und -art, zum anderen auch Fragen der Verantwortlichkeit und Haftung klären zu können.

Der Untergang der Knight-Expedition brachte gegenüber dem Franklin-Desaster einen zusätzlichen Aspekt ins Spiel, mit dem sich ein weiterer Zweig der forensischen Wissenschaften beschäftigt: den des Verbrechens. Wegen der widersprüchlichen Schlußfolgerungen über die Ursache der Knight-Katastrophe, die eine Gewaltanwendung nicht ausschlossen, ergab sich hier für Beattie die seltene Gelegenheit, bei der Klärung eines jahrhundertealten arktischen Geheimnisses dieselbe Methodik einzusetzen wie bei der Untersuchung zahlreicher Verbrechen zur Unterstützung von Pathologen, Kronanwälten sowie Justiz- und Polizeibehörden, einschließlich der Royal Canadian Mounted Police.

In der Praxis hat es Beattie bei seinen Nachforschungen kaum jemals mit gut erhaltenen Knochen oder identifizierbaren Leichen zu tun. Sehr viel häufiger handelt es sich um verbrannte oder bis zur Unkenntlichkeit verweste bzw. von Tieren verstümmelte oder zerfetzte Körper. In einem berüchtigten Mordfall hatte der Täter versucht, jeden Beweis zu vernichten, indem er die Leiche drei Tage lang verbrannte, dann die Knochen mit den Rädern seines Frontladers zermalmte und die Reste weitläufig auf seinen Feldern verstreute. Häufig liefern menschliche Überreste bei solchen Untersuchungen nur eine von mehreren, voneinander unabhängigen Beweisketten.

Mit Hilfe eines neuen Wissenschaftszweiges, der forensischen Archäologie, hoffte Beattie daher, zusätzliche Informationen zu bekommen, und sei es der allerkleinste Fingerzeig. Das Ergebnis war, daß sich das Forschungsteam im Laufe der Zeit ständig vergrößerte. Ursprünglich hatten der Gruppe nur der Expeditionsassistent Bill Gawor, der Grabungsassistent Martin Amy und die wissenschaftlichen Assistenten David Tatuiini und Feliks Kappi angehört. Später wuchs das Team auf sechzehn Forscher und Assistenten an: Anthropologen, Archäologen, eine Expertin für Fragen der Bekleidung, Geologen und Historiker. Besonders der landeskundige Gawor, der in Rankin Inlet wohnt und sich dort als Kunststudent, Bergarbeiter, Leiter des örtlichen Krisenstabes und Mitglied des Dorfrates betätigt hat, sorgte nicht zuletzt mit seinem geschulten Blick als Maler für einen wichtigen Kontrapunkt zu den wissenschaftlichen Beobachtungen.

Die erste Frage, die sich Beattie stellte, war, ob man nach so langer Zeit überhaupt noch menschliche Überreste finden würde. Wegen der offensichtlichen Bedeutung des Friedhofs für jede weitere Untersuchung umfaßte die Anfangsphase die Suche nach und die Dokumentation von archäologischen Fundorten, auf die die Angaben in dem überlieferten Bericht Samuel Hearnes über die Entdeckung »einer großen Anzahl von Gräbern« paßten. Denn nur die historischen Zeugnisse enthielten den Schlüssel für die Identifikation der Fundstellen und zum Verständnis der Katastrophe; was dagegen nicht zählte, waren die auf ihnen beruhenden uralten Schlußfolgerungen. Und erst wenn die identifizierten Fundstellen systematisch erforscht, über das Auftauchen, die Reihenfolge und den Zusammenhang der einzelnen Beweisstücke gründlich nachgedacht und Widersprüche aufgeklärt sind, wird ein Forscher zum sachverständigen Zeugen. In diesem Sinn ging Beattie daran, sein eigener Zeuge zu werden.

Die archäologischen Vermessungen wurden 1989 eingeleitet, 1990 fortgesetzt und 1991 beendet. Sobald für die Knight-Expedition relevante Plätze identifiziert waren, wurden sie freigelegt. Die Folge war, daß sich die Vermessungsperioden mit den Ausgrabungsperioden überlappten, die ebenfalls 1989 begannen, 1990 intensiviert und 1991 abgeschlossen wurden. Die Analyse der gefundenen Gegenstände und Informationen wurde parallel zu den Ausgrabungen vorgenommen. Sie begann Ende 1989 und dauerte bis 1993.

Jede Expedition hatte ihre großen Momente, aber besonders bemerkenswert war die neue Perspektive, die sich aus der Intensität der Forschungen ergab. Das Team lebte während der Sommermonate in einer nahezu lautlosen Landschaft, die eine Metapher für die hier ruhenden Geheimnisse schien. Es erlebte das rauhe, stürmische Klima und die Eigenartigkeit der Pflanzen- und Tierwelt fast auf die gleiche Weise wie Knights Leute Jahrhunderte zuvor, voller Wunder und doch irgendwie tükkisch. Aber aufgrund ihrer ausgedehnten Untersuchungen waren die Wissenschaftler um Beattie in der Lage, bis zu den Wurzeln des Geheimnisses vorzudringen.

Das Team schiffte sich an der Spitze von Rankin Inlet ein, in der Gemeinde gleichen Namens, um den etwa fünfzig Kilometer breiten, grauen Wasserstreifen zur Ostküste von Marble Island zu überqueren. Der Ort war 1955 von der North Rankin Nickel Mines als Bergarbeitersiedlung gegründet worden. Aber bereits sieben Jahre später wurde die Mine wieder aufgegeben – unter Hinterlassung einer riesigen Verarbeitungsanlage, die noch heute die Silhouette des Ortes beherrscht – ohne Rücksicht auf die wirtschaftlichen Folgen, die die Schließung der Mine bedeutete. Die Gemeinde von circa 1500 Einwohnern hat diesen Rückschlag jedoch überstanden und ist heute das regionale Transport- und Verwaltungszentrum in der östlichen Arktis. Ironischerweise gehörte das Warenhaus im Zentrum der Gemeinde im Juli 1989 noch immer derselben Gesellschaft, der James Knight ein Leben lang gedient hatte: der Hudson's Bay Company.

Insgesamt hat das Team die Fahrt von Rankin Inlet in die Hudson Bay viermal gemacht – von 1989 bis 1992. Sie verlief niemals ohne Zwischenfall. Während der zweiten Forschungssaison 1990 war die Überfahrt besonders schlimm. Von zwei Hochleistungsaußenbordmotoren angetrieben, tuckerte die Jolle eben noch friedlich und geschützt vor den hohen Wellen an der Festlandküste entlang, als der Steuermann plötzlich mit

Tiere der Hudson Bay. Illustration aus dem 18. Jahrhundert.

Volldampf in die schwere See hinausschoß. Das Fiberglasboot erzitterte unter der Wucht einer jeden Welle. Bald saßen die Expeditionsmitglieder auf ihren Händen, um die Stöße abzufangen. Als die Wellen schließlich eine Höhe von zwei Metern erreichten und der Steuermann offensichtlich keine Anstalten machte, die Geschwindigkeit zurückzunehmen, krochen Bill Gawor und Walt Kowal in den Bug des Schiffes, um den Schwerpunkt zu verlagern. Dort konnten sie beobachten, wie sich der Rumpf unter einer jeden Erschütterung verbog.

Nach mehr als einer Stunde nahm am Horizont Gestalt an, was zunächst wie eine Eisbarriere ausgesehen hatte: Marble Island, das die Hälfte der Zeit von den Wellen verdeckt gewesen war. Erst als das Boot an der Südküste der Insel entlangfuhr, beruhigte sich das Wasser, und das Gedröhn der Maschinen verebbte. Das Team fuhr weiter nach Osten auf der Suche nach dem Punkt, wo die Insel endet und sich die Hudson Bay wieder ohne Unterbrechung bis zum Horizont erstreckt. An dieser Stelle hatten 1767 die Harpuniere von der *Success* ihr Boot an der Küste durch eine Felsöffnung hindurchgesteuert und die letzte Zufluchtsstätte der Knight-Expedition entdeckt.

Jetzt war der Steinvorhang geschlossen, auf jeden passierten Felsvorsprung folgte sofort der nächste. 1989 hatte hier, nur wenige Meter vom Bug entfernt, der Rücken eines weißen Wales die grauen Schaumkronen durchschnitten. Gleich darauf hatte man in der Ferne einen möglichen zweiten gesehen. Luke Foxe hatte das Meer vor Marble Island als reich an Walen geschildert; nur hatte es sich damals um Grönlandwale gehandelt. In den nachfolgenden Jahrhunderten entdeckten dann auch die Walfänger die Zufluchtsstätte dieser Tiere, und heute gibt es in der Hudson Bay längst keine Grönlandwale mehr. Jetzt findet man hier nur noch den Belugawal.

Plötzlich wurden die Außenbordmotoren abgestellt und hochgezogen. Mit einem Ausguckposten auf dem Bug näherte sich die Jolle langsam dem Ufer nahe der Öffnung zur Bucht und legte schließlich an der steinernen Küste an, und das Team ging von Bord. Kurz darauf hatte das Boot wieder abgedreht, und das Dröhnen seiner Motoren wurde vom rhythmischen Zerren des Windes an unseren Anoraks abgelöst. Jedes Teammitglied

gehorchte nun der Legende und respektierte die Ruhe der
Toten, indem es das steinerne Ufer auf Ellbogen und Knien
hinaufkroch.

Die Insel ist auch heutzutage in ihrer Schönheit gelegentlich
trügerisch. Ihr plötzliches Auftauchen, ganz »aus weißem Marmor«, überwältigte schon 1631 ihren europäischen Entdecker
Foxe. Sie hat von ihrer Wirkung bis heute nichts verloren.
Hearne nannte Marble Island »jene unbewohnbare Insel«. Aber
obwohl sie ein ungastlicher Ort ist, Hunderte von Kilometern
nördlich der Baumgrenze, entspricht sie in keiner Weise dem
Bild des trostlosen, toten Ort, das manchmal bemüht wird, um
die Knight-Tragödie zu erklären. Foxe berichtete, der Schiffshund habe ein »Rentier« gejagt, und man habe einen »großen
jungen Vogel« auf der Insel entdeckt, den er irrtümlich für
einen Strauß hielt. Sein Kapitän meinte, es handle sich eher um
einen Storch. Mit ziemlicher Sicherheit hatten die Männer
jedoch einen Kranich gesehen. Diese Vögel nisten noch heute
auf Marble Island. An einem Abend im August 1991 schwebte
ein Kranichpaar elegant über Knights Ruine und füllte die Luft
mit seinen seltsamen Schreien. Theodore Swaine Drage, der
Clerk der *California*, staunte 1746 über den Reichtum an Gän-
sen, Schwänen, Enten sowie einer ganzen Reihe anderer Was-
servögel und notierte, »es schwammen nicht weniger als zweihundert am Eingang zur Bucht«.

Historische Berichte verweisen immer wieder auf den Tier-
reichtum der Insel, und die inzwischen vergangene Zeit hat
hieran kaum etwas geändert. Es gibt eine erstaunliche Vielfalt
an Leben. An ihren Ufern putzen weißschwänzige Sandpieper
und goldene Regenpfeifer ihr Gefieder. An den Frischwasser-
teichen leben Rothals- und arktische Seetaucher, Oldsquaws
und Königseiderenten sowie eine Vielzahl von Kanadagänsen.
Drage hatte von einer »erstaunlichen Zahl Seehunde« berichtet,
»größer als alle, die sie früher gesehen hatten, von auffallend
grauer Farbe mit langen Schnauzbärten«. Wahrscheinlich waren
es Seelöwen oder *ugjuk*, die noch immer in den Gewässern um
die Insel leben, zusammen mit Ringelrobben, Walrosse und
Belugawalen.

An Landsäugetieren gibt es arktische Füchse und Hasen, und

Walfang in der Hudson Bay im 19. Jahrhundert.

Walfänger überwintern am Westhafen von Marble Island.

in der Abenddämmerung des 12. August 1991 wurde sogar von
zwei Mitarbeitern des Teams in etwa einem Kilometer Entfernung ein Polarbär ausgemacht. Eine Wache wurde aufgestellt,
und zwei Stunden später schreckten Warnschüsse die Schlafen-
den auf. Das gesamte Team stürzte nach draußen, gerade als
das riesige Tier außer Sicht trottete, um nicht mehr zurückzukehren. Gleichzeitig entfaltete sich genau über der zerfallenen
Zufluchtsstätte der Expedition eine *Aurora borealis* (Polarlicht)
in einem fahlen Grün, Knights »petty dancers«, die den quarzitenen Grund der Insel zu berühren schien: Gleichsam als sei das
Team nur alarmiert worden, um sie tanzen zu sehen.

Im Jahr 1989 hatte der erste Tag der archäologischen Suche in
Ratlosigkeit geendet. Nichts hatte auch nur im entferntesten auf
einen Expeditions-Friedhof hingedeutet. Beattie schimpfte auf
Hearnes Expeditionsbericht und die unbefriedigenden Notizen
von Johnston und Stevens, wobei er sich im letzteren Fall
verzweifelt bemühte, aus dem geographischen Kontext heraus-
zulesen, was mit dem Hinweis auf einen »sanft ansteigenden
Grund« gemeint war. Die Worte schienen sich auf eine Erhe-
bung zu beziehen, etwa einen sanften Abhang, konnten aber
auch auf die Oberflächenbeschaffenheit des Bodens hinweisen.
Aber weder das eine noch das andere brachte das Team weiter.
Immer wieder wurde dasselbe Ritual wiederholt; jede kleine
Vertiefung und jede ungewöhnliche Bodenformation wurden
bis auf den nackten Fels ausgeschachtet. Selbst die mikroskopische Untersuchung hochauflösender Schwarzweißfotos, aufgenommen in einer Höhe von dreitausend Fuß, auf denen noch
Gegenstände von zwanzig bis dreißig Zentimeter Größe gut
sichtbar waren, ergab keinerlei Hinweis auf eine Begräbnisstätte.

Die Suche nach dem Friedhof begann in der Umgebung der
Ruine und dehnte sich kreisförmig immer weiter aus. Gruppen
von drei bis zu sieben Mitarbeitern schritten vor allem in den
ersten beiden Sommern − jeweils von Ende Juli bis zur dritten
Augustwoche 1989 und 1990 − systematisch die gesamte
Gegend ab. Gemeinsam erlebten sie eine seit Hearnes Zeiten
im wesentlichen unveränderte Landschaft und verschafften sich
dabei nicht nur einen Überblick über ihre Geologie und Biolo-

gie, sondern gewannen auch Einblick in wenigstens fünf Jahrhunderte menschlicher Geschichte und Vorgeschichte. Dennoch blieb das Geheimnis der Gräber ungelöst. Des Rätsels Lösung schien allein in Knights Zufluchtsstätte greifbar manifestiert. Selbst in ihrem verfallenen Zustand belegte sie, daß hier etwas Bedeutsames geschehen war – etwas, das zwar auf eine ferne Erinnerung reduziert war, aber wieder zum Leben erweckt werden konnte.

In einem Umkreis von fünfhundert Metern um die Ruine fanden sich weitere Relikte. Bemerkenswert war die bereits erwähnte Anhäufung von Holzspänen auf der Südseite des Hafens, wo vor langer Zeit »Schiffszimmerleute gearbeitet« hatten. Direkt gegenüber auf einem Hang in der Nähe des Gebäudes war im hellgrünen Moos eine große weiße »Acht« aus weißem Stein zu erkennen. Fußspuren bestätigten ihre Beziehung zur Knight-Expedition. Desweiteren fanden sich dort noch immer Ziegelsteine, Kohlen und – fast übersehen – eine Art eiserne Halterung, die unter den Pflanzenwurzeln hervorsah. Von ihrer Lage her – auf der Nordseite der Bucht und in Sichtweite der Ruine – mochte sie auf ein Vorratszelt hindeuten.

Weiter nördlich wurde die Landschaft unwirtlicher: eine Einöde aus grobem, grauen Kies mit gelegentlich eingestreuten kleinen weißen Felsbrocken. Ihre Eintönigkeit wurde nur gelegentlich von leuchtenden Kissen kleiner Blumen, dem Flügelschlag einer zu ihrem Nest fliegenden Ente oder der Entdeckung eines zähnebewehrten Fuchsschädels unterbrochen. Jede Unterbrechung dieser Art schien von besonderer Bedeutung, was aber nur einmal wirklich der Fall war. Dort, wo sich das Ufer zum nördlichen Eingang der Bucht neigte, lag aufgereiht wie die Perlen einer Kette ein weißer Steinring, daneben kleine weiße Gegenstände – Überreste einer zerbrochenen Meerschaumpfeife. Der Steinring markierte den Grundriß eines Zeltes. Ein einziger roter Ziegelstein war mit denen bei der Ruine identisch.

»Ein Ausguck«, vermutete Gawor und zeigte auf die Hudson Bay, deren zinnfarbenes Wasser sich bis zum Horizont erstreckte, unvorstellbar in ihrer Weite. Ein schmutziges Band im Nordwesten markierte das Festland. Aber im Norden und Osten war nichts als Wasser und Himmel. »Eigentlich hätten sie nach Süden Ausschau halten müssen und nicht nach Norden«, warf Beattie ein. Aber es war nicht auszuschließen, daß dies der Punkt gewesen war, von dem aus die beiden letzten Überlebenden möglicherweise ein Schiff gesichtet hatten, das sie hätte retten können.

Ebenso abrupt, wie dieser Beweis für den Aufenthalt von Menschen auftaucht, ist diese Spur auch schon wieder zu Ende. Eine weite Steinwüste breitete sich aus. Ihre Strenge wurde aufgelockert, als riesige zerklüftete Felsbrocken den Weg in eine glatte Steinebene mit kristallklaren, zum Teil von Stränden aus feinem Quarzit umgebenen Teichen freigaben. Zur Geographie muß man wissen, daß der Name Marble Island ursprünglich einer Gruppe von vier Inseln gegeben wurde.

Genaugenommen hat sich das Knight-Desaster nicht auf Marble Island ereignet, sondern auf einer sehr viel kleineren Insel unmittelbar im Osten, die heute den anschaulichen, wenn auch nicht gerade phantasievollen Namen Quartzite Island trägt. Die Insel erstreckt sich wie eine Speerspitze über vier Kilometer bis zu ihrem östlichsten Punkt. Bei Ebbe rauscht das seichte Wasser der See geräuschvoll wie ein Wildwasserbach über die Steine am Eingang der Bucht, die sie von der größeren Insel trennt. Nur dann wird aus den beiden Inseln wieder eine Einheit, verbunden durch zwei Landzungen an beiden Enden der Bucht.

Der Übergang nach Marble Island ist beschwerlich. An manchen Stellen ist die Strömung so reißend, daß jeder Schritt genau überlegt sein will. Der sanft ansteigende Strand der großen Insel führt zu einem Steinplateau, das sich über ihre gesamte Breite ausdehnt. Die großen Erhebungen werden von Geröllserpentinen unterbrochen, Steindünen, die in alle Richtungen auseinanderlaufen. Hinter der äußeren Unveränderlichkeit der Felsen verbarg sich eine überraschende Mannigfaltigkeit. Selbst die Farbe wechselte. Zumeist leuchtete der Quarzfels im sterilen Weiß eines Krankenzimmers, dann wieder zeigte er ein zartes Rosa oder war mit gelbbraunen Flecken gesprenkelt. An einer Stelle erstrahlte er gar in wunderbarem Smaragdgrün. Die Landschaft hatte etwas Unheimliches. Im Halbdunkel der Dämmerung, die sich bis tief in die Nacht erstreckte, oder – wie am 20. Juli 1989 – im fahlen Licht des Vollmonds, nahmen die Felsen den geisterhaften Glanz von weißem Marmor an.

Auch die Witterung veränderte das Gesicht der Landschaft. Luke Foxes Erinnerung an ihre Schönheit hat sich in der Biologie von Marble Island bewahrt, in ihrem Reichtum an Vogelarten und den leuchtenden Flecken arktischen Mohns, sobald die Sonne durchbricht und eine Brise die Moskitos tief am Boden der Tundra festhält. Aber das Wetter wechselt häufig und unvermittelt.

Am 23. Juli 1989 erlebten wir in unserem Camp ein gewaltiges Unwetter: Plötzlich drehte der Wind und es wurde bitter kalt. Dann sah man keine Blumen und hört keine Vögel mehr, und es existierte nur noch Felsen und Steine, die ihre farbigen Strukturen mit dem Licht verloren haben. Plötzlich wurde die Hudson Bay, die zuvor still wie ein See dagelegen hatte, zum tosenden Meer. Das Donnern der Brecher wetteiferte mit dem Heulen des Windes. Um Mitternacht rüttelte der Sturm heftig an den Zelten. Um vier Uhr morgens traf er uns – elektrisch aufgeladen – mit voller Wucht. Der Donner krachte wie Peitschenknallen durch das Camp. Das Team lag dem Alptraum ausgesetzt frierend in den Zelten und zählte . . . eins eintausend . . . zwei eintausend . . . Die Blitze schlugen in einem Radius von 650 m ein. Auf jeden Reguß folgte wieder . . . eins eintausend . . . zwei . . . näher, 450 m. Der Stein hat viele Gesichter. Aber in dieser einen Nacht, im Licht eines Gewittersturms, sah er plötzlich fahl und vergänglich aus.

Bei der Erforschung der Insel wurden Zeugnisse für fünfhundert Jahre der Besiedelung durch den Menschen und seine Bemühungen freigelegt. Dies trug nicht nur zum Verständnis der verschiedenen Phasen der Inbesitznahme der Insel bei, sondern erlaubte auch einen einmaligen Einblick in den Ablauf der Zeit. Auch die Knight-Expedition sollte nicht isoliert von anderen menschlichen Aktivitäten gesehen werden, sondern eher als Teil eines Kontinuum: sowohl von anderen beeinflußt als auch andere beeinflussend. Zeitlich rückschreitend ergeben sich − Knight ausgenommen − drei Phasen der Inbesitznahme: die Ankunft der amerikanischen und englischen Walfänger im 19. Jahrhundert, der Höhepunkt der Inuit-Besetzung im 18. Jahrhundert und die alten Thule-Siedlungen, die Jahrhunderte früher zu datieren sind.

Das Studium eines jeden dieser Abschnitte lieferte Beattie Informationen, die unmittelbar für die Knight-Untersuchung relevant waren. Darüber hinaus verdeutlichte sich ihm der Prozeß des Verfalls und der Zersetzung, so daß sich dadurch auch die mit der Zeit eingetretenen Veränderungen am Zufluchtsort der Expedition erklären ließen.

Die ersten Zeugnisse der jüngsten Besiedlung fand man an einer Stelle, wo die trostlosen Bergketten in der Mitte von Quartzite Island ein grünes Tal freigeben. Überall stieß man hier auf die Relikte der Vergangenheit. David Tatuiini entdeckte einen großen Steinkreis und fragte Beattie, ob er von Knight stammen könnte. Im ersten Moment neigte Beattie dazu, diese Frage zu bejahen, denn ein Zeltkreis entsprach nicht der Bauweise der Inuit. Zehn Meter südlich davon lag eine behelfsmäßige Grabstätte. Um sie zu markieren, hatte man große Platten aufgetürmt. So etwa hatte sich Beattie die Gräber der Knight-Expedition vorgestellt. Auf der Erde fand man einen Oberschenkelknochen, dessen von Flechten überzogene Oberseite darauf schließen ließ, daß er schon lange hier gelegen hatte. Weitere Knochenfragmente sowie eine Messerklinge lagen in der Nähe verstreut.

Das Ganze war verwirrend. Aber bald lieferten Stiele und Köpfe von zerbrochenen Tonpfeifen den ersten Hinweis auf die einstigen Bewohner der Siedlung. Die Knochen stammten nicht von der vermißten Knight-Expedition, sondern von einem amerikanischen Walfänger. Von ihrem Besuch kündeten auch die Nägel mit quadratischen Köpfen, stark verrostete Faßreifen und Ziegelsteine, die sich deutlich von den an Knights Zufluchtsort gefundenen unterschieden. Ebenfalls über den Platz verstreut lagen Reste von Zinndosen, wie sie für die Mitte des 19. Jahrhunderts typisch waren. Vielleicht hatte dieser Mann im Kampf mit einem verwundeten Wal den eisigen Tod gefunden, vielleicht war er unter Qualen an Skorbut gestorben. Immerhin, er war nicht allein gewesen.

Im 19. Jahrhundert wurde der Hafen am westlichen Ende der Insel — zehn Kilometer von Knights Ankerplatz entfernt — mehrere Jahrzehnte lang von amerikanischen und gelegentlich auch von englischen Walfängern als Winterquartier benutzt, die in dieser eisigen Isolation gegen Skorbut und Langeweile ankämpften. Nur selten gab es eine Abwechslung. 1867 entdeckten die Männer der *Orray Taft* aus New Bedford zufällig den Ort der Knight-Katastrophe. Ihr Hauptinteresse galt jedoch nicht den geheimnisvollen Überresten, sondern dem »Berg Kohlen, der hier vor einiger Zeit zurückgelassen wurde«. Die Amerikaner belegten ihre »Entdeckung« prompt mit Beschlag. Die Eigentumserklärung richtete sich gegen ihre Konkurrenz, die Mannschaft des englischen Walfangbootes *Ocean Nymph*, das ausgesandt worden war, um die Walfanginteressen der Hudson's Bay Company neu zu beleben, und von dem man vermutete, daß es zuwenig Heizmaterial hatte.

Was folgte, gehört zu den albernsten Geschichten in den anglo-amerikanischen Beziehungen. Nachdem die englische Crew von dem Fund erfahren hatte, setzte sie sich über den erklärten Anspruch der Amerikaner hinweg und holte sich einen Teil der Kohlen. Dies machte den amerikanischen Kapitän — der sich über das hochmütige Benehmen der Engländer schon seit ihrer Ankunft geärgert und geäußert hatte, wenn ihre »Anmaßung englische Lebensart sei, dann bewahre man ihn vor England« — so wütend, daß er seine Leute anwies, so viel Kohlen zu holen, wie sie brauchten, und von dem Rest ungefähr »zwei Tonnen« verbrennen ließ.

Wenn sich die Walfänger nicht um Kohlen stritten, machten sie ihren Aggressionen in Theaterspielen Luft. Ein kurzer Abriß aus dem Jahr 1865 beschreibt eine Aufführung »Marble Island Minstrels«, bei dem Männer im Kostüm eines »arktischen Elefanten« oder eines Walrosses auftraten, und »Carl Carendo« und »John Bull« — Karikaturen eines Italieners und eines Engländers — die Hauptakteure waren. Eine ehrgeizigere Produktion Sheridans, »Pizarro«, wurde ebenfalls aufgeführt. Der erfahrene Walfänger-Kapitän und Gelegenheitskritiker George Parker aus Massachusetts schrieb, »die Tragödie ist ihre Stärke«, und meinte dies nicht nur im Scherz.

Skizze eines Walfängers mit einer Darstellung der 1865 aufgeführten Posse
»Der Arktische Elephant von Marble Island«.

Eine Erforschung der Gegend im Jahr 1884 bestätigte die gespenstische Wahrheit und überraschte den Gentleman-Forscher Charles Tuttle »durch den Anblick so vieler Hinweise auf die Toten«. Seine Worte bezogen sich nicht auf irgendwelche am Ostende der Insel gelegenen Gräber der Knight-Expedition, sondern auf die Grabstätten der amerikanischen Walfänger, die in Reihen ausgerichtet auf einer kleinen Insel in der Nähe des Winterhafens lagen, »ihre armen Körper auf diesen kalten Felsen, über die die Stürme des fast nie endenden Winters erbarmungslos hinwegfegen«.

Es gibt auf Marble Island noch einen weiteren Friedhof »europäischen« Stils. 1873 starben während sechs höllischer Monate vierzehn amerikanische Walfänger der Barken *Ansel Gibbs* und *Orray Taft* in ihrem Winterhafen an den Folgen von Skorbut.

Bereits im Oktober 1872, noch bevor die gefürchtete Winterkälte einsetzte, waren die Mannschaften durch Nahrungsmangel und Krankheit geschwächt. Es war nur eine Frage der Zeit, bis die ersten Skorbutfälle auftraten. Die erfahrenen Offiziere mußten ungläubig mit ansehen, daß sich die jungen Leute weigerten, Fuchsfleisch zu essen, und es vorzogen, »lieber krank zu werden und zu sterben«.

Der erste Tote im Februar war ein Vierundzwanzigjähriger. Bei −40 Grad Kälte hob ihm die kranke Crew ein Grab aus. Im Mai, als die Temperaturen immer noch um den Gefrierpunkt lagen, wurde gleich eine ganze Reihe Gräber ordentlich nebeneinander auf der kleinen Geröllinsel nahe der Hafeneinfahrt angelegt. Heute trägt sie den Namen, den früher einmal ganz Marble Island erhalten hatte: Dead Man's Island. Dieser Friedhof hat sich in den mehr als hundert Jahren kaum verändert. Die Gefährten der Toten haben die Grabhügel mit großen Felsbrocken beschwert und einige noch zusätzlich mit einem Rand aus kleineren, strahlend weißen Steinen verziert. An das Fußende eines jeden Grabes schließt sich das Kopfende des nächsten an, so daß sie einen Grat über die ganze Breite der kleinen Insel bilden. Ursprünglich hatte man alle vierzehn Gräber mit Hilfe einer Holztafel numeriert und in ihrer Mitte ein großes Grabmal mit einer Platte errichtet, auf der die Nummer und dahinter der Name des Verstorbenen aufgeführt waren.

In der Nähe der Gräber auf dem kahlen Felsplateau in der engen Hafeneinfahrt der Walfänger steht ein weiteres Denkmal, das 1879 bei einem Zwischenstopp der von Frederick Schwatka geleiteten Suchexpedition entdeckt wurde, die nach Hinweisen über den Verbleib der Franklin-Mannschaften fahndeten. Sieben Namen stehen in roter Farbe darauf und das Datum: 1787. Einer von Schwatkas Begleitern warf damals die Frage auf, ob es sich möglicherweise um »einen riesigen Grabstein zur Erinnerung an jene Männer« handeln könne, »die hier vor langer Zeit bei einem Schiffsunglück umgekommen sind«. Anschließende Untersuchungen ergaben jedoch, daß es sich um eine zweihundert Jahre alte Inschrift zur Erinnerung an einen Besuch der Schaluppe *Churchill* auf Marble Island handelte. Aber zusammen mit den sorgfältig angelegten Gräbern der Walfänger machte der Gedenkstein noch etwas anderes deutlich: die Selbstverständlichkeit, mit der diese öde Landschaft die Erinnerung an die Menschen bewahrt.

Dead Man's Island mit seinem Walfängerfriedhof aus dem 19. Jahrhundert.

Die weitaus meisten Zeugnisse einer Besiedelung stammen jedoch von den Eingeborenen dieser Region, den Inuit. Im Verlauf der Untersuchungen wurden zahllose Einzelplätze identifiziert. Ein Ort indessen unterschied sich sowohl durch seine

Größe als auch seinen direkten Bezug zur Knight-Untersuchung
von allen anderen. Hearne hatte berichtet, daß er auf der
gegenüberliegenden Seite des östlichen Hafens, wo Knight
überwinterte, die Reste eines Camps entdeckt habe, wo »einige
Esquimaux ihren Wohnsitz genommen hatten«. Vermutlich hatten die Überlebenden hier Walfett und Seehundfleisch eingetauscht, was letztlich zwar ihre Hoffnung, aber auch ihre Leiden
verlängerte. Hearne kam zu dem Schluß, das Inuit-Camp werde
»aller Wahrscheinlichkeit nach . . . noch viele Jahre lang zu
sehen sein«.

Auf dem Land direkt gegenüber Knights Ruine sind heute
alle Spuren verwischt. Aber dort, wo eine morastige Senke das
Forschungsteam auf die Leeseite der Felsen zwang, wo der
Wind plötzlich aufhörte und die Sonne sich verdunkelte, stießen
die Forscher auf eine Begräbnisstätte der Inuit. Große Felsbrocken waren bis zu einem Meter über dem Boden über jedem
Grab aufgetürmt worden, und die Gräber waren im Gegensatz
zu so vielen anderen im Norden noch unberührt. Nur eins war
teilweise zusammengefallen, aber schuld daran war die Zeit und
nicht etwa irgendein aasfressendes Raubtier. Durch einen
schmalen Spalt konnte Beattie das grünlich schimmernde Skelett eines Menschen erkennen, der vor Jahrhunderten gestorben
war. Für einen Moment verharrten alle in Stille. Keiner konnte
sich dem Gedanken entziehen, daß dieser Steingarten geheilig-
ter Boden war. Nirgends werden die Unterschiede der Kulturen
so deutlich wie im Umgang mit den Toten; und selten wirkten
Gräber so endgültig wie diese.

Es ist nicht verwunderlich, daß Hearne glaubte, die Überreste
der Inuit-Bauten würden noch viele Jahre sichtbar bleiben.
Nach mehr als zweihundert Jahren stehen sie noch immer dort.
Es ist eine sehr untypische Siedlung. Während bei den Inuit die
einzelnen Gruppen oder Wohngemeinschaften in der Regel aus
zehn bis 25 Personen bestehen, liegen südlich des Gräberfeldes
hundert, wenn nicht sogar bis zu zweihundert Wohnbauten, die
sich bis in die Ferne erstrecken. »Wie eine Stadt«, meinte
Beattie, »und uralt.« Die Siedlung war über einen langen Zeitraum hinweg bewohnt gewesen, nicht nur zu Zeiten Knights,
sondern jahrhundertelang. Ihr Hauptteil lag auf einem hohen

Inuit-Familie von der Nordwestküste der Hudson Bay aus dem Jahre 1746/47.

Uferstreifen, der durch einen steilen Abhang vom Ufer des Hafens getrennt war. Auf diesem Steilufer befinden sich die steinernen Ruinen vieler Häuser, einiger größerer Gemeinschaftsbauten sowie die Reste von Kajaks, Proviantlagern und weitere Gräber. Weiter den Hügel hinauf und im Inland bilden sich nach und nach parallele Hügelketten, Wellen aus Geröll. Auf jeder steht eine Gebäudegruppe.

Der älteste Teil der Steilküste liegt heute hoch über der derzeitigen Wasserlinie und in einiger Entfernung von der jüngsten Siedlung. Wissenschaftliche Forschungen haben ergeben, daß so große Camps wie das auf Marble Island wahrscheinlich nur im Frühjahr und Herbst bewohnt wurden, während man zur Karibujagd im Sommer und zum Überwintern aufs Festland ging. Noch in den 1930er Jahren kamen in jedem Frühling die Qairnirmiut − ortsansässige Eingeborene − mit ihrem Schlitten, um am Rand des Eises Wale zu jagen.

Das wenige, das man über die Menschen weiß, die im

18. Jahrhundert die Nordwestküste der Hudson Bay bewohnten, beruht auf einer Handvoll von Berichten aus der Anfangszeit der europäischen Kontaktaufnahme. Total verschreckt durch das bloße Auftreten der »Nordmänner«, taten die meisten sie jedoch verächtlich als ungehobelte Menschen ab, die ein primitives Nomadenleben führen. Dieses oberflächliche Urteil, beeinflußt von Unkenntnis und Rassismus, war im westlichen Denken tief verwurzelt. Immerhin gibt es eine rühmliche Ausnahme: ein Porträt der Iniut, das sich eher mit den Errungenschaften der Aufklärung verträgt, die wir uns gern zuschreiben.

In seinem 1748 erschienenen Buch *A Voyage to Hudson's Bay by the Dobbs Galley and California* gibt Henry Ellis seiner Bewunderung für ein Volk Ausdruck, das Jahrhunderte mit Hilfe von nur wenigen Rohmaterialien überlebt hat. In ihren Speerspitzen und Schwimmharpunen, ihren Kajaks und Schneebrillen, ihrer »sauberen, ja eleganten« Seehund- und Karibulederkleidung entdeckte Ellis einen seltenen »Erfindungsreichtum«. Eines Tages, so prophezeite er, werden wir sie besser kennen und sie dann vielleicht »in einem anderen Licht sehen«.

Die am Fundort verstreuten Inuit-Gebeine stammten aus einer Reihe geöffneter Gräber. Bei einem Besuch des Inuit-Camps im August 1990 gewann Walt Kowal die Überzeugung, daß Hearne diese Knochen gesehen und daraus fälschlich eine »große Anzahl Gräber« gemacht hatte, von denen er zuerst 1767 berichtete und die in den Logbüchern der Schaluppen erwähnt sind.

Kowal hatte bereits bei der Untersuchung der Franklin-Katastrophe mit Beattie zusammengearbeitet. Damals hatte er als erster anhand einer Blei-Isotopenuntersuchung nachgewiesen, daß die Bleivergiftung, die letztlich zum Tod der Mitglieder der Franklin-Expedition geführt hatte, ihre Ursache in den mitgeführten Konservendosen hatte. Jetzt bestätigte er Beatties Vermutung, daß zwischen dem Hinweis auf die »Gräber« der Knight-Expedition und dem Friedhof der Inuit möglicherweise ein Zusammenhang bestand. Damals ahnte niemand, daß ihre Theorie später durch einen Brief des Royal Navy Capt. Charles Duncan gestützt werden sollte, der als nächster Europäer, 22 Jahre nach Hearne, Marble Island besucht hatte. Als Reaktion auf den neuerlichen Vorwurf, die Hudson's Bay Company sabotiere die Entdeckung der Nordwest-Passage, hatte Duncan – ausgestattet durch die Company – von der Admiralität den Auftrag erhalten, von London aus die Nordwestküste der Hudson Bay nach einer Durchfahrt in den westlichen Ozean abzusuchen, besonders Corbett Inlet und Chesterfield Inlet.

Am 28. August 1791 ankerte die Brigg *Beaver* vor Marble Island, und Duncan und sein Maat Georg Taylor fuhren zur Ostspitze der Insel, um sich den Hafen anzusehen, von dem sie gehört hatten. Taylor berichtete anschließend, er habe »ein Stück Schnitzarbeit vom Bug eines Schiffes aufgesammelt, das hier gesunken war«. Unglücklicherweise sind alle Informationen verlorengegangen, die sich aus Duncans Logbuch hätten ergeben können. Der Kapitän war so fest davon überzeugt gewesen, man werde ihn als Entdecker der legendären Nordwest-Passage feiern, daß er über sein späteres Versagen in eine schwere Depression verfiel und man ihn an seine Koje fesseln mußte. Aber selbst diese Vorsichtsmaßnahme erwies sich als fruchtlos. Die Enttäuschung nagte so sehr an ihm, »daß er auf der Rückreise von einem Gehirnfieber befallen wurde, das es ihm unmöglich machte, ein Journal über seine Reise abzuliefern«.

Erhalten blieb lediglich ein bisher unveröffentlichter Brief, den Duncan vor seiner Erkrankung schrieb, als die *Beaver* im September 1791 am Churchill River überwinterte. Der Kapitän beschrieb darin dem Governor und dem Komitee der Company seine Beobachtungen am Ort der Katastrophe, die damals wahrscheinlich von nur beiläufigem Interesse waren, heute aber eine besondere Bedeutung bekommen:

»Daß hier ein Schiff gewesen ist oder Schiffe, gestrandet vor der Insel, ist offensichtlich, denn ich sah Teile von zwei Ankern, eine Menge Ziegelsteine und menschliche Knochen zwischen Fischknochen liegen, wo die Esquimeaux gewohnt haben. Es ist unwahrscheinlich, daß sie die Knochen ihrer eigenen Landsleute auf dem Boden herumliegen lassen würden.«

Die Ziegelsteine wurden in umittelbarer Nachbarschaft von Knights Ruine gefunden, aber der Fundort der Knochen wird angegeben mit »wo die Esquimeaux wohnten«. Dies kann nur als Hinweis auf die Inuit-Siedlung auf der anderen Seite des Hafens interpretiert werden, wo noch heute menschliche Gebeine aus geöffneten, jahrhundertealten Oberflächengräbern »zwischen Fischknochen« zu sehen sind. Duncans Brief legt nahe, daß einerseits die überall vorhandenen Anzeichen dafür, daß die Inuit von der Expedition stammendes Holz und Eisen benutzten, und andererseits die Entdeckung von Knochen an einem dem Knight-Camp so nahegelegenen Ort zu falschen Schlußfolgerungen führten.

Die Entdeckung des Duncan-Briefes ließ es möglich erscheinen, daß Hearne einem fundamentalen Irrtum erlegen war und die Grabstätten der Inuit für die Gräber der Knight-Expedition hielt. Es fällt zumindest auf, daß Hearne in seinem späteren Bericht über seine grausigen Beobachtungen auf Marble Island den Friedhof nicht erwähnt.

Der östlichste Rand von Quartzite Island gleicht dem Anblick eines verfallenen, weißen Tempels, einer Szenerie kolossaler Verwüstung. Steine können das Auge täuschen und ihm Säulenreihen und Marmorfriese vorgaukeln, als handele es sich um Monumente einer vergangenen Kultur. Tatsächlich haben die ersten Entdecker häufig derartige Vergleiche zwischen den bekannten Landschaften Europas und den harten fremdartigen Gegenden im hohen Norden gezogen. Es war eine Art der Orientierung, ein Mittel, das Unbekannte zu beschreiben. Aber solche Analogien sind immer irreführend.

Quartzite Island ist keine sonnendurchtränkte ägäische Insel, und die Ruinen auf der Steilküste stammen aus der frühesten Periode menschlicher Besiedlung, von den Thule, den frühen Bewohnern dieses eisigen Gebietes. Sie kamen etwa im Jahr 1000 v. Chr. von Nord-Alaska über die gesamte amerikanische Arktis hierher und waren die Vorgänger der Inuit. Ihre große Geschicklichkeit im Erlegen großer Wale sowie ein milderes Klima als heute erlaubte ihnen, mehr oder weniger seßhaft zu werden und eine einzigartige, komplexe Kultur zu entwickeln.

Nur wenige Europäer kamen mit den Thule in Berührung, bevor ihre Kultur mit dem Einsetzen der neuen Eiszeit wieder verschwand. Zu Zeiten Knights erzählten nur noch Ruinen von ihrer einstigen Existenz. Dyonyse Settle geht in seinem Bericht über die dritte Reise Martin Frobishers aus dem Jahr 1578 nur kurz auf die »Bewohner des Landes« ein, indem er ihr »Springen und Tanzen unter seltsamen Schreien und Rufen« beschreibt. Frobisher selbst wurde bei einer Auseinandersetzung von einem eisenbewehrten Thule-Pfeil getroffen. Das wenige, das man sonst über sie weiß, basiert auf dem Studium von Artefakten sowie der Überreste kleiner Siedlungen wie der auf der östlichen Landspitze der Insel.

Es war eine Wintersiedlung. Die imposanten Fundamente jedes – ovalen – Hauses besitzen einen Durchmesser von 4 × 5 m. Sogar die innere Aufteilung ist noch zu erkennen: ein Wohnraum mit Kochstelle und eine erhöhte Schlafstelle aus Steinplatten. Der Eingang war aus Felssteinen errichtet. Das Dach wurde aus den Rippen und Kieferknochen eines Wales gebaut und mit Fellen und Rasensoden abgedeckt, was eine perfekte Isolierung bot.

Vieles von dieser Kultur, die sich um ihre Tran-Lampen, die Gesänge, Tänze, Bräuche und »das Wissen« entwickelte, ist heute verloren. Nur seltene Schnitzereien aus Walroßzahn, kunstvoll gearbeitete Werkzeuge und Spielzeugköpfe aus Walwirbeln haben überdauert, um Zeugnis vom hohen Stand dieser Kultur abzulegen. Bei einer flüchtigen Durchsuchung der Siedlung wurden keine Artefakte mehr gefunden. Es gab nur noch die Häuser, Vorratshütten, Walroßschädel und die Gräber der Thule. In einer teilweise zerstörten Grabstätte ruhte das Skelett eines jungen Mädchens, einsam und verlassen an ihrem Sterbeort.

Walfänger-Gräber, Inuit-Gräber, ja selbst Thule-Gräber, alles dies lag hier offen zutage. Was die Archäologen jedoch bisher nicht gefunden hatten, war der Friedhof der Knight-Expedition, der vom Umfang her der größte hätte sein müssen. Riesige *inukshuk* standen auf der sanften Hochfläche der Landzunge, Steinpyramiden in Menschengestalt, wie man sie überall in der östlichen Arktis findet. Ihre Bedeutung ist bis heute unbekannt. Vielleicht dienten sie einst als Wegweiser, um im Winter die weiße Insel vom Eis zu unterscheiden. Indessen erinnerten sie in keiner Weise an die Steinmale von Entdeckern. Sie gaben keine Auskunft über den Verbleib von vierzig Männern. Hier, an der Spitze der Insel, hätte Knight seinen Wachposten aufstellen müssen, vor sich die über den Horizont ziehenden Wolken und im Hintergrund das kalte Antlitz der untergehenden Sonne.

Hätte es einen leicht identifizierbaren Friedhof der Knight-Expedition gegeben, und hätte man dort die Gräber fast aller Beteiligten gefunden, hätten dann weiter die untersuchten Knochen die typischen Merkmale eines Vitamin-C-Mangels aufgewiesen, der Ursache von Skorbut, dann wäre damit der Beweis für Hearnes Hypothese über den Untergang der Expedition erbracht gewesen. Frühere Rekonstruktionen der Knight-Katastrophe haben seinen Hinweis auf »eine große Anzahl Gräber« stets als Bestätigung für die Richtigkeit der Inuit-Erzählungen über einen langsamen Tod der Mannschaft durch Hunger und Skorbut genommen.

Aber so einfach ist der Vergangenheit selten beizukommen. Nach der vergeblichen Suche stand fest, daß die historischen Interpretationen, die »eine große Anzahl Gräber« mit einem Friedhof gleichsetzten, falsch waren.

157

9

Der letzte Überlebende

Ausgangspunkt von Beatties Forschungsarbeiten war die Entscheidung, im weiten Umkreis um Knights Ruine aufs Geradewohl Testgrabungen vorzunehmen sowie das Bauwerk selbst freizulegen. Die Bucht, in der die Expedition Zuflucht gesucht hatte, ist ein von der Geschichte vergessener, bis ins Detail hervorragend erhaltener Ort. Hier ergab sich die seltene Möglichkeit, unmittelbar aus dem Zeitalter der Erforschung des Nordens stammende Relikte zu untersuchen: Zeugnisse, die entweder aufgrund ihrer geographischen Isolierung oder eines relativ geringen historischen Interesses bis in die Gegenwart erhalten geblieben waren. Dort, zwischen Werkzeugen und Gerätschaften des frühen 18. Jahrhunderts, zwischen Nahrungsresten und Kleiderfetzen, lag der Schlüssel zu der noch unbekannten Geschichte der Knight-Expedition.

Schon 1767 hatten die Walfänger bei ihrer Suche nach Hinweisen auf die Identität und das Schicksal der Männer, die hier einst gelebt hatten, eine Antwort in der hinterlassenen Ruine zu finden gehofft. Nun hatten Beatties Untersuchungen ihn an dieselbe Stelle geführt. Am 9. August begann eine kleine Gruppe angehender Archäologen mit den Ausgrabungen, einer Tätigkeit, die einer von ihnen nach elf Tagen mit »Sträflingsarbeit« verglich. Streß entstand nicht nur durch die schwierige, zeitraubende Grabung als solche oder die Angriffe der durch die Arbeit und den Schweiß bis zur Raserei gereizten Moskitos. Noch größer war die Gefahr, daß infolge mangelnder Sorgfalt oder Ablenkung ein wichtiger Beweis übersehen oder die Bedeutung eines Fundstücks nicht bemerkt wurde und dadurch das Puzzle vielleicht für alle Zeiten unvollendet blieb. Die Wichtigkeit des Fundortes war allen klar: Er bot die letzte Chance herauszufinden, was man über das Schicksal von Kapitän James Knight jemals noch erfahren würde.

Tiefe Narben im Rasen und Moos innerhalb der Grundmauern zeugten von früheren Grabungen. Die größte Beeinträchtigung der Ruine war die älteste und bestand in der weitgehenden Abtragung der Außenstrukturen durch die Inuit, die unmittelbar nach Knights Expedition hierher gekommen waren. Die nächsten Grabungen waren 1767 von den Walfängern durchgeführt worden. Ein Jahrhundert später, 1867, hatten amerikanische Walfänger – ähnlich wie die Inuit – abermals die Ruine nach Rohmaterial ausgeschlachtet, sich einen Teil der Kohlen geholt und den größten Teil des Restes verbrannt. Danach verschwand der Platz wieder für mehr als ein Jahrhundert aus der Erinnerung, bis dort 1970 und ein zweites Mal 1971 erste archäologische Untersuchungen durchgeführt wurden. Diese bestätigten anhand von Fundstücken nochmals die Herkunft des Gebäudes, wie Deckel von kleinen Fässern, Dauben und Weidenreifen, Scherben von Wein- und Medizinflaschen, Pfeilstiele und Ziegelsteine. Außer diesen erst in jüngster Zeit vorgenommenen Arbeiten sind die vorherigen Beeinträchtigungen bereits Teil des archäologischen Gesamtberichts geworden. In einem Fall geben sie einen unschätzbaren Hinweis auf die Jahreszeit des Todes bzw. des Verschwindens der letzten Überlebenden der Knight-Expedition.

Walt Kowal identifizierte das erste wichtige Beweisstück, das die Walfänger übersehen hatten. Nach seiner Inspektion des Fundortes im Jahr 1767 notierte Magnus Johnston ins Logbuch der Schaluppe *Churchill,* daß das Gebäude ursprünglich ein hölzernes Gerüst gehabt hatte. »Man kann noch gut jedes Loch erkennen, wo die Pfosten standen, die alle ausgegraben und von den Exquimaux mitgenommen wurden.«

Was Johnston übersehen hatte, war, daß die Inuit zwar die Pfosten entfernt hatten, die unteren Enden aber noch im Boden steckten. Die von ihren kurzstieligen Steinwerkzeugen herrührenden Hiebmarkierungen waren noch gut zu erkennen. Statt die großen, zwanzig Zentimeter dicken Gerüstpfosten der

Außenwände und die kleineren, fünfzehn Zentimeter dicken Stützpfeiler im Inneren auszugraben, waren sie etwa in ⅘ Länge unter erheblichen Schwierigkeiten in Bodenhöhe abgehauen worden, obgleich die Pfosten wenig mehr als dreißig bis sechzig Zentimeter im Boden steckten. Das letzte, noch nicht durchhauene Stück war abgebrochen worden. Das beweist, daß das Gebäude teilweise abgerissen und das Holz herausgenommen wurde, während der Boden noch gefroren war. Man hätte die Pfosten nicht herausziehen können, ohne zuvor den steinhart gefrorenen Boden aufzuhacken. Um das Rätsel der Knight-Katastrophe zu lösen, waren solche praktischen Zeugnisse von großer Bedeutung. Dieses Detail bewies – zusammen mit archäologischen und historischen Informationen über die Siedlungsgewohnheiten der eingeborenen Inuit –, daß der Abbau des Hauses im Frühjahr oder Herbst stattgefunden hatte.

Etwa gleichbedeutend, um die Aufenthaltsdauer der Expedition feststellen zu können, war der Zeitpunkt, zu dem die Unterkunft gebaut worden war. Die Verwendung mehrerer Tonnen Felsgestein für die Grundmauern, dem weitgehend erhaltenen Teil der Ruine, deutete mit einiger Sicherheit darauf hin, daß das Gebäude noch vor Einsetzen des Winters, also spätestens Ende September, errichtet worden war. Die Grundmauern bestehen in erster Linie aus Hunderten von großen Fels- und Geröllbrocken aus der Nachbarschaft. Langgestreckte, ovale Gruben auf drei Seiten des Gebäudes von circa 75 cm Tiefe lieferten weiteres Füllmaterial wie Fels und Geröll für das Fundament. Diese Gruben hätte man kaum ausheben können, solange der Boden gefroren war. Dagegen war keiner der Hunderte von Ziegelsteinen, die jetzt um die Ruine herum verstreut liegen, für die Grundmauern verwandt worden. Diese treffen im rechten Winkel aufeinander, wobei die lange Mittelachse von Nordwesten nach Südosten verläuft. Das Gebäude wurde also schiefwinklig zum Strand errichtet, wahrscheinlich, um die Wirkung des vorherrschend aus Nordwest wehenden Windes abzuschwächen. Von der Oberkante der Grundmauern gemessen ist das Gebäude 14,4 m lang und 9 m breit. Die Grundmauern sind an manchen Stellen nach innen wie nach außen eingefallen, und zwar von der Oberkante gemessen 1 bis

1,5 m nach außen und etwa 1 m nach innen. Durchschnittlich sind sie 1,25 m hoch.

Ein Teil der Ruine hebt sich deutlich vom Rest ab. Für die Südwestecke wurden weitaus mehr große Fels- und Geröllbrokken verwandt als sonst. Über ihre Funktion ist viel spekuliert worden. Die Steine wurden »sogar abgetragen«, weil man hoffte, irgend etwas darunter zu entdecken, das zur Lösung des Rätsels beitragen konnte, aber es wurde nichts gefunden. Daneben befindet sich der einzige Durchlaß in den Außenmauern mit einer Breite von etwas mehr als 0,5 m. Ein niedriger L-förmiger Wall ist dieser Öffnung gleichsam als Windfang vorgelagert. Die Öffnung zeigt nach Südost, der windgeschütztesten Seite. 1767 berichtete Johnston von einem großen Berg Kohle in der Nähe der Ruine, den er als den »Goldschatz des Hauses« bezeichnete; ein sicherer Beweis, »daß sie versucht hatten, Vorsorge gegen die Kälte des Winters zu treffen«.

Die Härte des Klimas verlangte diese Vorsichtsmaßnahme. Richard Staunton, der Faktor des neuen Forts am Churchill, das Marble Island am nächsten liegt, erwähnt in seinem Wetterbericht, daß der Winter 1719/20 infolge einer Periode der klimatischen Abkühlung besonders hart war. »Der Wind bläst in der Nacht sehr heftig und treibt Schnee und eisige Kälte vor sich her«, vermerkte Staunton am 25. November in einer typischen Eintragung. Noch im Mai berichtete er grimmig vom Tod eines der Company-Angestellten: »seine Augen starr, die Zähne zusammengebissen, gefühllos und angeschwollen von der Kälte«. Von dem riesigen Kohlenberg der Expedition ist außer einem großen, unregelmäßigen schwarzen Fleck auf dem Boden wenig geblieben, obgleich er 1767 noch auf 7 bis 8 *chaldrons* (10,4 m³) geschätzt wurde. Da die *Albany* ursprünglich 20 *chaldrons* an Bord genommen hatte, kann aus der Differenz geschlossen werden, daß sich die Besatzungen einen Winter lang hier aufgehalten haben.

Seit der Entdeckung der Ruine war es noch niemandem gelungen, sich ein Bild von der ursprünglichen Gestalt des Gebäudes zu machen. Erst die 1990 begonnenen und 1991 fortgesetzten Ausgrabungen haben nun endlich genügend Material für eine Rekonstruktion ergeben.

Unmittelbar unter der 10 bis 15 cm dicken Grasnarbe wurden zahlreiche Holzfragmente und Bretter gefunden, die von dem eingestürzten Dach sowie der inneren und äußeren Wandverschalung stammten. Darunter befand sich eine unterschiedlich dicke, zumeist organische Schicht aus Grassoden, die der Umgebung des Gebäudes entnommen und zum Abdichten der Außenwände verwandt worden waren. Einige dort ebenfalls gefundene Ziegelsteine und Werkzeuge waren bei früheren Grabungen hierher geraten. Unter dieser Schicht stieß man auf einen dünnen (1 bis 3 cm) öligen, schwarzen, organischen Film, der den eigentlichen Boden des Gebäudes bedeckt, und der durch den täglich anfallenden Schmutz und Ruß entstanden ist. Dieser Schmutzfilm gibt Auskunft über die Bedingungen, unter denen die Bewohner des Hauses ihr Dasein fristen mußten und zeugt von der Richtigkeit seiner Beschwerden, die Knight noch während seiner Amtszeit als Governor führte: »Wir verbrachten den ganzen Winter im Haus eingeschlossen, was mit Öfen, Lampen, Tabakrauch und Essensgerüchen . . . sehr unzuträglich war.« Doch auch diese Schmutzschicht lieferte einen wichtigen Hinweis. Ihre Dicke bewies, daß das Gebäude wenigstens mehrere Monate lang bewohnt war.

Trotz der inzwischen verflossenen Jahre konnten die Forscher nun den Fußboden betreten, über den einst Knight gegangen war. Er besteht aus einer 1 bis 5 cm dicken Lage Quarzitsand. Der Boden ist nicht ganz eben und weist vor allem entlang den Außenwänden an mehreren Stellen einige Zentimeter tiefe Löcher auf. Diese Vertiefungen zeigen die Stellen an, wo zusätzliche innere Konstruktionen wie zum Beispiel die Türpfosten eingesetzt waren. Innen um die Grundmauern, unmittelbar dagegen gesetzt, waren im Abstand von 1,5 m eine Anzahl von Pfosten in den Boden eingelassen, die die Wand und das Dach stützten.

Weitere Pfostenreste wurden in der Mitte des Hauses neben einem zusammengefallenen, aus Backsteinen errichteten Kamin gefunden, was die beträchtliche Zahl der 3500 an Bord der *Albany* genommenen Ziegel erklärt. Trotz der seit dem Bau verstrichenen Zeit ist die Basis − »in handwerksgerechter Weise aus Ziegeln und Mörtel gearbeitet« − erhalten geblieben. Die

Feuerstelle kennzeichnete einen zentralen »Küchen«-Bereich, was sich auch an Hunderten von Tierknochensplittern ablesen läßt, Resten der Essenszubereitung. Dieser Bereich ist von Schlafstellen und engen Korridoren umgeben. Vor zwei Außenwänden wurden Glassplitter von Fensterscheiben gefunden. Die Gesamtgrundfläche beträgt in etwa 130 m^2 und könnte − unter Verzicht auf jeglichen Komfort − vierzig Männern Platz geboten haben.

Mehr als zweihundert Jahre lang ist lediglich darüber spekuliert worden, unter welchen Bedingungen die Knight-Expedition den Winter in der Hudson Bay überdauert hat. Jetzt hatte man Gewißheit. Die Grundstruktur von Knights Haus auf Marble Island entspricht zumindest einigen jener Bauten, die man in der Frühgeschichte der Hudson's Bay Company großartig als »Fort« bezeichnete, wenngleich es wenig Ähnlichkeit mit dem sorgfältig ausgebauten Fort York mit seinem zentral gelegenen quadratischen Haus und seinen mit vier Bollwerken bewehrten Palisaden aufwies. Ganz sicher aber entsprach das, was dort im August 1990 und im Sommer 1991 ausgegraben wurde, nicht einer unzulänglichen Zufluchtsstätte oder »Lehmhütte«, die von einem Haufen Gestrandeter behelfsmäßig zusammengezimmert worden war. Nicht nur waren Plan und Konstruktion dem harten Klima der Gegend angepaßt. Zieht man die Menge der verbrauchten Kohlen in Betracht und die Ablagerung von Schmutz und Ruß auf dem Boden, dann beweist dies darüber hinaus sehr anschaulich, daß das Haus die dunklen Wintermonate über ebenfalls bewohnt war.

Noch eindrucksvoller als die Existenz eines solchen monumentalen Bauwerks aus dem frühen 18. Jahrhundert in der kanadischen Tundra und jede Schlußfolgerung über die Dauer seiner Benutzung war die Erkenntnis, daß es eine Fundgrube für Artefakte war, die größtenteils noch so dalagen, wie Knight und seine Offiziere sie hinterlassen hatten. Was in zwei Sommern bei den sorgfältigen Ausgrabungen mit Kelle und Bürste ans Licht gebracht wurde, war eine Fülle von Relikten, jedes aufregender als das vorangegangene. Sie gewährten einen Einblick in eine von der unseren völlig verschiedenartige Welt. Mehr noch, es fanden sich wertvolle Hinweise in dem immer umfangreicher werdenden Katalog der Dinge, die unter dem Moos zum Vorschein kamen: Fünftausend Objekte aus Silber, Messing, Kupfer, Eisen, Blei, Holz, Ton, Leder, Stoff, Steingut, Glas und – höchst wichtig wegen ihrer historischen Bedeutung – Knochen. Diese Beweisstücke beseitigten nicht nur jeden Zweifel am Alter und Ursprung des Fundortes, sie brachten die Untersuchung auch einen Schritt näher an die vergessene Wahrheit heran.

Ständig wurden neue Stücke gefunden. Aber die erste wirklich überraschende Entdeckung machte Felix Kappi beim Durchsieben der Rückstände, mit Sicherheit die am wenigsten attraktive Arbeit überhaupt. »Eine Münze«, verkündete Kappi, um nach einer Pause hinzuzufügen, »von 1644.«

Was eine einzelne Silbermünze zu einem Schatz machen kann, ist die besondere geographische Isolation ihres Fundortes. Schon bald wurden weitere Münzen entdeckt. Der Fund von Silber- und Kupfergeld aus dem 17. und 18. Jahrhunderts auf einer Insel in der Hudson Bay war geradezu sensationell. Daß man Geld hierher mitgenommen hatte, veranschaulichte die feste Überzeugung, daß die Expedition Erfolg haben und man Gegenden erreichen würde, wo es einen Handelswert besaß. Hier zumindest war es absolut wertlos. Genauso seltsam waren die Prägeorte. Von den Kupfermünzen scheinen drei – obwohl sie stark korrodiert waren – aus England zu stammen. Das Prägejahr (1700) ist nur noch auf einer zu erkennen. Eine vierte Münze aus dem Jahr 1713 ist portugiesisch und trägt den Namen König Johanns V. Auch das Silberstück war nicht, wie vermutet, englisch, sondern dänisch und zeigt das Bildnis König Christians IV. Auf der Rückseite trägt es die Umschrift »Glückstadt« – heute eine deutsche Stadt – zur Erinnerung an den größten militärischen Sieg des Monarchen.

Bei mehreren, stets parallel laufenden Ausgrabungen war es unmöglich, über alle Entdeckungen auf dem laufenden zu sein. Tagsüber war Beattie voll davon in Anspruch genommen, die genauen Daten der Bodenoberfläche zu notieren und die Fundortprofile zu fotografieren. Erst wenn er am Abend das Zelt mit den Artefakten betrat und sich erkundigte, »habe ich etwas verpaßt?«, traten Umfang und Bedeutung der Fundstücke zutage. Unter den ausgelegten Artefakten waren eine Schere, die auf der Liste der Expeditions-Handelswaren erwähnt war, eine Muskete und Pistolenkugeln (darunter eine abgeschossene), Silberschnallen, ein Bernsteinknopf mit einer eingeschnittenen Schäferszene, Metallknöpfe in Filigranarbeit, ein blauer und ein weißer Teekannendeckel aus Porzellan, ein kleiner Korb aus Leder und Holz, ein Bleigewicht, ein unter den Trümmern einer eingestürzten Wand gefundenes leeres Pulverfaß und Teleskoplinsen. Nicht alle diese Fundstücke hatten Expeditionsteilnehmern gehört. So wurden auch zwei sorgfältig gearbeitete Inuit-Werkzeuge entdeckt: ein Schneemesser, das in der bereits aufgegrabenen Schicht über dem Boden gelegen hatte, und ein zerbrochener Fischspieß aus Walroßzahn, der auf dem Fußboden unmittelbar neben den Relikten der Expedition gefunden wurde.

Die aufregendste Entdeckung jedoch war ein Gegenstand, der in keiner Weise zur Aufklärung des Geheimnisses beitragen konnte, ja den man normalerweise nicht einmal mit einer Expedition in Verbindung gebracht hätte: eine hölzerne Schachfigur, ein Bauer. Irgendwie stellte diese Figur eine traurige Verbindung zwischen unserer heutigen Welt und den hier Gestrandeten her. Die kürzeste Schachpartie, das sogenannte »fools mate«, besteht aus nur vier Zügen. Dieses schnelle Mattsetzen des Gegners gelingt nur, wenn dieser nicht aufpaßt. An Knights tragischen Kalkulationsfehler mahnten auch ein paar eiserne Schlüssel und ein großes eisernes Scharnier. Sie bestätigten, daß er »so sehr von seinem Erfolg überzeugt gewesen war, daß er große, mit Eisen beschlagene Kisten anfertigen ließ, um das Gold- und Kupfererz darin unterzubringen«.

In einem weiteren Glücksmoment wurden die brüchigen Überreste eines aus festem Hanfgewebe gefertigten blauen Beutels samt seinem intakten Inhalt entdeckt. Yin Lam hockte den ganzen 15. August 1991 über dem Fund und entfernte mit einer medizinischen Seziersonde und einem Weichhaarpinsel peinlich genau jedes Schmutzpartikelchen, um den Inhalt freizulegen. Nach und nach kamen ans Tageslicht: eine Tonpfeife, ein eiserner Korkenzieher mit Holzgriff und eine hölzerne Rolle, über die einst die Schnur eines Bleilotes gelaufen war. Schließlich rief Lam: »Ich glaube, ich habe hier etwas.«

Es war der sensationellste Fund überhaupt: ein Stechzirkel aus Messing, ein nautisches Instrument zum Eintrag der Schiffsposition in die Seekarte, und vielleicht das wichtigste Einzelrelikt einer Nordwest-Passagen-Expedition, das seit der Franklin-Suche im 19. Jahrhundert vor Ort gefunden wurde. Stechzirkel sind so alt wie die Kunst der Navigation selbst und stehen auf den Porträts der Entdecker – wie zum Beispiel Sebastian Cabots – so sehr im Vordergrund, daß sie zum Symbol eines ganzen Zeitalters der Forschung wurden. Auf Marble Island spiegelte seine Entdeckung über das Symbolhafte hinaus eine zugleich begeisternde wie belastende Realität: Er hatte einem der Offiziere gehört, vielleicht den Kapitänen George Berley oder David Vaughan oder möglicherweise auch Knight selbst. Und es lag auf der Hand, daß ein so wertvolles Instrument kaum durch Unachtsamkeit verlorengegangen oder leichtfertig aufgegeben worden war.

Messing-Stechzirkel eines Besatzungsmitglieds der Knight-Expedition.
Mit diesem nautischen Instrument wurde in Seekarten die Position
des Schiffes eingezeichnet.

Weitere Hinweise dafür, daß der überwiegende Teil der Expeditionsmannschaft das Haus bewohnt hatte, ergaben die fragmentarischen Kleiderreste, die breiten, quadratischen Schuhspitzen und die hohen hölzernen, mit Leder umkleideten Absätze, die Kapitän Joseph Stevens 1767 für »französische Modelle« gehalten hatte. Daß sich Kleidung und Schuhe über fast drei Jahrhunderte erhalten hatten, war an sich schon erstaunlich und lag zum Teil an den Säureverhältnissen am Fundort. In der Ruine war während der kurzen Sommermonate infolge eines Feuchtigkeitsstaus eine Art »Schein«-Moor entstanden, das, für den Rest des Jahres gefroren, Stoff und Leder vor dem Verfall schützte, der normalerweise aufgrund der chemischen und physikalischen Faktoren sowie biologischer Wirkstoffe eingetreten wäre.

Durch eine mikroskopische Analyse im Labor des Canadian Circumpolar Institute in Edmonton konnte Barb Schweger nachweisen, daß die konservierten Gewebe aus Wolle, Filz, Bastfasern wie Jute oder Hanf und möglicherweise Leinen bestanden. Ein großes Stück roten Tuches war auf einer Seite mit einer hoch bleihaltigen Farbe weiß gestrichen. Hier könnte es sich um einen Teil der Kabinenverkleidung handeln, wie sie 1722 im Besitz der Inuit gefunden wurde. Auch Lederreste wurden entdeckt, deren Herkunft jedoch unklar blieb. Anhand der Knöpfe konnte noch die Art einiger Kleidungsstücke bestimmt werden, zum Beispiel Hemden und dicke Oberbekleidung. Insgesamt wurden 97 Knöpfe gezählt (89 aus Holz, zwei aus Messing, zwei aus Eisen, einer aus Glas, einer aus Bernstein, einer aus Metall und Holz und einer aus Holz mit Stoffüberzug). Nach Säuberung der Schuhreste konnte Schweger durch einen Vergleich mit einigen noch existierenden Exemplaren aus dem frühen 18. Jahrhundert auch die Verwirrung über ihren Ursprung beseitigen.

Dreißig lederne Schuhsohlen und elf Absätze konnten konserviert werden. Ein Schuh war trotz seines Alters erstaunlich gut erhalten und ähnelte dem, den Stevens »einem Offizier« zugeschrieben hatte. Es war jedoch kein französisches Modell, wie er gemeint und daraus geschlossen hatte, daß eins der geheimnisvollen Schiffe, die hier überwintert hatten, ein Franzose gewesen sei, der »unbeschadet wieder abgesegelt« war. Der Schuh repräsentierte vielmehr, was für einen Londoner im

Männerschuh aus dem Innern der Ruine, der ursprünglich als »französisches Modell« identifiziert worden war.

Jahr 1719 der letzte Modeschrei gewesen ist. Er war ein typisches Modell, wie ihn ein Gentleman in jener Zeit trug: eine Mode, die vom damals im westlichen Europa verbreiteten Rokoko-Stil beeinflußt war. Es fehlte nur die Metallschnalle. Ein entsprechendes Exemplar wurde jedoch bei den Ausgrabungen in der Nähe gefunden. Ein zweiter vollständig erhaltener Schuh war weniger modisch und nicht so fein gearbeitet, so wie ihn vermutlich der einfache Mann trug. Die Schuhbänder waren aus Pferdehaar. Keiner dieser beiden Schuhe war dem Klima angemessen; sie ähnelten eher einem Sommer- oder Ausgehschuh.

Eine Bestandsaufnahme der unterschiedlich großen Sohlen und Absätze ergab, daß die Fundstücke in etwa das Schuhwerk von wenigstens 15 Expeditionsteilnehmern repräsentierten. Nur zwei der gefundenen Stücke fielen völlig aus dem Rahmen. Zum einen eine ungewöhnlich lange Holzsohle, die vielleicht zu einer Art Schneestiefel gehört hatte, und zum anderen – ziemlich überraschend – ein kleiner, schmaler Schuh (Größe 5) mit einer kunstvollen Metallschnalle. Sein Eigentümer konnte kaum größer als 1,35 m gewesen sein, ein klarer Beweis dafür, daß auch ein Junge mit an Bord gewesen war. Zwölfjährige Lehrlinge, zumeist Schützlinge des Londoner Christ's Hospital, wurden häufig als sogenannte »blue coat boys« durch einen Lehrvertrag für eine Dienstzeit in der nördlichen Wildnis von bis zu sieben Jahren in die Hudson's Bay Company aufgenommen.

Insgesamt beweist die Fülle und Variationsbreite der gefundenen Kleiderreste und Schuhteile, daß eine ansehnliche Zahl der Expeditionsteilnehmer das Haus bewohnt haben muß. Sie sagen zwar einiges über ihre Besitzer, allerdings nichts über deren Schicksal aus. Denn die Fundstücke konnten zwar nach dem Tod der Expeditionsteilnehmer von den nachrückenden Eingeborenen unter den zusammengefallenen Wänden nicht beachtet oder übersehen worden sein. Ebensogut konnten aber ihre Eigentümer die Sachen schon zu ihren Lebzeiten weggeworfen haben.

Zerbrochener Weinflaschenhals, eines der zahlreichen Objekte, die im Innern von Knights Haus gefunden wurden.

Was man mit Sicherheit ausrangiert hatte, war eine große Anzahl leerer Flaschen. Einige Scherben stammten von kleinen zerbrechlichen Medizinflaschen. Daneben aber fand man unzählige zerbrochene Flaschen aus olivgrünem Glas, mit langem Hals und einer ausgeprägten Vertiefung im Boden, wie sie für das frühe 18. Jahrhundert charakteristisch sind. Insgesamt wurden 755 Scherben im und um das Haus verstreut gefunden, darunter neun Böden und zwanzig Korken, zweifellos Reste von Weinflaschen, obgleich Knight dafür gesorgt hatte, daß auch ein Vorrat an Brandy, Schnaps und Starkbier an Bord genommen wurde. Zwei Weinflaschen waren weitgehend intakt − eine

169

davon sogar noch verkorkt – und enthielten noch Reste des Originalinhalts, der jedoch inzwischen einen ziemlich modrigen Geruch angenommen hatte.

Der Vorrat der Expedition an geistigen Getränken war für ein Jahr berechnet gewesen, wobei der Hauptteil an Bord der *Albany* verstaut wurde, was die Erinnerung an Knights frühere Versicherungen wachruft, niemand könne ihn einen betrunkenen Governor schimpfen. Während er persönlich Schnupftabak vorzog, hatte Knight sich einst beklagt, zum »absoluten Raucher« gemacht worden zu sein. Daß zumindest eine entsprechende Abhängigkeit bei seinen Leuten bestand, wird durch zahllose Bruchstücke von Pfeifenstielen und -köpfen illustriert, die zum Teil noch Tabak enthielten.

Noch immer aber waren die fundamentalen Fragen über das Schicksal der Expedition offen. Die wertvollsten Informationen lieferten in diesem Zusammenhang die auf den ersten Blick am wenigsten wertvollen Artefakte: die Küchenabfälle. Vor allem um die »Kochstelle« im Innern der Ruine, aber auch in den vierzig, einen Quadratmeter großen Testgruben in der äußeren Umgebung des Hauses grub man zahlreiche Tierknochen aus. Geborgen wurden mehr als sechshundert Knochen oder Knochensplitter, von denen zwei Drittel nach Arten identifiziert werden konnten. Ein häufig benutztes Argument, um Hearnes Theorie von »Krankheit und Hunger« zu stützen, besagt, die auf die Reise mitgenommenen Vorräte hätten nicht ausgereicht, und Knight habe tragischerweise die Fähigkeit seiner Leute falsch eingeschätzt, auf einem so hohen Breitengrad genügend Nachschub an Frischfleisch zu beschaffen. Diese Schlußfolgerung, die gleichermaßen auf den Eintragungen in den Rechnungsbüchern der Company wie auf Vermutungen beruht, kann nunmehr anhand einer Analyse der am Fundort ausgegrabenen Küchenabfälle in Verbindung mit den Proviantlisten widerlegt werden.

Einen guten Eindruck von der Verpflegung der Expedition erhält man durch einen Vergleich zwischen dem, was Knight an Bord der *Albany* und *Discovery* nahm, und dem, was von den beiden Nachschubfregatten der Company, der *Hudson's Bay* und der *Mary*, mitgeführt wurde, die am selben Tag zu ihrer jährlichen, sechs Monate dauernden Rundreise zu den Handelsposten der Company in der Hudson und der James Bay aufbrachen. Obwohl es keine Unterlagen mehr über die genaue Zahl der Mannschaften auf der *Albany* und *Discovery* gibt, kann man durch einen Vergleich mit der *Hudson's Bay* und der *Mary* die Zahl der Expeditionsteilnehmer ziemlich genau schätzen. Eintragungen im Protokollbuch des Komitees geben für die beiden Versorgungsschiffe eine Besatzung von zusammen 43 Männern an. Ihre Heuer betrug insgesamt 188 £. Für denselben Zahlungszeitraum ist für die *Albany* und die *Discovery* eine Summe von 110 £ eingesetzt.

Wenn man davon ausgeht, daß die Grundheuer auf allen vier Schiffen in etwa gleich hoch war, dann belief sich die Anzahl der Offiziere und Mannschaften an Bord der *Albany* und *Discovery* auf etwa 26. Hinzu kamen noch zehn »Landratten«, die extra bezahlt wurden, sowie Knight selbst, seine zwei Kapitäne und eine weitere Person, deren Entgelt in der an Knight gezahlten Summe enthalten war, und die vermutlich die Erzgewinnung überwachen sollte. Das ergibt eine geschätzte Zahl von vierzig Expeditionsteilnehmern, die sich im Verhältnis 28 zu 12 auf die *Albany* und die kleinere *Discovery* verteilten. Anhand dieser Zahlen kann in Verbindung mit den Proviantlisten errechnet werden, für welchen Zeitraum die Verpflegung kalkuliert war. Danach hatte die Expedition Vorräte an Rindfleisch, Schweinefleisch, Schinken, Stockfisch, Brot, Mehl, Butter, »Gemüse« und andere Dinge an Bord, die für wenigstens neuneinhalb Monate gereicht hätten.

Aus der Untersuchung der einzelnen Artikel ergeben sich weitere wertvolle Informationen. Bei den Grundnahrungsmitteln wie Mehl, Brot und »Gemüse«, wozu normalerweise von den Fässern mit Erbsen bis zu Backpflaumen alles gerechnet wurde, bestanden wahrscheinlich zwischen den Expeditions- und den Versorgungsschiffen die geringsten Unterschiede. Sie bieten daher die beste Grundlage für eine Schätzung, wie lange diese Vorräte gereicht hätten. Ein Vergleich ergibt für die *Albany* und die *Discovery* einen Zeitraum von neuneinhalb Monaten. Bei anderen Gütern dagegen unterschied sich der von den Expeditionsschiffen einerseits und den hin- und herpendelnden Proviantschiffen andererseits mitgeführte Vorrat erheblich. Mit Butter, Schinken und Koteletts waren Knights Expeditionsschiffe für vierzehn Monate versorgt. Dagegen reichten Rind- und Schweinefleisch nur für vier und Fisch für sechseinhalb Monate. Dies wurde durch einen großen Vorrat an zähem Pökelfleisch ausgeglichen, das auf langen Reisen stets mitgenommen wurde und zur allgemeinen Begeisterung die Konsistenz von Seilen hatte. Im Gegensatz zu den Versorgungsschiffen beabsichtigten die Mannschaften der *Albany* und *Discovery* selbstverständlich, ihren Vorrat an tierischem Eiweiß durch Frischfleisch zu ergänzen. Aus diesem Grund wurde ein für vierzehn Monate ausreichender Salzvorrat mitgenommen, um die Beute zu konservieren. Für die Jagd hatte man sich mit fünfzig Gewehren und sechzehn Fässern Schießpulver ausgerüstet.

Angesichts der Tatsache, daß sehr viele der gefundenen Knochen rund um die Ruine auf dem Boden verstreut lagen – in der Regel zusammen mit anderen Artefakten der Expedition wie Pfeifenstielen, Nägeln oder Glassplittern –, und nur knapp fünf Prozent der gesamten Oberfläche des Fundortes durch Entfernung der Moosschicht freigelegt wurde, lag der Schluß nahe, daß die sichergestellten Knochen und Knochensplitter nur einen Bruchteil des verfügbaren und von den Expeditionsteilnehmern verzehrten tierischen Proteins repräsentieren. Die Überreste stammten sowohl von Tieren, die aus England mitgebracht worden waren, als auch von verschiedenen einheimischen Tierarten.

Ein Querschnitt durch die gesammelten Fundstücke zeigte sehr deutlich, daß es der Mannschaft durchaus gelungen war, an Frischfleisch zu kommen, durch Jagd oder durch Handel, denn nur etwa ein Drittel stammte von Haustieren wie Rind, Schwein, Schaf und Geflügel bzw. von »Stockfisch«-Kabeljau oder Heilbutt. Unter den erlegten Wildtieren waren: Karibu, Schneehuhn, Schneegans, Eiderente, Ringelrobbe, Belugawal, Polarbär sowie der arktische Hase und die Rotforelle. Markierungen von Messern oder Sägen auf 21 Knochen von Wild- und Haustieren bewiesen, daß sie von Knights Leuten geschlachtet bzw. in England für die Reise zerteilt worden waren. Fünf der

Knochen sind verkohlt, was auf eine Zubereitung des Fleisches über offenem Feuer schließen ließ. Weitere sechs waren kalziniert (in eine porzellanweiße Konsistenz umgewandelt), was darauf hindeutete, daß sie über einen längeren Zeitraum im Feuer gelegen hatten.

Die Überreste der erjagten Wildtiere repräsentierten nur einen Teil der möglichen Nahrungsquellen der Expedition. Hätte man den Ausgrabungsbereich ausgedehnt, hätte man mit Sicherheit noch weitere Arten gefunden. Da es keine Zeugnisse für die zusätzlich verzehrten »Beilagen« wie Mehlprodukte und andere leicht verderbliche Lebensmittel gibt, ließ sich die Gesamtmenge der am Fundort verzehrten Nahrung nicht genau bestimmen. Die vorhandenen Beweismittel unterstreichen jedoch, daß Knight sich sehr wohl darüber im klaren war, daß das Gelingen seines Unternehmens von einer adäquaten Versorgung während des äußerst harten Winters abhing. Seine Eintragungen im Churchill-Journal des Jahres 1717 beschwören nicht nur die Erinnerung an Munks katastrophalen Winter am Churchill River, sondern lassen auch ein Grundwissen über die Funktion von »Antiskorbutmitteln« erkennen. So schreibt er an einer Stelle: »Hier gibt es kein Grünzeug oder frisches Fleisch, um das Blut zu reinigen und zu süßen.«

Schon während seiner Amtszeit als Governor wurden regelmäßig bestimmte Mengen Zitronensaft und Rhabarber − beides galt als Mittel gegen Skorbut − an die Company-Forts geliefert. Beides spielte mit Sicherheit eine wichtige Rolle unter den großen »Gemüse«vorräten und Arzneimitteln, die er auf seine Reise mitnahm. Zwar kann man nicht völlig ausschließen, daß die Expedition dennoch nicht über ausreichenden Frischproviant verfügte, um vierzig Männer einen Winter lang damit zu versorgen, aber die am Fundort gefundenen Beweisstücke lassen weit eher auf das Gegenteil schließen. Es ist nicht ganz einfach, dieses Ergebnis mit der traurigen Geschichte in Einklang zu bringen, die Hearne über die drastisch verringerte Zahl der Überlebenden erzählt wurde, wonach diese am Ende des ersten Winters aus ihrem Haus wankten, um ihr Beiboot zu verlängern.

Der letzte Hinweis hatte schließlich die größte Aussagekraft.

Das erste Beweisstück wurde in einer der zuerst freigelegten Testgräben unmittelbar neben der verfallenen Ruine gefunden. Bill Gawor, Martin Amy und David Tatuiini hockten über einer Ausgrabung. Mit jeder Handvoll Moos versuchten sie zugleich routinemäßig die Wurzeln der Zwergweiden zu lockern, die die Vegetation am Boden festhielten. Als die Wurzeln schließlich nachgaben, durchsuchten sie den freigelegten Boden sorgfältig mit den Spitzen ihrer Kellen nach Artefakten. Sie fanden Glasscherben, Stücke von Tonpfeifen, aber auch Tierknochen. Zuerst beachtete niemand das kleine Objekt, das unter der eben entfernten Wurzelmatte klebte.

Bei den ersten Erkundungen auf dem Gelände hatte Tatuiini ziemlich gelangweilt zugesehen, welche Bedeutung jedem einzelnen Ziegelstein und jeder zerbrochenen Tonpfeife beigemessen wurde. Diesmal aber war sein Interesse geweckt. Er beugte sich vor, berührte den Gegenstand mit seiner Kelle und murmelte mehr zu sich selbst: »Ein Knochen?« Die Arbeit an der Ausgrabungsstelle ging weiter. Wenn bislang Knochen gefunden worden waren, stammten sie von Robben, Schneehühnern oder Karibus und wiesen zumeist Spuren auf, die erkennen ließen, daß die Tiere von Knights Leuten verarbeitet worden waren. Dieser kleine Knochen aber stach von den anderen ab. Beattie betrachtete ihn lange Zeit und prüfte ihn ein weiteres Mal, als er in sein Labor an der Universität in Edmonton zurückkehrte. Einige der anatomischen Details auf der Oberfläche des Lendenwirbels waren zwar von der Säure des Bodens zerstört, aber es war dennoch klar zu erkennen: Der Knochen stammte von einem Menschen.

Nach einer Zeitspanne von fast dreihundert Jahren hatte das Team am Fundort menschliche Überreste entdeckt, und zwar genau dort, wo Hearne sie gesehen haben wollte: »auf dem Boden liegend in der Nähe des Hauses«. Dieser einzelne kleine Knochen konnte alles mögliche bedeuten. Er konnte ein entscheidender Hinweis auf eine weit zurückliegende Katastrophe sein, einer Zeit vor dem langen Hinabsinken ins Unbekannte. Vielleicht gehörte er sogar, wie Hearne gemeint hatte, zu den Überresten eines der letzten Überlebenden, vielleicht des allerletzten, des Schmieds, und lag noch immer an der Stelle, wo

Menschlicher Wirbelknochen

jener »bei dem Versuch, ein Grab für seinen Gefährten auszuheben«, zusammengebrochen war. Er war nur ein kleines Teil,
aber seine Bedeutung lag darin, daß hier möglicherweise ein
Detail aus Hearnes Bericht von der Archäologie bestätigt
wurde.

Grabungen in unmittelbarer Umgebung der Fundstelle des
Wirbelknochens und etwas höher am Hang förderten zur allgemeinen Enttäuschung keine weiteren menschlichen Gebeine ans
Tageslicht. Ein einzelner kleiner Knochen genügt aber nicht,
um ein schlüssiges Urteil zu fällen. Er konnte zufällig hierher
gekommen sein, aus einem Inuit- oder Thule-Grab stammen.
Vielleicht hatte ihn irgendein Tier verschleppt, ähnlich wie die
menschlichen Knochen in der ehemaligen Inuitsiedlung auf dem
der Ruine gegenüberliegenden Teil des Hafens. Andererseits
kann auch ein anscheinend winziger Hinweis bei archäologi-

schen und forensischen Untersuchungen von entscheidender Bedeutung sein, wenn man ihn mit anderem Beweismaterial zusammennimmt. Mit Sicherheit hatten Tiere an dem Wirbel genagt. Die poröse und nahrhafte Substanz war verschwunden. Nur der Wirbelbogen, der das Rückenmark schützt, war erhalten geblieben.

Die entscheidende Information über den Menschen, den dieser Skelettrest repräsentierte, erbrachte eine Bleiisotopenanalyse, ein Mittel, um den »Fingerabdruck« des Bleigehalts von Knochen zu bestimmen und so seinen Ursprung aufzuspüren. Im vorliegenden Fall ergab sich, daß der Wirbelknochen einem Engländer gehört hatte, oder zumindest jemandem, der eine beachtliche Zeit in England gelebt hatte.

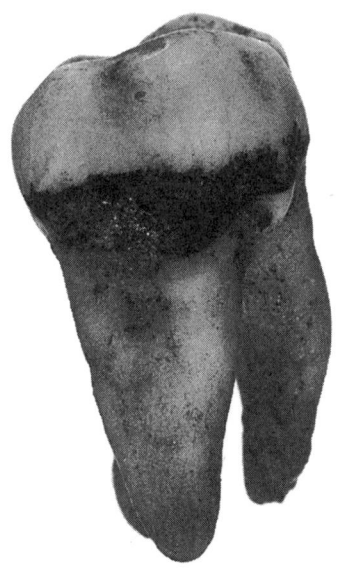

Zahn mit Tabakrückständen

Andere menschliche Überbleibsel wurden nur innerhalb der Ruine gefunden. Zuerst ein Zahn; der erste, obere, rechte Backenzahn eines jungen Mannes. Da sich auf seiner Krone Tee- und Tabakspuren fanden, konnte er nicht von einem Inuit stammen, sondern nur einem von Knights Leuten gehört haben.

176

Der Zahn wurde in einem Abschnitt gefunden, wo bereits früher gegraben worden war. Er lag in der Nähe einer Schuhsohle, etwa fünfzehn bis zwanzig Zentimeter über dem eigentlichen Fußboden. Der Grad der Abnutzung auf seiner Oberfläche deutete darauf hin, daß der Mann wahrscheinlich in den Zwanzigern gewesen war. Sobald die Ausgrabungen den Fußboden erreicht hatten, wurden weitere Zähne entdeckt: ein dritter, oberer und ein zweiter, unterer, rechter Backenzahn desselben Besitzers. Auch hier Tee- und Tabakspuren auf dem Schmelz. Größe und bestimmte Charakteristika deuteten darauf hin, daß sie einem Weißen gehört hatten.

Es ist nicht völlig auszuschließen, daß diese Zähne als Folge von Skorbut ausgefallen waren. Diese ernste Vitamin-C-Mangelkrankheit führt zu Zahnfleischbluten und Lockerung der Zähne mit gelegentlichem Ausfall. In erster Linie betrifft dies jedoch Zähne mit nur einer Wurzel, also Schneide- und Eckzähne, während der Ausfall von Backenzähnen mit ihren mehreren Wurzeln selten ist. Im vorliegenden Fall konnten die Zähne aber auch durch einen harten Schlag auf die rechte Gesichtshälfte herausgebrochen sein, entweder infolge eines Unfalls oder durch Gewaltanwendung. Die wahrscheinlichste Erklärung war jedoch, daß die Zähne erst nach dem Tod vom Kiefer getrennt worden waren, zum Beispiel mit einer Hacke oder Schaufel während der Suche »nach irgend etwas Wichtigem, wie Papieren«, wobei dann statt dessen ein menschlicher Schädel gefunden wurde, den man statt dessen mitnahm. Es gab jedoch keine weiteren Knochen oder sonst irgend etwas, das auf das Vorhandensein eines Skeletts hingedeutet hätte.

Die Fundstücke bestätigten die Berichte der ersten Europäer, die den Ort der Katastrophe untersuchten, und damit ihre Aussagen über die Entdeckung mehrerer menschlicher Skelette auf der Bodenoberfläche. Erstens: die innerhalb der Ruine im Sommer 1990 entdeckten drei Zähne erhärteten in ihrem Zusammenhang die Logbucheintragungen der Kapitäne Joseph Stevens und Magnus Johnston über einen Schädel, den sie bei ihrer Suche nach Papieren zufällig innerhalb des Gebäudes ausgegraben hatten. Stevens berichtete, er sei in »etwa drei Fuß

Tiefe« in Fußbodenhöhe gefunden worden. Johnston erwähnte, er habe neben »mehreren Schuhen von Engländern« gelegen, woraus zu schließen ist, daß diese Relikte auf dem Fußboden lagen, als das Haus noch stand. Zweitens wurden Beweise gefunden, die Hearnes Beobachtung untermauerten, daß »Schädel und andere große Knochen« von Teilnehmern der Knight-Expedition damals »auf dem Erdboden in der Nähe des Hauses lagen«.

Zusammengenommen liefern diese Zeugnisse den Nachweis für die historische Behauptung, daß die öde Landschaft dieser Insel in der Tat die letzte Zufluchtsstätte für wenigstens drei der »unglücklichen Leidenden« war. Jene drei Männer, deren Tod jahrhundertelang allen denen einen Schauder über den Rücken gejagt hat, die sich mit dem Untergang von Kapitän James Knight auf der Suche nach der trügerischen Strait of Anian und dem mit ihr verbundenen sagenhaften Reichtum befaßt haben. Aber die archäologischen Forschungen erbrachten ein ganzes Spektrum weit tiefergehender Folgerungen für Knights Verschwinden.

Es gab nicht einen einzigen Punkt, in dem die erhalten gebliebenen Beweisstücke Hearnes mitleiderregender Schilderung vom Ende der Knight-Expedition grundsätzlich widersprachen, vor allem, nachdem die Oberflächenrelikte Teile seines Berichts bestätigt hatten: Zwar nicht die aus zweiter Hand überlieferte Aussage über »eine große Anzahl von Gräbern«, wohl aber dem von ihm selbst veröffentlichten Bericht über die Knochen der letzten Überlebenden. Im Gegenteil, nahm man alle Beweise zusammen, so wuchs die Bereitschaft, seine These zu akzeptieren. Und dennoch, das Vorhandensein physischer Zeugnisse dafür, daß Knights Mannschaft einen angemessenen, für einen Winter ausreichenden Proviantvorrat besaß — inklusive Frischfleisch —, daß man im Hinblick auf das rauhe Klima sorgfältige Vorsichtsmaßnahmen in der Planung und Konstruktion der Unterkunft getroffen hatte, und daß das Haus offensichtlich während des tiefen Winters bewohnt gewesen war, legen ganz andere Schlußfolgerungen nahe, als Hearne sie gezogen hat. Selbst wenn es einen Friedhof gäbe, würde es unter den gegebenen Umständen schwerfallen, sich vorzustellen, daß sich die Zahl der Expeditionsmitglieder bereits im ersten Winter durch Hunger und Skorbut »sehr verringert« hatte.

10

Das Geisterschiff

Schließlich blieben dem Team nur noch die verschwundenen Schiffe. Der Legende nach wurde Marble Island aus Eis geformt. Aber die Sage hat noch einen weiteren, »unterirdischen« Teil: Eine tiefe Spalte im Eis wurde mit Seewasser gefüllt und hat so einen Hafen geschaffen, der als bodenlos galt. Inzwischen hat sich herausgestellt, daß er nicht ganz so tief ist. Nur wenige Meter unter der grauen Wasseroberfläche lagen ein, möglicherweise zwei Entdecker-Schiffe aus den Anfangsjahren des 18. Jahrhunderts. Dort gab es noch Spuren, die für jede Rekonstruktion der letzten Stunden oder Tage der *Albany* und *Discovery* äußerst wichtig waren und zusätzliche Informationen über das Schicksal der Expedition liefern konnten.

Eine Suche nach den Wracks war zwar als theoretische Möglichkeit erörtert worden, aber eigentlich hatte niemand mit ihrer Notwendigkeit gerechnet. Erst 1991, als bewiesen war, daß Knights Mannschaft mit genügend Proviant für eine Überwinterung ausgestattet gewesen war, erkannte Beattie die volle Bedeutung von Hearnes Bericht über das Schiff und die Schaluppe. Sie repräsentierten die letzte Beweiskette, und irgendwie war dies passend. Denn es entsprach dem Wunsch und der Initiative der Kapitäne James Knight, George Berley und David Vaughan sowie der Kraft und Geschicklichkeit ihrer Mannschaften, sich für die Durchführung ihres Unternehmens leichten und einfachen Booten anzuvertrauen und nicht großen, langsamen und schwerfälligen Seglern. Die *Albany* war bereits in den eisigen Strömungen der Hudson Bay gesegelt. Die *Discovery* befand sich auf ihrer Jungfernfahrt, als sie wie ihre

Namensvetterin, Henry Hudsons *Discovery*, eine Durchfahrt in den westlichen Ozean suchte. In seiner *Journey* berichtete Hearne, er habe »die Rümpfe, oder um genau zu sein, die Schiffsböden des Seglers und der Schaluppe« gesehen, »die in etwa fünf Faden Tiefe nahe dem Kopfende des Hafens im Wasser liegen«. Ihr dunkler Schlaf ist nie wirklich gestört worden. Sicher vor dem Zerstörungswerk der Holzwürmer und der zermalmenden Kraft des Eises würden sie in der Abgeschiedenheit der Bucht über die Jahrhunderte hinweg unverändert erhalten geblieben sein.

Der eigentliche Grund, warum James Knight 1719 nach Marble Island segelte, gehört zu den vielen Rätseln um den Untergang der Expedition. Noch ein Jahr zuvor war er ernsthaft krank gewesen, und es bestanden berechtigte Zweifel, ob er angesichts seines hohen Alters und seines schlechten Gesundheitszustandes überhaupt in der Lage sein würde, einen weiteren arktischen Winter zu überleben. Die schauerlichen Überreste der Jens-Munk-Expedition hatten Knight bekanntlich die Folgen einer unzulänglichen Vorbereitung vor Augen geführt. Auch die frühesten Reaktionen auf das Verschwinden der Expedition sahen den Grund für die Katastrophe nicht in Knights Entschlossenheit, seinen Schatz zu heben, sondern vermuteten einen Unfall und meinten, die *Albany* und *Discovery* seien möglicherweise bei ihrer Ankunft vor Marble Island vom Sturm gegen die Küste geschleudert worden und anschließend untergegangen. Dies deckt sich mit dem, was die Inuit-Knaben 1765 Moses Norton erzählt haben, nämlich »daß die beiden Schiffe im Herbst jenes Jahres vor Marble Island gestrandet sind, die Mannschaften aber heil an Land kamen«. Auch Hearne kam zu ähnlichen Schlußfolgerungen, nämlich daß die Schiffe Marble Island im Spätherbst erreicht hätten, wo das größere »bei dem Versuch, in den Hafen einzulaufen«, schwer beschädigt worden sei.

Keiner der beiden Berichte läßt sich jedoch ohne weiteres mit den tatsächlichen Gegebenheiten auf der Insel in Einklang bringen, wonach ganz offensichtlich nicht nur die Männer »sicher an Land gekommen« sind. Wie schwer auch immer die *Albany* beschädigt wurde, so war es doch immerhin möglich gewesen, Tonnen von Backsteinen, riesige Proviantvorräte, die Rahmenkonstruktion des Hauses und große Mengen an Kohlen aus dem Rumpf der Fregatte auszuladen. Zwar ist es möglich, daß die angeschlagenen Schiffe ins seichte Wasser am Kopfende des Hafens trieben und ihre Ladung gerettet werden konnte. Dem widerspricht jedoch die detaillierte Logbucheintragung Kapitän Joseph Stevens vom 23. Juli 1767, nach der die *Albany* und *Discovery* 48 Jahre zuvor ohne einen ernsten Zwischenfall den Hafen erreicht hatten. Stevens berichtet von der Entdekkung dreier Anker am Strand oberhalb der Wasserlinie sowie von mehreren Trossen, die vom Eis durchgerieben worden waren. Ein »10¼-Inch-Tau« befand sich angeblich noch in gutem Zustand, »zwei waren« seiner Ansicht nach »an mehreren Stellen vom Eis durchgescheuert worden, während das Schiff dort festgemacht hatte, ähnlich mehrere Stücke Schleppleine usw. im gleichen Zustand«. Eine kritische Beurteilung seiner Schlußfolgerung läßt es genauso logisch erscheinen, das Einlaufen der Expedition im Hafen nicht als ein Bild des Jammers zu sehen — den Beginn einer immer wieder erzählten Unglückssaga —, sondern als etwas weit weniger Dramatisches: das sichere Erreichen eines Winterquartiers.

Die Expedition muß den August und September 1719 damit verbracht haben, sich auf der Suche nach einer Passage an der Küste entlangzutasten, die sie aus der beginnenden Dunkelheit des arktischen Winters herausbringen sollte, bevor sie schließlich nach Marble Island segelte. Sehr wahrscheinlich hatte Knight aus dem *North-West Fox*, einem 1631 von Kapitän Luke Foxe veröffentlichten Bericht, von einer Bucht vor der Insel erfahren. Darin hieß es: »Es gibt dort, gebildet von kleinen Inseln, eine Bucht oder einen Hafen mit zwei Faden Wassertiefe bei Niedrigwasser, in den Schiffe bei jedem Wetter einlaufen können; er liegt auf der Ostseite«. Darüber hinaus schwärmte Foxe von zahllosen Wasservögeln und der Tatsache, »daß es auf dieser Insel auch Hirsche gab«. Selbst der weiße Stein schien sich ihm für einen praktischen Gebrauch anzubieten, denn er hielt »ihn für das gleiche Material, mit dem sie in Holland die Fußböden ihrer Häuser fliesen«. Heute ist seine Aussage, ein Schiff könne ohne Schwierigkeiten in die Bucht hineinfahren,

Forschungsreise in der Hudson Bay.

kaum verständlich. Selbst bei Hochwasser beträgt die Wassertiefe an beiden Zugängen nur einen Meter, und das wäre sogar
für die *Albany* eine unüberwindbare Barriere gewesen, eine
Fregatte mit extrem niedrigem Tiefgang, die speziell dafür
entworfen war, um in den seichten Albany River hineinsegeln
zu können. Ebenfalls wäre die kleine *Discovery* gescheitert.
Aber 1767 hielt Stevens es für möglich.

In gewisser Weise sind dies nicht mehr die Inseln, die Knight
und, 48 Jahre nach ihm, Stevens besucht haben, denn sie befin-
den sich geologisch in Bewegung. Während der letzten großen
Eiszeit haben riesige Eisschichten den Boden der heutigen
Hudson Bay heruntergedrückt. Mit dem Rückgang des Eises
und einer entsprechenden Abnahme des Drucks begann das
Land aufzusteigen. Dieser Prozeß, die »isostatische Ausgleichs-
bewegung«, findet seit zehntausend Jahren statt und ist für die
Entstehung von Marble Island und Quartzite Island ursächlich.
Heute beträgt diese Ausgleichsbewegung noch immer fast einen
Meter in hundert Jahren. Selbst in der geologisch unerheblichen
Zeitspanne, seit Knight und seine Leute die Inseln betraten,

haben sich diese um zwei Meter gehoben. Der daraus resultie-rende Rückgang des Hochwasserpegels hat natürlich auch den Charakter des Hafens entscheidend verändert. Hätten die Inseln 1719 bereits so ausgesehen wie heute, wäre es für die Schiffe unmöglich gewesen, in den Hafen hineinzukommen, und Knight wäre vielleicht an Marble Island vorbeigesegelt. In vieler Hinsicht war es jener Grenzhafen, der die Expedition in eine gefährliche Situation lockte.

Es mag »gute Gründe« gegeben haben, »anzunehmen, daß hier ein Schiff untergegangen ist«, aber Stevens fügt dem Puzzle nach seinem zweiten Besuch noch weitere Teile hinzu: Beob-achtungen, die sich nicht nur auf Wrackteile beziehen, sondern auf eine systematische Demontage eines oder mehrerer Schiffe, um das Baumaterial wieder zu verwenden. Auf der nahegelege-nen glatten Felsoberfläche fand er neben Bergen von Holzspä-nen erkennbare Teile von einem Schiffsrumpf, darunter Frag-mente einer Rüste, die an der Seite des Rumpfes in Wasserhöhe oder darüber angebracht wird. Stevens schrieb die Holzarbeiten den Schiffszimmerleuten zu, wenngleich ihm zumindest einiges nach »Arbeiten von Eingeborenen« aussah. Für Hearne, der den Ort ein paar Tage nach Stevens aufsuchte, ist die Sache dagegen klar. Für ihn stammen die Holzarbeiten ausschließlich von Knights Leuten, was sich mit seiner Schlußfolgerung deckt, daß nach dem ersten Winter die Überlebenden der Expedition »eifrig mit etwas beschäftigt waren, das sich nur schwer beschreiben ließ, wahrscheinlich der Verlängerung des Beiboo-tes; denn in geringer Entfernung vom Haus liegt jetzt eine große Menge Eichenspäne, die höchstwahrscheinlich von Schiffszim-merleuten stammt.«

Aber Stevens Bericht vom Umfang der Demontage, wozu auch »Teile ihres Schnitzwerks« und »die Stufen von ihrer seitlichen Bordwand« gehörten, sowie die zerbrochenen Anker-schäfte und die Entfernung der Ankerringe durch »die Eingebo-renen oder sie selbst«, spricht für ein weit ehrgeizigeres Unter-fangen als die Verlängerung eines Beibootes. Außerdem bestand hierfür kaum Veranlassung. Berücksichtigt man, daß sich die Zahl der Engländer angeblich nach dem ersten Winter »stark verringert« hatte, und die Knight-Expedition für den

Walfang ausgerüstet war, so dürften die Überlebenden über genug kleine Boote verfügt haben, mit denen sie leicht hätten entkommen können. Dokumente der Company belegen, daß selbst die *Discovery* ein eigenes Beiboot besaß.

Nun ging es darum, auf den Grund der Bucht zu tauchen, und das Vorhandensein sowie die Beschaffenheit der beiden Expeditionsschiffe Knights festzustellen. Das einzige Beweisstück, das man während der bisherigen Ausgrabungsarbeiten gefunden hatte, war ein Pfosten zur Abstützung eines Schiffsdecks. Aber es war bekannt, daß es noch weit mehr geben mußte. 1971 hatten Taucher die *Albany* am Kopfende des Hafens entdeckt und damit die Genauigkeit von Hearnes Bericht bestätigt, obwohl eine plötzlich auftretende Überlagerung mehrerer unterschiedlich temperierter Wasserschichten die Sicht »auf ein Gewirr hölzerner Umrisse, die aus dem trüben Schlamm herausragten«, erheblich trübte.

Immerhin ertasteten die Taucher ein Schiff von etwa zwanzig Meter Länge. Es lag auf der Seite, wobei das Heck etwa fünfzehn Meter vom südöstlichen Ufer der Bucht entfernt war. Seine Ausmaße deuteten darauf hin, daß es sich um das größere der beiden Schiffe handeln mußte, die achtzig Tonnen schwere *Albany*. Unbekannt blieben Art und Umfang der Beschädigung und − genauso bedeutsam −, ob sich die *Discovery* ebenfalls dort befand und wodurch sie − wenn überhaupt − beschädigt worden war. Kapitän David Vaughan hatte den ausdrücklichen Befehl, »insbesondere rechtzeitig umzukehren, bevor sie in Gefahr geraten einzufrieren« − aber nur für den Fall, daß die Schaluppe von dem größeren Schiff getrennt wurde, da die *Albany* den Hauptteil des für eine Überwinterung notwendigen Proviants an Bord hatte. Die *Discovery* stellte für Hearne ein besonderes Problem dar, da er nicht mit einem zweiten Wrack gerechnet hatte, nachdem ihm seine Informanten nichts über eine Beschädigung der Schaluppe berichtet hatten. Auch für die jüngsten Untersuchungen war sie zu einem Problem geworden, denn wenn die *Discovery* nicht in der Bucht lag, würde dies der ganzen Angelegenheit ein völlig neues Gesicht geben.

Als technischer Berater bei den 1991 und 1992 durchgeführten Unterwasseruntersuchungen schloß sich Andy Cameron, ein

Wissenschaftler von der United State's National Aeronatics and Space Administration, dem Projekt an. Don Palfrey, ein erfahrener arktischer Taucher, übernahm die Führung vor Ort, und Jeff Gilmour assistierte bei der Planung. Palfrey war unter anderem auch Kommodore des etwas ungewöhnlichen Rankin Inlet Yacht Clubs, einer Organisation ohne Flotte, aber mit einer eindrucksvollen Liste von kommunalen Dienstleistungen. Als Verstärkung der Mannschaft trugen die drei dazu bei, seit langem verschüttete Informationen über das Schicksal der Knight-Expedition wieder ans Licht zu holen.

Die nüchterne Sachlichkeit der archäologischen Unterwassersuche täuschte über ihren Zweck, die Ortung zweier seit Jahrhunderten in ihrer eisigen Erstarrung eingeschlossenen Schiffe und der mit ihnen verknüpften menschlichen Tragödien. Selbst die eisigen grauen Wassermassen schienen die Bedeutung der hier stattgefundenen Katastrophe herabzuspielen. In ihrer Stummheit spiegelten sie eher die Monotonie des regelmäßigen Hin und Her des kleinen Bootes, das mit einem Echolot ausgerüstet Bahn für Bahn die Bucht absuchte. Sobald irgendwelche Unregelmäßigkeiten geortet wurden − gewöhnlich waren es Veränderungen am Boden − wurden diese von den Tauchern untersucht. Erstaunlicherweise wurde 1991 kein Echolot benötigt, um den Schatten der *Albany* zu lokalisieren. Die eingeschränkte Sicht unter Wasser vermittelte das Gefühl, in dichte Wolken einzutauchen. Palfrey berichtete beim Auftauchen, er habe das Boot zuerst nicht gesehen, sondern »sei mit dem Knie dagegengestoßen«. Bei seinen weiteren Untersuchungen wurde der im Wasser schwebende Morast so weit aufgewirbelt, daß er sich zerstreute. Der Unterwassernebel verschwand, und nun konnte man vom Boot aus in vier bis fünf Meter Tiefe James Knights Flaggschiff, die *Albany*, sehen.

Zuerst war sie fast nicht zu erkennen. Beattie starrte hinab in die Bucht, sah aber nur gespenstische, aus dem Dunkel aufsteigende Ranken, die sich langsam in der träge fließenden Strömung wiegten. Dann begannen große, unregelmäßige Schatten Form anzunehmen, als sein Blick tiefer hinabglitt. Schließlich verdichteten sich die dunklen, eckigen Schatten zum Skelett eines Schiffes, das sich von dem oliv-grünen Boden eben noch sichtbar abhob. Der Rumpf – ungefähr der einer Fregatte von achtzig Tonnen – lag auf seiner Backbordseite fast senkrecht zum südlichen Hafenufer, wo Steine einen natürlichen Kai bilden. Das Heck befand sich in nächster Nähe der südöstlichen Grenze der Bucht; der Bug war einst in den vorherrschenden Nordwestwind gerichtet gewesen. Daß man es noch in diese Position hatte bringen können, war möglicherweise ein weiterer Beweis für seine Fahrtüchtigkeit. Trotz der langen Zeit, die seit seinem Untergang vergangen war, war der Rumpf von Knights Flaggschiff erstaunlicherweise weitgehend intakt, wenn auch in zwei nebeneinanderliegende Teile zerbrochen.

Es war nicht möglich, bei einer nur oberflächlichen Prüfung die genaue Ursache für das Auseinanderbrechen des Schiffs festzustellen. Immerhin gab es keine Anhaltspunkte für einen Riß oder ein Leck, die darauf hingedeutet hätten, daß der Rumpf durch einen Unfall auseinandergebrochen wäre, wie etwa durch das Auflaufen auf einen Felsen oder durch eine Untiefe. Zwar mag das Schiff beim Einlaufen in den Hafen beschädigt worden sein, aber es machte keineswegs den Eindruck, als ob es gesunken sei oder man es in aller Eile hätte entladen müssen. Eher sah es so aus, als sei die *Albany* auseinandergebrochen, nachdem man sie auf Grund gesetzt hatte. Was sofort auffällt, ist das Ausmaß, in dem das Schiff ausgeplündert wurde. Der größte Teil des erhöhten Achterdecks und der Back fehlt. Auch einige Planken des Mitteldecks sind herausgerissen. Auf der Steuerbordseite ragen die Spanten heraus, wo die Planken entfernt wurden, und geben dem Schiff ein unheimliches, skelettartiges Aussehen.

Hingegen die *Discovery* blieb weiterhin verschwunden. Als 1992 die Suche nach ihr gezielt aufgenommen wurde, verschlechterte sich auch noch das Wetter und machte das gesamte Unternehmen noch schwieriger. Extreme Kälte, Regengüsse und eine schlechte Sicht unter Wasser erschwerten die Arbeit. Auch die wiederholte Suche mit dem Echolot ergab nichts, das in irgendeiner Weise der Schaluppe ähnelte, weder am Kopfende des Hafens noch weiter draußen. Nach mehreren Tagen vergeblichen Forschens sah sich das Team mit der Möglichkeit konfrontiert, daß die *Discovery* überhaupt nicht in der Bucht lag; ein Ergebnis, das die Lösung des Rätsels um die Knight-Expedition noch schwieriger gemacht hätte. Dann wurden bei einem weiteren Versuch südwestlich von der *Albany* mehrere Unregelmäßigkeiten am Boden entdeckt, die jedoch kaum Ähnlichkeit mit Decksaufbauten oder anderen Wrackteilen hatten. Die Sicht war gleich null, und die Taucher konnten die Umrisse nur erfühlen. Palfrey beschrieb das Ergebnis in seinem Bericht, »als ob man sich im Dunkeln an einem Treppengeländer entlangtastete«.

Trotz der Schwierigkeit, in einer Tiefe von 3 bis 4,5 m arbeiten zu müssen, lokalisierten Palfrey und Gilmour zwei sich gegenüberliegende viereckige Hartholzrippen, die fast senkrecht vom Boden aufragten. Der obere Teil der Rippen, der etwa 10 x 10 cm maß, schien — möglicherweise vom Eis — abgeschlagen worden zu sein. Am Boden waren sie durch Planken verbunden, die unter dem Schlamm verschwanden. Am zweiten Tag entdeckte das Echolot zwei weitere Rippen, in einer Linie mit den anderen, alle im gleichen Abstand. Die Planken und Rippen schienen einen leichten Bogen zu beschreiben, der dem Rumpf eines kleinen bis mittelgroßen Schiffes entsprach, der Größe der *Discovery*. Bald darauf stieß Gilmour auf einen »Stumpf« von 45 cm Durchmesser, der 60 cm aus dem Schlamm der Bucht herausragte. Nach seiner Größe und Anordnung im Verhältnis zu den Rippen handelte es sich mit an Sicherheit grenzender Wahrscheinlichkeit um den unteren Teil eines Mastes, der an einer weit größeren Konstruktion unter dem Schlamm befestigt war.

Im August 1992 verschlechterte sich das Wetter sehr schnell und machte eine weitere Untersuchung unmöglich, auch wenn eigentlich noch ergänzende archäologische Unterwasserforschungen nötig gewesen wären, um die Wrackteile definitiv zu identifizieren und zu einem endgültigen Urteil über ihren Zustand zu kommen. Lage und Umfeld des gefundenen Wracks ließen jedoch kaum einen Zweifel, daß es sich um die verschwundene *Discovery* handelte. Angesichts der Ausrichtung der *Albany* würde auch die Ankerposition der Schaluppe — mit dem Bug in Richtung Strand — den Gewohnheiten der damaligen Zeit entsprochen haben: Ankerten die Schiffe selbständig nebeneinander, so zeigte ihr Bug stets in die vorherrschende Windrichtung, machte dagegen ein kleineres Schiff an einem größeren fest, so nahm es häufig die umgekehrte Position ein: Das kleinere legte dann Bug zu Heck an dessen Leeseite an.

Nicht nur das: Auch die *Discovery* war wie die *Albany* ausgeschlachtet worden. Die Taucher mußten ihre Masken dicht an die Oberseite des Maststumpfes pressen, um etwas zu erkennen. Sie gewannen den Eindruck, als sei er »abgehauen« worden, was an die 1722 von Kapitän John Scroggs gemachte Entdeckung erinnerte, der aus dem Meer vor Marble Island den unteren Teil eines Schiffsmastes gefischt hatte, »abgebrochen in etwa fünf Fuß Höhe über Deck«. Wie man weiß, hatte Scroggs im Juli desselben Jahres auf der Insel nach weiteren Wrackteilen gesucht und war dabei auf ein Inuit-Camp gestoßen, wo er unter anderem Teile der Kabinenverkleidung und Schiffssparren gefunden hatte, »die zu Zeltstangen verarbeitet waren« sowie »mit Segeltuch gedeckte Zelte«. In den Jahrhunderten der Erforschung der Arktis gab es nur wenige Ereignisse, die den Eingeborenen einen wahren Schatz an seltenen und exotischen Materialien bescherten, und wenn, dann handelte es sich unweigerlich um verlassene oder gestrandete Schiffe.

Einer dieser Fälle ereignete sich 1853, als das Franklin-Suchschiff, die HMS *Investigator*, in der Mercy Bay vor der nordöstlichen Banks Island aufgegeben wurde. Die Ausschlachtung des Schiffes und die Verteilung der Beute veränderte drastisch das Leben der Kupfer-Inuit der westlichen Arktis. Plötzlich waren sie durch den Besitz riesiger Mengen Rohmaterials »reich« geworden. Sie nutzten diesen Reichtum für den täglichen Gebrauch und zu dekorativen Zwecken, aber auch als Geschenke und wertvolles Handelsgut. Sie selbst, ihre Umgebung und ihre Handelspartner wurden durch diesen »Segen« auf Jahrzehnte kulturell und sozial stark beeinflußt, bis die Materialien in alle Himmelsrichtungen verstreut waren und die Quellen versiegten.

Die *Albany* und *Discovery* bedeuteten eine ebenso reiche Beute. Scroggs Bericht illustrierte sehr deutlich, daß alles, was die Mannschaften aus dem Schiff herausgeholt hatten – das Material zum Bau und der Inhalt des Hauses sowie die Schiffe selbst –, das Leben der Eingeborenen auf Jahre hinaus grundlegend verändert hatten, und zwar noch Jahrzehnte, nachdem die Mitglieder der Expedition umgekommen waren. Wie Hearne unter diesen Umständen fast fünfzig Jahre nach dem Unglück zu dem Schluß kommen konnte, die Eichenspäne »stammten höchstwahrscheinlich von Schiffszimmerleuten«, ist schleierhaft.

So exakt Hearne bei seiner Schilderung der gesunkenen Schiffe ist, und zwar nicht nur bei der Beschreibung ihrer Lage im Kopfteil des Hafens, sondern auch in seiner Wortwahl – »die Rümpfe, oder genauer gesagt, die Böden des Schiffes und der Schaluppe« –, so anfechtbar sind seine Schlußfolgerungen über die Ursache der Beschädigung. Es gibt bisher absolut keinen Beweis, um seine Theorie zu stützen, die Expeditionsmitglieder hätten die Planken geborgen, um sich ein Boot für ihre Flucht zu bauen, und es gibt keinen Hinweis, daß dies überhaupt nötig gewesen war.

Es ist ein etwas beängstigender und fürchterlicher Gedanke, nach vier Sommern peinlich genauer, manchmal mühsamer Forschungen nach dem Verschwinden der Knight-Expedition vor der Tatsache zu stehen, daß allem Anschein nach nicht nur genügend Proviant für die Überwinterung von vierzig Leuten vorhanden gewesen war, sondern man darüber hinaus eins der Schiffe, wenn nicht beide, fahrbereit und im Hafen verankert aufgegeben hatte.

11

Eine Reise ins Nordmeer

Hearne beschrieb den Untergang der Knight-Expedition mit einer solchen Eindringlichkeit und trug seine eigenen Erinnerungen und die seiner Informanten so überzeugend vor, daß sie mehr als zweihundert Jahre lang für bare Münze genommen wurden. Seine Schilderung war nicht nur glaubwürdig, man wollte sie auch glauben. Die malerische Beschreibung der beiden letzten Überlebenden suggerierte das Bild unerschrockenen Mutes angesichts eines ungewissen Schicksals, des geduldigen Ausharrens gegen jedes bessere Wissen. Ein viktorianischer Stich zeigt die zerlumpten letzten Überlebenden: der eine verzweifelt, den Kopf in die Hände vergraben, der andere Ausschau haltend, nicht aufgebend, und darunter die Worte: »Keine Hoffnung!«. Im gleichen Geist beendet Frederick Whymper 1875 seinen bewegenden Bericht, *Heroes of the Arctic,* mit einem strengen Vortrag an eine Generation englischer Schuljungen über »die Ernsthaftigkeit in der Lebensführung«. Es war nicht die einzige Lektion aus Hearnes kundiger Rekonstruktion der Knight-Katastrophe. Es gibt wenig Berichte, die die Tollheit so deutlich unterstreichen, mit der er seinen Plan faßte und daran ging, den Norden zu erobern.

Hearnes Überzeugungskraft lag in dem Vorteil, daß er sich auf detaillierte Angaben der einheimischen Eingeborenen stützen konnte, Zeugen, die vermutlich über ein gemeinsames Wissen um das Schicksal der Knight-Expedition verfügten. Aussagen von Inuit, wie sie zum Beispiel auch Dr. John Rae 1854 bei der Durchforschung der Halbinsel Boothia über das Ende John Franklins erhielt, haben sich als unschätzbare und in der

191

Regel präzise Informationsquelle erwiesen. Dennoch haben manche Hearnes Schilderung bereits früher gelegentlich widersprochen, so der Historiker Arthur S. Morton, der versucht hat, sie mit der Aussage Scroggs in Übereinstimmung zu bringen. Morton stimmte zwar Hearnes Schilderung vom Tod der meisten Männer zu, meinte aber, die letzten Überlebenden seien wahrscheinlich von den Inuit beseitigt worden, die es auf den Reichtum an Eisen und Holz abgesehen hatten. Morton sah in Hearnes Vermutung, der letzte Überlebende sei der »Waffenmeister oder Schmied« gewesen, den Beweis dafür, daß die Inuit ein paar der Expeditionsmitglieder − wie eben den Schmied − noch einige Zeit am Leben gelassen hätten, damit sie Werkzeuge für die Sieger anfertigten. Wo immer man jedoch bei Hearnes Bericht ein ungutes Gefühl hat, bezieht sich dies stets auf das, was ihm die Inuit erzählt haben, »denen man es nachsehen möge, wenn sie ihre hitzigen Landsleute als Wohltäter darstellen«, nie auf seine eigenen Beobachtungen.

Fort Prince of Wales nach einer Skizze von Samuel Hearne.

Allgemein wird angenommen, Hearne habe quasi nur als Stenograph fungiert, als er die lebendige Darstellung der Tragödie auf Marble Island in die Einleitung zu *A Journey From Prince of Wales's Fort in Hudson's Bay To The Northern Ocean* aufnahm — ein anerkanntes Meisterwerk unter den frühen Entdeckerberichten. Dies mag durchaus der Fall sein. Dennoch bleibt das Problem einer Diskrepanz zwischen dem Inhalt von Hearnes Einleitung und einer bezeichnenden »Lücke« in den Logbucheintragungen der Schaluppenkapitäne auf Marble Island im Jahr 1769. Beide erwähnen mit keinem Wort, daß dort letztlich die Lösung für das geheimnisvolle Verschwinden der Expedition zu finden sei: 1767 befragte Magnus Johnston einige Inuit aus jener Gegend und vermerkte anschließend, er habe über ihr Schicksal »bisher nichts herausfinden können«. Joseph Stevens, der in seinem Schiffsjournal die Entdeckung des Fundortes seitenlang und erschöpfend beschreibt und der im darauffolgenden Jahr auch die Fundstellen der Relikte eingehend schildert, schweigt, wo es um das Schicksal der Expedition geht. Und schließlich findet sich auch nirgends ein Hinweis, daß Hearne selbst — immerhin ein gewissenhafter und ehrgeiziger Company-Angestellter — jemals irgendeinen seiner Vorgesetzten über seine Informationen in Kenntnis gesetzt hätte, nicht einmal Moses Norton, den Verwalter von Fort Prince of Wales, dessen ganz besonderes Interesse am Schicksal der Knight-Expedition klar aus seinem eigenen Journal hervorgeht. Es gibt einiges, das wir niemals wissen werden. Nicht zuletzt gehört zu den Rätseln um die Knight-Expedition die lange und nicht zu erklärende Zeitspanne, die verging, bevor Samuel Hearne seine Informationen über die Katastrophe veröffentlichte. Immerhin hat er gut zwanzig Jahre geschwiegen, bevor er die Szene 1790 in der Einführung zu seiner *Journey* beschrieb.

Hearnes berühmte Überlandreisen quer durch die Barren Lands zum nördlichen Ozean in den Jahren 1769 bis 1772 gingen auf Knights eigene Pläne zurück. Die indianischen Berichte über entfernte Kupferminen verstummten auch nach Knights Tod nicht. Jene, die seine Nachfolge als Governor der Hudson Bay antraten, James Isham und Moses Norton, verfielen den Erzählungen vom Erzreichtum ganz genauso. Isham erkundigte sich in den 1740er Jahren, »wie viele Monde ein Engländer unterwegs sein würde, um dorthin zu gelangen«. Norton ging

1762 selbst auf die Suche nach einer Nordwest-Passage, deren erfolgreiche Durchquerung noch immer als einzige Möglichkeit galt, an die Erzvorkommen zu gelangen. Nortons erlitt seine erste Niederlage, als er seinen Kutter nicht in die legendäre Passage, sondern in den Baker Lake steuerte. Aber er gab nicht auf und sandte später zwei Indianer aus, Matonabbee und Idotlyazee, um »den größten Fluß im Norden« bis an seine Quelle zu verfolgen. Die beiden kehrten nach einigen Jahren mit Kupferproben zurück und »einer Zeichnung von der Küste«, auf der die Lage der Kupferminen eingetragen war. Anhand dieser Informationen überredete Norton die Company, noch einmal eine Expedition zur Entdeckung der Kupferminen und der Nordwest-Passage zu genehmigen. Diese Expedition sollte endlich das Ziel erreichen, von dem Knight geträumt, dessen Erreichung ihm aber versagt blieb.

Samuel Hearne, der gerade mit seiner Schaluppe von Marble Island zurückgekehrt war, wurde 1769 von Norton dazu bestimmt, eine Überlandreise zu einem entfernten Fluß anzutreten, der angeblich »mit Kupfererz angefüllt« war. Für dieses große und beschwerliche Unternehmen wurde Hearne der Obhut eines Zauberers, oder Medizinmannes, der Chippewas anvertraut, der die Mineralvorkommen indessen nie selbst gesehen hatte. Seine besonderen Talente bestanden dann auch eher darin, Wege zu finden, die Hearne um seinen Besitz brachten. Hearne verließ Fort Prince of Wales im November 1769 unter siebenfachem Geschützsalut. Innerhalb eines Monats wankte er ins Fort zurück. Irritiert über die schnelle Rückkehr der Expedition organisierte Norton einen erneuten Versuch. Diesmal beschränkte sich die Verabschiedung auf drei Hochrufe. Die zweite Reise endete ebenso unrühmlich, nachdem Hearne an einer Stelle feststellte, daß sie »sich total verlaufen hatten«.

Nach einem erbitterten, obgleich gerechtfertigten Streit mit Norton über die Wahl seiner Begleitung startete er seinen dritten Versuch schließlich zusammen mit dem Chippewa-Häuptling Matonabbee. Unter der Führung dieses Mannes, dem Hearne Fähigkeiten und einen Charakter attestierte, die »von den berühmtesten Männern unserer Zeit nicht übertroffen werden«, und indem er sich völlig der Lebensweise seiner

Reisebegleiter anpaßte, durchquerte Hearne die gesamten Barren Lands. Er wurde Zeuge großer und böswilliger Grausamkeiten und erlitt schwerste Mühsal und Entbehrungen, während er die ganze Zeit über eine Wildnis kartographierte und beschrieb, die ein Weißer erst wieder im 20. Jahrhundert betreten sollte. Seine *Journey* ist voll von Schilderungen seltsamer Lebensformen und Phänomene. Er beschreibt, er habe gefrorene Frösche gesehen, die, eingewickelt in ein warmes Fell und in die Nähe eines kleinen Feuers gebracht, wieder zum Leben erwachten. Er äußerte sein Erstaunen über andere, die eine *Aurora borealis* gesehen hatten, ohne die ihre Strahlen begleitenden Hintergrundgeräusche zu erwähnen, ein »Rauschen und Knattern, wie das Wehen einer großen Fahne in einer frischen Brise«. Und er berichtete über die Bräuche, die Spiritualität der Eingeborenen, denen er begegnete, während er sich selbst ständig weiter von seiner eigenen Welt fortbewegte: hin zum Coppermine River, der Küste des nördlichen Ozeans und schließlich zu den sagenhaften Kupferminen.

Ein halbes Jahrhundert nach Knights Tod hatte endlich ein Europäer die Minen erreicht, von denen Hearne berichtet, die Eingeborenen hätten sie ihm als so reich und wertvoll geschildert, »daß man, würde man eine Faktorei am Fluß errichten, die Schiffe statt mit Steinen mit Erz beschweren könne«. Vielleicht weil dieser Bericht in keiner Weise dem entsprach, was er tatsächlich vorfand, machten die von Hearne und seinen Begleitern vorgenommenen Untersuchungen einen etwas dürftigen Eindruck. Der tatsächlichen Suche nach Kupfer widmeten sie weniger als vier Stunden und Hearne weniger als eine Seite in seinem Tagebuch. Vielleicht ist es Hearnes intellektuellen Interessen zuzuschreiben, daß er das Ziel seiner Reise, die Kupferminen, nur nebenbei erwähnt, sein Tagebuch aber der Betrachtung des Glaubens seiner indianischen Gefährten mindestens ebensoviel Platz einräumt, die »annehmen, daß jedes Stückchen Kupfer, das sie finden, einem Gegenstand in der Natur entspricht«, wie zum Beispiel einem Hasen. Hearnes dürftige Erwähnung der Kupferminen in seinem Bericht ist bezeichnend, zumindest hinsichtlich dessen, was er vorfand. Nach dem, was man ihm erzählt hatte, »waren die Berge völlig aus jenem Metall gefügt, alles in handlichen Brocken, wie ein Berg Kieselsteine«.

Nun, so außergewöhnlich die geographischen Erkenntnisse der Expedition waren, so niederschmetternd war das Ergebnis der Erzausbeute – es wurde nur ein einziges erwähnenswertes Stück gefunden, das zudem weniger als zwei Kilo wog. Es gab zwar natives Kupfer in unbekannter Menge, aber Hearnes größter Erfolg bei seinen Schürfversuchen bewies lediglich, daß ein Abbau bei den großen Entfernungen wirtschaftlich unrentabel war. Als er im Juni 1772 zum Fort Prince of Wales zurückkehrte, war dies das Ende einer sensationellen, zweijährigen Reise in das Innere des Kontinents, die zu den ganz großen Heldentaten der Entdeckungsgeschichte des Nordens gehört.

Trotz seines mageren Resultats belohnte die Company Hearne 1776 bekanntlich mit der Leitung des von Knight gegründeten Fort Prince of Wales, Englands nördlichstem Außenposten in Amerika. Allein durch seine Abgelegenheit schien dieses Fort vor dem Unabhängigkeitskrieg sicher, jener Feuerbrunst, die zur gleichen Zeit die amerikanischen Kolonien auf den niedriger gelegenen Breitengraden verschlang. Selbst wenn die Rebellen vor seinen Toren aufgetaucht wären, so hätte ihnen Fort Prince of Wales mit seinen Mauern und seinen vierzig Kanonen den Eindruck der Unbesiegbarkeit vermittelt. Es waren jedoch nicht die rebellierenden Kolonisten, die in der Hudson Bay erschienen, sondern ihre französischen Verbündeten, die mehr als nur ein vorübergehendes Interesse an dieser Region bewahrt hatten. Im August 1782 brachte der Comte de la Pérouse eine gewaltige Flotte in Reichweite des Forts. Nachdem die Truppen gelandet und man die Vorbereitungen für eine Bombardierung abgeschlossen hatte, forderte La Pérouse die Pelzhändler zur Übergabe auf. Da er seine Position entgegen dem äußeren Anschein für unhaltbar hielt, beeilte sich Hearne, die Übergabebedingungen auszuhandeln. Von seinen persönlichen Dingen nahm man ihm diesmal nichts weg, außer dem Manuskript seiner *Journey* und natürlich sein Kommando über Fort Prince of Wales.

Die englischen Pelzhändler nahm man in Gefangenschaft, und das steinerne Fort wurde von den Franzosen zerstört, um seine englischen Besitzer gezielt wirtschaftlich zu schädigen. Das Schicksal des Manuskripts war etwas anderes. La Pérouse beschlagnahmte es in der Meinung, es sei Eigentum der Company und gehöre als solches zur Kriegsbeute. Beim Durchblättern des Textes entdeckte er jedoch darin eine Art von Ritterlichkeit, nicht unähnlich der, die er bescheiden auch für sich selbst in Anspruch nahm, und gab Hearne das Manuskript unter der Bedingung zurück, es zu veröffentlichen. Der besiegte Governor kehrte nach Hause zurück, um zu entdecken, daß man ihn nicht etwa wegen seiner Niederlage mit Verachtung empfing, sondern im Gegenteil als Helden feierte: Die Legende über seine Heldentaten als Entdecker hatte sich in seiner Abwesenheit weiter verbreitet, und seine geographischen Erkenntnisse hatten sogar die Weisungen an Kapitän James Cook für seine schicksalhafte dritte Reise beeinflußt.

Hearne kehrte später noch einmal in die Hudson Bay zurück, um am Churchill River einen neuen Handelsposten zu errichten. Aber sein Gesundheitszustand verschlechterte sich und zwang ihn, sich 1787 in London zur Ruhe zu setzen – und sein schwindendes Einkommen beflügelte sein Interesse an einer Veröffentlichung seiner *Journey*. Trotz der Gepflogenheiten der Company, Geschäftsangelegenheiten strikt geheimzuhalten, gewährte sie Hearne für die Abfassung seines Vorworts den Zugang zu ihren Archiven. Hier nun erfuhr er schließlich Näheres über die Reisen von Knight und Scroggs und hatte zweifellos auch Zugang zu den Informationen, die Moses Norton 1765 von den beiden Inuit-Jungen über das Schicksal der Knight-Expedition erhalten hatte. Hearne schrieb sein Vorwort gerade zu der Zeit, als Alexander Dalrymple, ein bekannter Geograph, eine Streitschrift veröffentlichte, in der er die Präzision von Hearnes Kartographie der Barren Lands anzweifelte und abermals die Möglichkeit einer Nordwest-Passage erwog. Kurz darauf unternahm Kapitän Charles Duncan einen erneuten, von der Company finanzierten Versuch, die damit ihre Aufgeschlossenheit für Entdeckungen demonstrieren und dem durch erneute Kritiken entstandenen Druck entgegenwirken wollte.

Ebenso wie dieses Reise dienten Hearnes Einleitung und die Herausgabe seines Journals nicht nur der eigenen Verteidigung, sondern zugleich auch dem Schutz der Company vor »der grundlosen und ungerechten Verleumdung«, sie sei »gegen Entdeckungen jeder Art ... und zufrieden mit den Profiten ihres kleinen Kapitals«. Früheren Kritikern an der Company, darunter Arthur Dobbs, Henry Ellis und Joseph Robson, warf er »finanzielle oder Rachemotive« vor. In seiner *Journey* unterstreicht Hearne nochmals die Unvernunft jener, die noch immer an eine Nordwest-Passage in der Hudson Bay glaubten – ein Streit, den er sich zu Recht bemühte, »ein für alle Mal zu beenden«.

· Der Geologe J. B. Tyrrell, der 1911 eine Neuauflage von Hearnes *Journey* herausgab, bemerkte dazu, daß dieser zwar seine eigenen Beobachtungen sehr exakt wiedergebe, »sich aber in der Hitze der Diskussion, sobald er sich angegriffen fühle, leicht zu Übertreibungen hinreißen lasse, um seinen Argumenten mehr Gewicht zu verleihen, wobei er ›Lücken‹ in seinem Bericht mit Phantasie fülle«. Tyrrell verweist auf diese Eigenart insbesondere im Hinblick auf seine beleidigende Charakterisierung Moses Nortons. Es ist Hearne zu verdanken, daß Norton noch heute unter anderem als selbstsüchtiger Wüstling, notorischer Schmuggler und polygamer Mörder gilt. Nortons krankhafte Eifersucht hatte ihn danach zum Mord an zwei Frauen getrieben, »weil er glaubte, sie hätten sich anderen Männern zugewandt, die ihrem Alter eher entsprachen«, und noch in seinem Todeskampf im Dezember 1773 hatte er einem Offizier gedroht, der die Hand seiner Geliebten ergriffen hatte: »Falls ich am Leben bleibe, schlage ich dir den Schädel ein.«

Nach Hearne ist er wenige Augenblicke nach diesem »geschmackvollen Ausspruch unter den größten Qualen gestorben, die man sich nur vorstellen kann«. Hearne, der sich durch keinerlei Skrupel an einer runden Verleumdung gehindert fühlte, faßte seine Charakterisierung Nortons dahin zusammen, er sei, schlicht gesagt »dafür bekannt gewesen, in offener Verachtung gegenüber jeglichem Recht zu leben, menschlichem wie göttlichem«.

Diese Tendenz, einem Argument durch Übertreibung Nachdruck zu verleihen, zeigt sich mit Sicherheit ein weiteres Mal, als er bei der Verteidigung der Company gegen alle Beweise den

Standpunkt vertrat, »die Company war« nach Knights Verschwinden »über sein Wohlergehen sehr beunruhigt« und habe Scroggs den Befehl gegeben, »ihn zu suchen«. Als ob ihm dies nicht ausreichte, fügte Hearne noch hinzu:

»Die absolute Überzeugung, die damals in Europa bezüglich der Möglichkeit einer Nordwest-Passage durch die Hudson Bay herrschte, ließ viele vermuten, daß die Herren Knight und Barlow (sic) diesen Durchlaß gefunden hatten und über Kalifornien in die Südsee gelangt waren. Viele Jahre vergingen, ohne daß irgendein überzeugender Gegenbeweis auftauchte . . .«

Um diese Behauptung zu untermauern, ging Hearne mit leichter Hand über Scroggs Entdeckung der Überreste der Knight-Expedition hinweg und behauptete, sie »entsprachen kaum dem, was bei einem unbedeutenden Unfall an Schaden entsteht«. In Wahrheit hatten Scroggs Entdeckungen den Beweis für den Untergang der Expedition geliefert. Auch dauerte es nicht »viele Jahre«, bis sich die Company den Verlust ihrer Schiffe eingestand. Die *Albany* und die *Discovery* wurden bereits im September 1722 in den Geschäftsbüchern gestrichen, als »untergegangen im Norden der Hudson Bay«. Damit stellt sich die Frage, ob sich solche ›Korrekturen‹, die offensichtlich dazu dienten, die soziale Haltung der Company herauszustreichen, auch auf Hearnes eigenen Beobachtungen auf Marble Island erstrecken.

Die herrschende Tendenz, Hearnes *Journey* historische Autorität zu verleihen, unterstellt, daß es sich um einen nüchternen Erfahrungsbericht handelt. Dabei wird sowohl Hearnes eigene Absicht wie die seines Verlegers übersehen, den gewinnbringenden Markt für solche Reiseschilderungen zu nutzen. Hearne wurde für seine *Journey* mit 200 £ großzügig bezahlt, aber sein Honorar beinhaltete »die Gotisierung« seiner Heldentaten, wobei Einzelheiten seiner Reise, soweit sie den damaligen Literaturgeschmack störten, angeglichen oder seine Erinnerungen zumindest etwas »geschönt« wurden. Hearne verkaufte das Manuskript kurz vor seinem Tod im November 1792, wobei er anerkannte, daß »jener Person, die das Werk für den Druck vorbereitet, alles Vernünftige erlaubt sein soll«. Wie weit diese Vernunft in den auf Hearnes Tod folgenden Monaten und gegenüber der älteren, hinterlassenen Publikation seiner *Journey* aus dem Jahr 1795 strapaziert wurde, ist ungewiß.

Menschliche Überreste am Bloody Fall. Ausschnitt einer Zeichnung von Lieutenant George Back, Royal Navy, aus dem Jahre 1821.

Durch eine Analyse der Abweichungen zwischen Hearnes Tagebuchnotizen, einem frühen Entwurf der *Journey* und dem schließlich veröffentlichten Text hat der Literaturhistoriker J. S. MacLaren überzeugend nachgewiesen, daß zumindest die berühmteste Stelle in Hearnes Buch verfälscht wurde: das Massaker am Bloody Fall, wo Hearne angeblich hilflos der Ermordung einer Gruppe schlafender Inuit durch seine indianischen Begleiter zusehen mußte. Nach seinen Tagebuchaufzeichnungen hatten die Angreifer »jeden erschlagen, bevor er sich nur erheben konnte«. Aber als Hearnes Manuskript in Druck ging, war die Stelle geändert worden, um die Spannung zu erhöhen. Eingefügt war die Schilderung vom entsetzlichen Ende einer jungen Frau: durchbohrt von einem Speer, »umschlang sie meine Beine«. Nachdem sich Hearne aus der Umklammerung der Sterbenden befreit hatte, endete die gräßliche Episode damit, daß sich die Frau »wie ein Aal« auf dem Boden wand.

MacLaren argumentiert: »Niemand − weder Mann noch Frau, nicht einmal eine ›gotisierte‹ Heroine − konnte die Beine des Zuschauers Hearne umschlungen haben −, es sei denn, die Inuit hätten sich verteidigt oder wären vor ihren Angreifern geflohen. Wenn die Tagebucheintragung korrekt ist, taten sie weder das eine noch das andere.« Ohne die Tagebuchaufzeichnungen über seine Erlebnisse auf Marble Island wäre es ebenfalls nicht möglich, die Beschreibung des Fundortes in seiner Einleitung mit der Schilderung zu vergleichen, die er von seinen Inuit-Informanten erhielt. Danach scheint auch der Bericht über die letzten Überlebenden der Knight-Expedition in der gleichen Art wie die berühmteste (oder berüchtigste) Szene seines Buches nachträglich gotisiert worden zu sein. Einer Richtung folgend, die – Inbegriff der Neugotik – das Gefühl heraufziehenden Unheils verbreitet, diente die Passage gezielt dramatischen Zwecken, sowohl was den Aufbau der Geschichte als auch ihren unerschrockenen Ich-Erzähler betrifft.

Die Einbeziehung der Knight-Katastrophe in sein Vorwort mag dem Wunsch entsprungen sein, an dem verbreiteten Mythos von Entdeckungen anzuknüpfen und zunächst einmal die schier unüberwindlichen Schwierigkeiten darzustellen, die von Hearne, dem unerschrockenen Forscher, zu meistern waren. Trotz des Charakters seiner Reise, insbesondere seiner Abhängigkeit von den Indianern, bestimmt die triumphale Entdeckung nach wie vor seine Schilderung. Dies wird vielleicht am deutlichsten, wenn Hearne am Coppermine River ein Denkmal errichtet, um »im Namen der Hudson's Bay Company von dieser Küste Besitz zu ergreifen«, ein Akt, der übrigens in den überlieferten Kopien seiner Tagebuchaufzeichnungen nicht erwähnt ist. Wie er diesem übertriebenen territorialen Anspruch Geltung verschaffen wollte, ist ohnehin fragwürdig, da er auf seine indianische Eskorte angewiesen war, um überhaupt zu überleben.

So lag es nahe, daß Hearne einen Gegenpart, kurz: einen Versager brauchte, um die Bedeutung seiner eigenen beachtlichen geographischen Leistung zu unterstreichen und seine Rolle bei der Durchführung einer neuen Art von Expeditionsreise hervorzuheben. In der Einleitung zu seiner *Journey* fiel diese Ehre Kapitän James Knight zu. Während Hearne in seiner Schilderung vom Tod der letzten Überlebenden der Knight-Expedition den unerschrockenen Mut des einzelnen feiert und selbst Knight als einen »kühnen Abenteurer« bejubelt, enthält sein Bericht zugleich eine Verurteilung der Art und Weise, wie Knight seine Forschungen betrieben hat:

»Ungeachtet der Erfahrungen, die Mr. Knight in Company-Geschäften gehabt haben mag, und seiner Kenntnis von jenem Teil der Bay, wo er residiert hatte, kann nicht angenommen werden, daß er mit der Art jenes Geschäftes gut vertraut war, auf das er sich dann einließ . . .«

Knight habe seine Unternehmungen auf die »dürftigen und unvollkommenen Berichte« von Indianern gestützt, schreibt Hearne, »die man damals kaum kannte und noch weniger verstand«.

Ungeachtet seiner eigenen Erfahrungen auf Marble Island gibt es am Fundort zwingende Beweise, die Hearnes Schilderung der Katastrophe selbst als einen dürftigen und unvollkommenen Bericht erscheinen lassen. Hearnes Beobachtungen von Knights zerfallener Unterkunft, des Zustands und der Lage der Schiffe und anderer Relikte der Katastrophe sind weitgehend richtig. Sein Irrtum mag durch eine anschließende Fehlinterpretation der Artefakte und die Zeugenaussagen entstanden sein. Andererseits enthält sie jedoch soviel Ungereimtheiten, daß sich die Frage stellt, ob er möglicherweise die Dinge absichtlich falsch dargestellt hat. Wenige Tage vor seinem Tod im November 1792 soll Hearne angeblich geäußert haben, »er könne seine Hand aufs Herz legen und sagen, er habe niemandem für einen Sixpence Schaden zugefügt«. Es ist nicht ganz so sicher, ob er die gleiche Versicherung auch im Hinblick auf seinen Umgang mit der Erinnerung an Kapitän James Knight hätte abgeben können.

12

Totenstille

»So es Gott gefällt, mich am Leben und bei guter Gesundheit zu halten, und wenn es möglich ist und irgendein Mann es tun kann, dann werde ich es tun«, entschloß sich Knight 1716, »bisher war es mein Unglück, in diesem Land immer nur Langeweile und Mühsal zu erfahren.« Wie man es auch betrachtet, am Ende wurde Knights »Pech« zu einem furchtbaren Schauspiel, dem Untergang von vierzig Männern. Nach einem solchen Fehlschlag beginnt unvermeidlich die Suche nach den Gründen. Sich widerstreitende Theorien wurden entwickelt, aber das Urteil bleibt im wesentlichen immer dasselbe: Knights Vision war ein Wahn. Seine gesamte geographische Vorstellung war grotesk fehlerhaft, seine Einschätzung der Erzreichtümer undurchdacht und illusorisch. Fast dreihundert Jahre Pathos wurden in ein aussichtsloses Unternehmen investiert, das sein deprimierendes Ende in der Tragödie der gestrandeten Seeleute auf einer kahlen arktischen Insel findet. Das Ganze wäre allein in seiner Sinnlosigkeit die absolute Verwirklichung der Gegensätze von Heldentum einerseits und Torheit andererseits, wie sie fünfhundert Jahre arktische Forschung darstellen, hätte sich jetzt nicht noch eine andere Möglichkeit eröffnet.

James Knight läßt sich nicht so einfach in die Reihe der übrigen arktischen Forscher einordnen. Aufgrund seines hohen Alters, seiner Stellung und auch seines Temperaments war er nicht der Typ des sich problemlos den Gegebenheiten anpassenden Forschers, wie zum Beispiel Samuel Hearne auf seiner berühmten Reise. Andererseits paßte er schon wegen seiner Lebenserfahrung nicht in die Gruppe jener, deren tragisches

Versagen darauf zurückzuführen ist, daß sie sich nicht hinreichend auf das harte Klima vorbereitet hatten oder unfähig waren, sich über kulturelle Klischees hinwegzusetzen. Knight hatte der Slave-Squaw zugehört, der Urbevölkerung des Landes, und durch ihre Erzählungen ein Bild von der Landschaft gewonnen wie kein anderer Europäer vor ihm. Mehr als fünfzig Jahre, bevor Hearne seine Wanderung antrat, hatte Knight die Grundlagen dafür geschaffen, und zwar nicht nur durch die in seinem Auftrag von William Stuart und Richard Norton durchgeführten Reisen. Knight hielt sich nicht an Konventionen. Er war überzeugt, spezielle Fähigkeiten zu besitzen und bestand besonders in seinen letzten Lebensjahren darauf, seine Karriere und seine Unternehmungen nach eigenen Vorstellungen zu verfolgen. In diesem Charakterzug liegt zugleich der Schlüssel für eine abschließende Überlegung. Was hätte Knight getan, wenn er den ersten Winter überlebt hätte? Hätte er tatenlos aus seinem Refugium gestarrt, besiegt von den äußeren Umständen, in panischer Angst vor den unbekannten Inuit, gelähmt durch die Kälte? Ein alter Mann, der sich durch die langen Nächte auf den einen Tag hinschleppte, an dem ihm die kalte Sonne die Freiheit schenken würde? Die ersten Arktisforscher blieben eisern auf ihren Schiffen und überstanden so die harten Winter. Niemals vom Weg abkommend waren ihre Entdeckungen durch den unmittelbaren Horizont begrenzt. Und das ist genau der Punkt, in dem sich die Knight-Expedition von den anderen unterscheidet.

Die gefundenen Beweise korrigieren die bisherigen Vermutungen über Knights Schicksal, indem sie eine Lücke im zeitlichen Ablauf von zwei oder drei Monaten im Frühjahr 1720 schließen. Dieser Zeitraum lag bisher im dunkeln. Wir wissen, was vor dieser Zeit geschah: die Ankunft der *Albany* und *Discovery* im Herbst 1719, die Sicherung der Schiffe und − angesichts des zu erwartenden harten Winters − der Bau eines festen Hauses, bevor die Kälte noch schlimmer wurde. Man ging auf die Jagd. Die vor Ort entdeckten Walknochen erlauben die Annahme, daß man sogar Wale gefangen hat. Die Menge der verbrauchten Kohlen, der Ruß- und Schmutzbelag des Fußbodens und die Nahrungsrückstände beweisen, daß das

Haus während der undurchdringlichen Dunkelheit des Winters bewohnt war.

Wir wissen auch, was folgte: die Aufgabe des Hauses zu einer Zeit, als der Boden noch gefroren war – vielleicht im Frühjahr, etwa im Juni –, und die Preisgabe eines oder beider Schiffe, die nach den Logbüchern der Walfänger im 19. Jahrhundert sowie früheren Beobachtungen spätestens im Juli vom Küsteneis freigekommen wären. Selbst Hearne behauptet nicht, daß alle Männer im ersten Winter starben. Es ist jedoch unvorstellbar, wenn es zu dieser Zeit noch irgendwelche Überlebende gab – besonders jene fünf, die nach Hearnes Bericht noch einen zweiten Winter überlebten –, daß diese nicht die Chance nutzten, von Marble Island zu fliehen. Wenn Jens Munk mit seinen beiden Gefährten hundert Jahre zuvor die Kraft hatte, nach dem gräßlichen Elend ihrer gescheiterten Expedition nach Dänemark zurückzukehren, hätten Knights geschwächte Seeleute, selbst wenn sie an Skorbut erkrankt waren, noch genug Energie und Erfahrung besessen, um wenigstens das Company-Fort am Churchill River zu erreichen. In diesem knappen Zeitraum, etwa von April bis Juli 1720, liegt daher die Lösung des dreihundert Jahre alten Rätsels.

Bisher ist es weder anhand der historischen Berichte noch der gefundenen Beweisstücke möglich, eine genaue Chronologie der Ereignisse jener im Dunkel liegenden Wochen zu erstellen. Hier aber liegt das Geheimnis der Knight-Expedition. Es ist ein vertracktes Problem, und da auch die Spuren im Lauf der Zeit ständig weniger geworden sind, ist es durchaus möglich, daß das Schicksal der Knight-Expedition letztlich nie vollständig geklärt werden wird. Indessen gibt es eine Reihe historischer Zeugnisse und vor Ort entdeckter Beweisstücke, die den bisher vertretenen Theorien widersprechen und im Ergebnis über sie hinausgehen. Im Mittelpunkt der Debatte über Knights Schicksal standen stets die sich widersprechenden Interpretationen von Scroggs und Hearne. Tatsächlich aber findet sich sowohl in den überlieferten historischen Schilderungen als auch unter den vor Ort gefundenen Beweisstücken erstaunlich wenig, das die eine oder die andere Theorie über den Untergang der Expeditionsteilnehmer stützt.

Betrachtet man das gesamte zusammengetragene Beweismaterial, so findet sich nichts, das den umstrittenen Bericht von
Kapitän John Scroggs im Wert mindert; das macht den Verlust
seines Logbuchs um so frustrierender. Abgesehen von seinem
Hinweis auf die Begegnung mit einem Inuit, der eine vermutlich
von einem Entermesser stammende Narbe im Gesicht trug,
beruhen Scroggs Schlußfolgerungen weitgehend auf dem Fehlen
von Beweisen – so vor allem darauf, daß kein Friedhof für die
vierzig Expeditionsmitglieder vorhanden war. Im übrigen liefert
er nur Indizienbeweise, die er aus dem Fund einiger verstreuter
Menschenknochen und Zähne ableitet, die auf dem Boden des
Hauses und in einer unmittelbaren Umgebung lagen, sowie
einer im Haus abgeschossenen Gewehrkugel und eines mehr-
zackigen Inuit-Fischspießes, der im Kampf eine beachtliche
Waffe abgab.

Obwohl Scroggs Schlußfolgerung in sich durchaus logisch ist,
liefert sie dennoch kaum den Beweis für einen Anschlag der
Inuit und damit Knights letztes Gefecht. Denn jedes dieser
Beweisstücke kann auch etwas völlig anderes bedeuten. So hielt
Hearne die auf dem Boden gefundenen menschlichen Skelettreste für die der letzten Überlebenden, bereits zu krank und
schwach, als daß der Allerletzte die Toten noch hätte beerdigen
können. Die Gewehrkugel könnte von erlegtem Wild stammen,
der Fischspieß auf einen engen Kontakt mit den Inuit hinweisen
– oder er könnte bei der späteren Demontage des Hauses
vergessen worden sein. Was jedoch sofort auffällt, ist, daß es
abgesehen von den Hinweisen auf die wenigen Toten – selbst
wenn man unterstellt, daß bisher nicht alle Überreste gefunden
wurden – über den Verbleib einer namhaften Gruppe von
Expeditionsmitgliedern überhaupt keine Spuren am Fundort
gibt. Während daher die gefundenen Beweisstücke einerseits
die relevante Zeitspanne eingrenzten, verlagerten sie zugleich
des Rätsels Lösung an einen anderen Ort.

Das Bild von gestrandeten Seeleuten auf einer einsamen Insel
entspricht einem romantischen Ideal, und insoweit deckt sich
die Knight-Expedition völlig mit den allegorischen Vorstellungen von Schiffbrüchigen. Wie bei Defoes *Robinson Crusoe* kann
Knights Schicksal als Strafe für eigensinniges Festhalten an

närrischen Vorstellungen gesehen werden. Nun mag auch Marble Island eine exotische Insel sein, aber sie ist keineswegs weit vom Festland entfernt. Die Inuit überquerten regelmäßig den Kanal zwischen Marble Island und dem Festland, der an seiner engsten Stelle nicht breiter als fünfzehn Kilometer ist. Vor allem aber war dies keineswegs nur den Eingeborenen vorbehalten. Im 19. Jahrhundert überquerten auch die Walfänger im Frühjahr den Kanal in beiden Richtungen, für gewöhnlich per Boot, aber manchmal auch zu Fuß über das Eis. Der Zustand des Eises änderte sich entsprechend dem Wetter und der Strömung sehr plötzlich, obgleich zu Zeiten Knights die »Kleine Eiszeit« es begünstigt haben dürfte, daß sich eine feste Eisbrücke bildete. Heute gilt die Bay zu Unrecht als gewaltige Eisbarriere.

Die Überquerung verlief natürlich nicht immer ohne Zwischenfall. Im April 1866 kamen sechs Männer vom englischen Walfänger *Ocean Nymph* mit ihrem Boot zum Festland, um Handel zu treiben. Die Witterungsbedingungen zwangen sie, den Rückweg zu Fuß über das Treibeis anzutreten, wobei zwei kurz im gefrierenden Wasser untertauchten. Ein ähnlicher Unfall ereignete sich im Januar 1878, als die Forscher Heinch Klutschak und H. G. Gilder – Teilnehmer an Leutnant Frederick Schwatkas Schlittensuche nach Berichten oder Überresten der Franklin-Expedition – ungefähr sechzig Inuit zu der Insel begleiteten. Etwa in der Mitte brach Gilder durchs Eis. Nachdem man ihn herausgezogen hatte, war seine Hose steif- und festgefroren, was eine »erhebliche Behinderung« beim Weitermarsch war. Solche Zwischenfälle waren jedoch die Ausnahme. Im Winter 1878/79 beschrieben Harpuniere von der *Abbie Bradfort* aus New Bedfort, sie hätten den »glatten« Streifen Eis auf der Jagd überquert, sechs Füchse und acht Kaninchen geschossen und seien noch am selben Tag nach Marble Island zurückgekehrt.

Ein weiterer Beweis, daß auch die Teilnehmer der Knight-Expedition die Eissee hätten überwinden können, wurde erbracht, als Bill Gawor im April 1991 allein die schwierige Strecke von Rankin Inlet nach Marble Island und zurück bezwang, wobei er das Labyrinth aus Eishügeln mit einem

Eismobil mit Eskimoschlitten überquerte. Die moderne Technik brachte ihm jedoch keinerlei Vorteile, da Gawor das Fahrzeug den größten Teil des dreistündigen Weges entweder ziehen oder schieben mußte, weil es ständig steckenblieb. Die Überfahrt wurde zusätzlich durch eine leichte, flockige Schneedecke erschwert, die die durch die Bewegung des Eises entstandenen Risse verdeckte. Dennoch war die Strecke für Gawor nicht schwieriger zu bewältigen, als sie es zur damaligen Zeit für die Mitglieder der Knight-Expedition gewesen wäre.

Hier war eine ganze Expeditionsmannschaft zugrunde gegangen, und es ist durchaus möglich, daß auf Marble Island noch weitere sterbliche Überreste existieren. Dennoch muß man auch die Möglichkeit in Erwägung ziehen, daß sie nicht alle, ja nicht einmal den Hauptteil der Expeditionscrew repräsentieren. Wenn sie, durch »äußerste Not« aus ihrem Refugium vertrieben, im Frühjahr 1720 versuchten, den Churchill River zu erreichen, oder sie mit Anstieg der Temperaturen aufs Festland gingen − während die Schiffe noch im Eis festsaßen −, um zu jagen, Handel zu treiben oder das unbekannte Land zu erforschen und seine Schätze zu entdecken, so hatten die Expeditionsmitglieder jedenfalls die Mittel, sich zu retten. Angesichts der Beweise dafür, daß es der Crew gelungen war, Frischfleisch zu beschaffen, und bei Knights Zähigkeit, sobald sich ihm Hindernisse in den Weg stellten, gibt es zwingende Gründe zu der Annahme, daß ihre Suche nicht auf Marble Island endete.

Berley und Vaughan hatten bekanntlich spezielle Order, »so oft wie möglich ihre Boote ans Festland zu schicken«, um die Tide zu messen, »sowie Entdeckungen zu machen und Handel zu treiben, wo immer sie können«. Selbst am Churchill River, umgeben von »einer solchen Menge von Iskemays-Zelten, daß es wie eine Stadt aussah«, und angesichts drohender Gewalttaten, hatte Knight seine Leute zur Jagd und − in Gruppen − zum Holzsammeln geschickt, wobei sie erhebliche Entfernungen zurücklegen mußten. Noch bezeichnender ist, daß er einen Jungen, nämlich Richard Norton, auf die Suche nach den Nord-Indianern und ihre großen Reichtümer in die Barren Lands schickte. Knight hatte sogar versucht, Handelsbeziehungen zu den Inuit herzustellen, und zu diesem Zweck am Churchill

River kleine Geschenke aufgehängt. Mit der gleichen Absicht hatte er Vaughan an der Küste entlang nach Norden gesandt. Knight fürchtete die Inuit zwar, schreckte aber nicht vor einem Kontakt mit ihnen zurück. Im übrigen hatte er Dringenderes zu tun, und auf Marble Island wird er dieses Drängen noch intensiver verspürt haben. Wie muß er die Tage gezählt haben, die Wochen, die dahinschwanden, – im Bewußtsein, daß dies das Ende seiner glänzenden Chance war.

Äußerst verlockend sind jene fernen Botschaften, die jedoch zu phantastisch sind, um wahr zu sein: das von Richard Staunton im April 1721 notierte Hirngespinst, daß »unser Landsmann« – Engländer – im vergangenen Sommer mit den Copper-Indianern Handel getrieben und ihnen »eine große Menge Eisen« gegeben hat. Die große Gruppe Nord-Indianer, die diese Neuigkeit nach Fort Prince of Wales brachte, erklärte ferner, daß die Copper-Indianer in den nächsten Monaten dem Handelsposten persönlich einen Besuch abstatten wollten, wozu Staunton meinte: »Ich bete zu Gott, daß sich dies als wahr erweist.«

Drei Monate später wurde es wahr. Eine Delegation der Copper-Indianer erschien am Churchill River und erzählte von »großen Bergen aus Kupfer. Aber es ist sehr weit weg.« Es wird sogar von einem Frieden zwischen den Indianern und den Inuit berichtet. Dann ist da noch jener irritierende Hinweis von Kapitän Francis Smith, der achtzehn Jahre nach dem Verschwinden der Knight-Expedition mit einer Company-Schaluppe mehrere Reisen zu den Inuit in Whale Cove unternahm, um mit ihnen Handel zu treiben. Bei einer dieser Fahrten wurde Smith an der Küste südwestlich von Marble Island ein Junge vorgestellt, den die Inuit »English Mane« riefen, »um anzudeuten, daß er ein Engländer war«. Der Junge war offensichtlich ein Mischling und in einem Alter, das »mit der Zeit jener unglücklichen Leute« in etwa in Einklang stand. Die daraus gezogene Schlußfolgerung gehört ins Reich der Märchen: die Möglichkeit, daß »einer oder zwei der Männer an Land gelangte und einige Zeit bei den Eskemaux gelebt hat«.

Außerdem, selbst wenn einige Expeditionsmitglieder ihr Refugium verließen und vielleicht von Knights Vision angesteckt tiefer in das unbekannte Land eindrangen, so ist es undenkbar, daß er selbst mit von der Partie war. Knight gehört mit absoluter Sicherheit zu den Toten von Marble Island, einer Insel inmitten der eisigen Fluten jener riesigen Bay, wo er zwanzig Jahre zuvor seine Suche begonnen hatte. Während Coronado sich aus Kanada zurückzog, nachdem er Quivira nicht gefunden hatte, war Knight der Rückzug verstellt. Schon die an die Kapitäne ausgegebenen Instruktionen berücksichtigten den Fall, »daß Kapitän James Knight« während der Entdeckungsreise »stirbt«. Letztlich gescheitert an seiner Eitelkeit und Habgier, fand seine Reise später in einem ganz realen Sinn ihre Erfüllung, die sich aus Knights eigener Vorstellungswelt ableitete, bei der weder Sieg noch Niederlage eine Rolle spielten. Es kam auf die Art und Weise an, wie man Entfernung, Größe und Lage von Objekten sah, die weit entfernt sind.

Als Thanadelthur starb, schrieb Knight feierlich, daß ihn nichts in seinem Leben so sehr bedrückt habe »wie ihr Tod«. Durch sie hatte er einen kurzen Blick auf die von ihm begehrten Schätze und eine unbekannte Welt geworfen. Mit Hilfe ihres Wissens und dem der Eingeborenen eines Kontinents überwandt Knight gewaltige Entfernungen und erreichte abgelegene Landschaften. Er überquerte »die großen Barren Desarts«, wo es kein Brennholz und kaum genug zu essen gab, um zu überleben. Er hatte die steinernen Ufer des Great Slave Lake gesehen und die Pechblende am Athabasca-See. Er sah die Canadian Rockies, Berge, »die fast bis in den Himmel reichten«. Die Menschen, die ihm begegneten, erschienen ihm so fremd wie das Land: Ein weit entfernt lebender Berg-Stamm, der »sich mit einem weißen Metall schmückt und es sogar an die Nasen und Ohren hängt«. Und »auf der Westseite von Amerika, wo das Land sehr gebirgig ist«, wurden große Goldkörner aus dem Boden gewaschen, und jeden Sommer hatte man die Vision von fernen Schiffen, die eine westliche See kreuzen.

Und schließlich gab es eine »Fülle an Kupfer . . . große Hügel und Berge davon. Und gelegentlich sehen sie große Kupferklumpen von den Kliffs am Flußufer herabstürzen.« Gemeint waren die Coppermine und September Mountains sowie der Coppermine River, der in den Coronation Gulf und die Gewässer der Nordost-Passage mündet. Fast dreihundert Jahre nach dem Verschwinden der Knight-Expedition ist die Gegend um den Coppermine noch immer von großem geologischen Interesse. In den späten sechziger Jahren unseres Jahrhunderts löste die Entdeckung hochkarätiger Kupfervorkommen in jener Gegend den Coppermine Rush aus, den größten Massenansturm in der Bergbaugeschichte Kanadas. Siebzig Bergbauunternehmen nahmen daran teil; 40 000 Claims wurden verzeichnet. Alle jene Orte werden laufend von Forschungs- und Entwicklungsgesellschaften kontrolliert, die intensiv an einer Erschließung des nordwestlich vom Coppermine gelegenen Gebietes und auf Viktoria Island arbeiten.

War James Knights besondere Art, die Dinge zu sehen, tatsächlich ein Wahn?

Unterwegs in der Hudson Bay

Anhang I: Segelanordnungen und Instruktionen, 1719

Dies sind die vollständigen Texte der Original-Instruktionen an die Kapitäne James Knight, George Berley und David Vaughan in den Archiven der Hudson's Bay Company; Provincial Archives of Manitoba (HBCA A. 6/4, fo. 39 d, fo. 32 d−33, fo. 38, fo. 38 d−39)

Ein Entwurf der Instruktionen für Kapitän James Knight, 1719.
Auf Grund unserer Erfahrungen bezüglich Ihrer Geschicklichkeit und Tüchtigkeit bei der Leitung unserer Geschäfte haben wir auf Ihre Bitte hin die Fregatte *Albany* unter Kapitän Geo Berley und die *Discovery* unter Kapitän David Vaughan für eine Entdeckungsreise in den Norden ausgerüstet und Ihnen zu diesem Zweck die Macht und Autorität verliehen, alles zu veranlassen und zu tun, was die besagte Reise betrifft (ausgenommen nur die Navigation besagten Schiffes und der Schaluppe) und haben unseren genannten Kapitänen insoweit Befehle und Instruktionen erteilt.

Entsprechend unserem Vertrag werden Sie, sobald es Wind und Wetter erlauben, von Gravesend zu der von Ihnen beabsichtigten Reise aufbrechen, um mit Gottes Hilfe die Streight of Annian zu finden und im Norden Gold und andere wertvolle Waren zu entdecken. Wir hoffen, daß Sie alles in ihrer Macht Stehende tun werden, um dieses Ziel zu erreichen, und erwarten, daß Sie dabei mit allen Dingen sparsam umgehen. Außerdem befehlen wir Ihnen, falls Sie auf ihrer Entdeckungsreise unserem Governor, Kapitän Henry Kelsey, begegnen sollten oder einem von ihm oder einem anderen Kommandanten bzw. Verwalter irgendeiner unserer Faktoreien bestellten Vertreter, daß Sie ihnen den schuldigen Respekt erweisen und sie weder in ihren Geschäften belästigen noch behindern, noch sie von irgendeiner Person oder Personen an Bord eines der unter Ihrem Kommando stehenden Schiffe belästigen oder behindern lassen. Mit den besten Wünschen für eine erfolgreiche Reise und eine glückliche Heimkehr verbleiben wir

Ihre Sie liebenden Freunde

Gravesend, den
4. Juni 1719

Das Folgende ist zu versiegeln und darf nur im Fall des Todes von Kapitän James Knight geöffnet werden, 1719.

Für den Fall des Todes von Kapitän James Knight ordnen wir hiermit an, daß die nachfolgend genannten Personen einzeln oder mehrheitlich zu unserem Nutzen die alleinige Weisungsbefugnis in allen Dingen haben, die unsere Fregatte *Albany* und die Schaluppe *Discovery* sowie das Geschehen an Bord betreffen. Vor allem befehlen wir Kapitän Geo Berley, Kapitän David Vaughan und Kapitän Berleys zweiten Maat und Kapitän Voughans Obermaat, Mr. Alez Apthorpe, ihre Reise bis zum 64. Breitengrad fortzusetzen und zu versuchen, die Streights of Anian zu finden, so viele Entdeckungen wie möglich zu machen und alle Arten von Handelswaren einzutauschen, die der Gesellschaft Gewinn bringen, besonders aber die Gold- und Kupferminen zu finden, und zwar nach Möglichkeit anhand der für diesen Fall von Kapitän James Knight hinterlassenen schriftlichen Anweisungen. Und sobald Sie die bestmögliche Ladung an Bord genommen haben, kehren Sie umgehend und auf direktem Weg in den Londoner Hafen zurück, ohne irgendeinen anderen Hafen oder Ankerplatz anzulaufen; außer im Fall höchster Gefahr, aber ohne die Ladung zu löschen.

Außerdem befehlen wir Ihnen, ein Protokollbuch zu führen und nach Hause mitzubringen, ebenso wie Ihre Logbücher mit den in ihnen enthaltenen Anweisungen und den jeweils von allen Anwesenden unterzeichneten Beschlüssen, welche Sie uns bei der Rückkehr auszuhändigen haben.

Wir verbieten Ihnen ferner, eine unserer Faktoreien anzulaufen bzw. irgendeinen anderen Hafen, oder an einem Ort südlich des 64. Breitengrades Handel zu treiben, oder zum Hafen am Churchill River, zum Nelson River oder Hayes River zu segeln, es sei denn im Fall höchster Not, um die Schiffe und das Leben der Mannschaften zu retten. In diesem Fall unterstehen Sie während Ihres Aufenthaltes der absoluten Weisungsbefugnis unseres Governors oder Verwalters des jeweiligen Faktorei-Hafens oder Handelspostens, der Sie mit allem Notwendigen unterstützen wird, worüber Sie ihm eine Quittung ausstellen werden.

Für den Fall, daß Sie auf Ihrer Reise mit unserem Governor, Kapitän Hen. Kelsey, zusammentreffen sollten oder mit einem oder mehreren von ihm oder einem anderen unserer Kommandanten oder Verwalter irgendeiner unserer Niederlassungen bestellten Vertreter, so sollen Sie ihm den schuldigen Respekt erweisen und ihn in seinen Geschäften oder Angelegenheiten weder belästigen noch behindern noch zulassen, daß er von irgendeiner Person oder Personen an Bord der unter Ihrem Kommando stehenden Schiffe belästigt oder behindert wird. Mit den besten Wünschen für eine erfolgreiche Reise verbleiben wir

Ihre Sie liebenden Freunde

Segelanweisung und Instruktionen für Kapitän Geo Berley, 1719.

1) Wir verlangen, daß Sie täglich an Bord Ihres Schiffes einen Gottesdienst abhalten entsprechend der Liturgie der Kirche von England.

2) Sobald es Wind und Wetter erlauben, werden Sie mit unserem Schiff, der Fregatte *Albany*, auslaufen, und zwar zu dem Ihnen von Kapitän James Knight angegebenen Bestimmungsort, das heißt nach Nordwesten zum 64. Breitengrad in der Hudson Bay, wobei Sie alles daransetzen sollen, um mit der *Discovery* unter Kapitän David Vaughan zusammenzubleiben. Sollten Sie dennoch auf der Hinfahrt infolge schlechten Wetters oder aus einem anderen Grund von der *Discovery* getrennt werden, bevor Sie die Streights erreicht haben, so segeln Sie zur Insel Resolution und bleiben dort zehn Tage; es sei denn, Sie treffen früher wieder mit ihr zusammen und können die Reise gemeinsam fortsetzen. In allen diesen Dingen unterstehen Sie während der gesamten Fahrt (mit Ausnahme der Navigation) den Anweisungen und Befehlen von Kapitän James Knight.

3) Der von Ihnen an Bord genommene Vorrat an Proviant und anderen notwendigen Dingen ist von Zeit zu Zeit auf Befehl und nach Anweisung von Kapitän James Knight zu verteilen. Alle Ihre an Bord befindlichen Offiziere wie Bootsmann, Kanonier, Steward, Schiffszimmermann und Koch sollen wöchentlich mit Ihnen über den Verbrauch an Proviant und der übrigen Dinge abrechnen, worüber eine ordnungsgemäße Liste zu führen und diese dem Komitee bei Ihrer Rückkehr vorzulegen ist, bevor die genannten Offiziere ihre Heuer erhalten.

4) Sie haben ferner bei Ihrer Rückkehr Ihr Logbuch und das Ihres 2. Maates auszuhändigen sowie alle sonstigen Tagebücher, die Sie an Bord Ihres Schiffes entdecken. Wir wünschen Ihnen eine erfolgreiche Reise und verbleiben

Ihre Sie liebenden Freunde

Segelanweisungen und Instruktionen für Kapitän David Vaughan, 1719.

1) Wir verlangen, daß Sie täglich an Bord Ihrer Schaluppe einen Gottesdienst abhalten entsprechend der Liturgie der Kirche von England.

2) Sobald es Wind und Wetter erlauben, werden Sie ebenfalls mit unserer Schaluppe *Discovery* auslaufen, und zwar zu dem Ihnen von Kapitän James Knight angegebenen Bestimmungsort, das heißt nach Nordwesten zum 64. Breitengrad in der Hudson Bay, wobei Sie alles daransetzen sollen, um mit der Fregatte *Albany* unter Kapitän Geo Berley zusammenzubleiben. Sollten Sie dennoch auf der Hinfahrt infolge schlechten Wetters oder aus einem anderen Grund von der *Albany* getrennt werden, bevor Sie die Streights erreicht haben, so segeln Sie zur Insel Resolution und bleiben dort zehn Tage, es sei denn, Sie treffen früher wieder mit ihr zusammen und können die Reise gemeinsam fortsetzen. In allen diesen Dingen unterstehen Sie während der gesamten Fahrt (mit Ausnahme der Navigation) den Anweisungen und Befehlen von Kapitän James Knight.

3) [In dem Fall, daß Sie vor der Insel Resolution zehn Tage lang vergeblich auf die *Albany* gewartet haben, sollen Sie Ihre Fahrt zum 64. Grad
nördlicher Breite fortsetzen und von dort weiter nach Norden segeln und
versuchen, die Streights of Anian zu finden. Und so oft sich die Gelegenheit
ergibt, sollen Sie Ihre Boote an die Küste schicken, um herauszufinden, wie
hoch die Flut steigt und aus welcher Himmelsrichtung die Strömung kommt,
sowie um weitere Entdeckungen zu machen und alle Arten von Waren zu
erlangen, die Sie bekommen können,] aber besonders sollen Sie darauf
achten, daß Sie umkehren, bevor Sie in Gefahr geraten, im Eis einzufrieren,
und kommen Sie heil wieder nach Hause, so daß wir Sie im nächsten Herbst
wieder bei uns haben.

4) Der von Ihnen an Bord genommene Vorrat an Proviant und anderen
notwendigen Dingen ist von Zeit zu Zeit auf Befehl und nach Anweisung von
Kapitän James Knight zu verteilen. Alle Ihre an Bord befindlichen Offiziere
wie Bootsmann, Kanonier, Steward, Schiffszimmermann und Koch sollen
wöchentlich mit Ihnen über den Verbrauch an Proviant und der übrigen
Dinge abrechnen, worüber eine ordnungsgemäße Liste zu führen und diese
dem Komitee bei Ihrer Rückkehr vorzulegen ist, bevor die genannten
Offiziere ihre Heuer erhalten.

Nachschrift:

Sie haben ferner bei Ihrer Rückkehr Ihr Logbuch und das Ihres Maates
auszuhändigen sowie alle sonstigen Tagebücher, die Sie an Bord Ihrer
Schaluppe entdecken. Indem wir Ihnen eine erfolgreiche Reise wünschen,
verbleiben wir

Ihre Sie liebenden Freunde

Gravesend, den
4. Juni 1719

Anhang II: Auszug aus der Einführung zu »Eine Reise von Fort Prince of Wales in der Hudson Bay zum nördlichen Ozean« von Samuel Hearne

Dies ist der vollständige Text von Samuel Hearnes Bericht über die Knight-Expedition aus der Einführung zu »A Journey From Prince of Wales's Fort in Hudson's Bay, To The Northern Ocean. Undertaken by order of the Hudson's Bay Company, for the Discovery of Copper Mines, an North West Passage, & c. In the Years 1769, 1770, 1771 & 1772«, London: A. Strahan and T. Cadell. 1795. Bruce Peel Special Collections Library, University of Alberta.

Die Eingeborenen, die das weite Land im Norden des Churchill River eher durchwandern als bewohnen, hatten wiederholt Kupferproben zur Faktorei der Company gebracht, was viele unserer Leute vermuten ließ, sie hätten sie nicht weit von unserer Niederlassung entfernt gefunden. Und als die Indianer ihnen erzählten, die Minen lägen nahe an einem großen Fluß, wurde allgemein angenommen, daß dieser Fluß in die Hudson's Bay münden müsse. Denn niemand konnte sich vorstellen, daß irgendein Stamm – so unstet sein Leben auch sein mochte – je ein so riesiges Land durchqueren und die nördliche Grenze der Bay überschreiten könne, schon gar nicht allein auf dem Landweg. Der folgende Bericht wird jedoch zeigen, wie sehr man diese Leute unterschätzt hat, und darüber hinaus klarstellen, daß sich der Plan, das Kupfer abzubauen, sehr wahrscheinlich nicht realisieren läßt.

Die Kunde von diesem großen Strom, aus dem manche eine Meerenge gemacht haben, erreichte die Company-Faktorei am Churchill River schon kurz nach ihrer Gründung im Jahr 1715 zusammen mit einigen Kupferproben. Erste Anstrengungen, diesen Fluß oder die Minen zu finden, wurden jedoch erst im Jahr 1719 unternommen, als die Company ein Schiff ausrüstete, nämlich die Fregatte *Albany* unter Kapitän George Barlow*), sowie

---

*) Kapitän Barlow war Governor in Fort Albany, als die Franzosen von Kanada herübermarschierten und es 1704 belagerten. Bevor sie schließlich angriffen, hielten sich die Kanadier und ihre indianischen Führer einige Tage in der Umgebung von Fort Albany versteckt und schlachteten einen großen Teil der auf den Wiesen grasenden Rinder. Ein im Fort lebender Indianer entdeckte die Fremden auf einem Jagdausflug, vermutete eine feindliche Absicht und kehrte eilig zum Fort zurück, um den Governor zu warnen, der aber wenig darauf gab. Dennoch wurden alle

eine Schaluppe namens *Discovery* unter Kapitän David Vaughan. Den Oberbefehl über die gesamte Expedition erhielt jedoch Mr. James Knight, der im Dienst der Company große Erfahrungen gesammelt hatte, jahrelang Governor verschiedener Faktoreien in der Bay gewesen war und den ersten Handelsposten am Churchill River gegründet hatte. Aber trotz dieser enormen Erfahrung in den Geschäften der Company und seiner Vertrautheit mit jenen Gegenden, in denen er residiert hatte, ist kaum anzunehmen, daß er eine genaue Vorstellung von jenem Unternehmen hatte, auf das er sich jetzt einließ. Zudem konnte er sich bei der Durchführung lediglich auf dürftige und unzuverlässige Berichte stützen, die er von Indianern erhalten hatte, die man damals kaum kannte und noch weniger verstand.

Aber weder dieses Manko noch sein hohes Alter — er war fast achtzig Jahre — konnten den verwegenen Abenteurer aufhalten. Er war von seinem Erfolg und dem Gewinn aus seiner Entdeckung so überzeugt, daß er sich

---

Vorbereitungen zur Verteidigung des Forts getroffen, und der Kapitän einer in der Nähe befindlichen Schaluppe erhielt Befehl, beim ersten Kanonenschuß sofort zum Fort zu kommen.

Mitten in der Nacht beziehungsweise in den frühen Morgenstunden kamen die Franzosen vor das Fort, bauten sich vor dem Tor auf und begehrten Einlaß. Mr. Barlow, der gerade Wache hatte, erklärte ihnen, der Governor schlafe, aber er werde die Schlüssel sofort holen. Die Franzosen rechneten daraufhin nicht mehr mit Widerstand und drängten so nah wie möglich an das Tor. Barlow nutzte diese Gelegenheit und öffnete statt des Tores zwei Luken, hinter denen zwei mit Kartätschen geladene Sechs-Pfünder standen, die sofort abgefeuert wurden. Ein großer Teil der Franzosen wurde auf der Stelle getötet, darunter auch ihr irischer Kommandant.

Dieser unfreundliche Empfang veranlaßte die Überlebenden zu einem hastigen Rückzug. Der Kapitän der Schaluppe segelte auf die Schüsse hin eilends zum Fort. Er und seine gesamte Crew wurden jedoch von ein paar Franzosen erschossen, die sich am Flußufer versteckt hatten.

Die Franzosen verließen das Schlachtfeld nur sehr zögernd. Noch zehn Tage nach ihrer Niederlage hörte man ihre Schüsse in der Umgebung des Forts. Insbesondere einer marschierte einen ganzen Tag lang zwischen dem Tor des Forts und dem Schiffsanleger hin und her. Mr. Fullarton, der damalige Governor von Albany, sprach ihn schließlich auf französisch an und bot ihm eine ehrenvolle Gefangenschaft an, falls er dies wolle. Aber der Franzose ging nicht darauf ein, sondern schüttelte den Kopf. Daraufhin drohte ihm Mr. Fullarton, er würde ihn erschießen, wenn er sich nicht ergebe, worauf der Mann auf das Fort zuging, und Mr. Fullarton ihn mit einem Schuß aus seinem Fenster tötete. Vielleicht wählte dieser Franzose angesichts der Strapazen, die ihn auf seinem Rückweg nach Kanada erwarteten, lieber den Tod. Aber daß er sich einem so menschlichen und großzügigen Gegner wie den Engländern nicht ergeben wollte, ist schon erstaunlich.

große, eisenbeschlagene Kisten besorgte und mitnahm, um darin den Gold-staub und die anderen wertvollen Dinge zu verstauen, von denen er sich törichterweise einbildete, daß er sie in jenen Gegenden finden würde.

Der erste Absatz der Company-Order an Mr. Knight in dieser Angelegen-heit lautete wie folgt:

4. Juni 1719

»Sir,

auf Grund unserer Erfahrungen bezüglich Ihrer Geschicklichkeit und Tüch-tigkeit bei der Leitung unserer Geschäfte haben wir auf Ihre Bitte hin die Fregatte Albany unter Kapitän George Barlow und die Discovery unter Kapitän David Vaughan für eine Entdeckungsreise in den Norden ausgerü-stet; und Ihnen zu diesem Zweck die Macht und Autorität verliehen, alles zu veranlassen und zu tun, was die besagte Reise betrifft (ausgenommen nur die Navigation besagten Schiffes und der Schaluppe), und haben unseren genannten Kapitänen entsprechende Befehle und Instruktionen erteilt.

Sie werden, sobald es Wind und Wetter erlauben, von Gravesend zu der von Ihnen beabsichtigten Reise aufbrechen, um mit Gottes Hilfe die Straits of Anian zu finden und im Norden Gold und andere wertvolle Waren zu entdecken, & c. & c«.

Bald darauf verließ Mr. Knight Gravesend und trat seine Reise an. Als das Schiff nicht wie erwartet im selben Jahr nach England zurückkehrte, nahm man an, die Crew habe in der Hudson Bay überwintert. Da sie einen ausreichenden Vorrat an Proviant an Bord hatten sowie Baumaterial für ein Haus samt allen technischen Hilfsmitteln und ein großes Sortiment an Handelswaren, verschwendete man kaum einen oder gar keinen Gedanken daran, daß ihnen etwas zugestoßen sein könnte. Aber als auch im nächsten Jahr weder das Schiff noch die Schaluppe nach England zurückkehrten (1720), begann sich die Company um sie große Sorgen zu machen. Und mit dem Versorgungsschiff, das 1721 zum Churchill segelte, erging an die Scha-luppe Whale Bone unter John Scroggs der Befehl, nach ihnen zu suchen. Aber das Schiff erreichte den Churchill erst gegen Ende des Jahres, so daß die Anweisung erst im folgenden Jahr befolgt werden konnte (1722).

Die Nordwestküste der Hudson Bay war damals noch wenig erforscht, und Mr. Scroggs kam angesichts der Klippen und Felsen in einige Verlegenheit, so daß er nach Fort Prince of Wales zurückkehrte, ohne Nennenswertes über den Verbleib des genannten Schiffes oder der Schaluppe entdeckt zu haben. Denn alle Fundstücke, die er bei den Esquimaux in Whale Cove sah, entsprachen zusammengenommen nicht einmal der Beute aus einem unbe-deutenden Unfall und gaben folglich auch keine Veranlassung, einen totalen Schiffbruch zu vermuten.

Die damals in Europa vorherrschende Überzeugung, daß es eine in die Hudson Bay mündende Nordwest-Passage gäbe, ließ viele vermuten, daß die Herren Knight und Barlow diese Durchfahrt entdeckt und über Kalifornien

219

in die Südsee gelangt seien. Viele Jahre vergingen, ohne daß ein überzeugender Gegenbeweis auftauchte, abgesehen davon, daß es weder Middleton noch Ellis, Bean, Christopher oder Johnston gelang, diese Passage zu finden. Und obgleich jedes Jahr eine Schaluppe auf Entdeckungsreise in den Norden und um Handel mit den Esquimaux zu treiben, geschickt wurde, fand man erst 1767 den Beweis dafür, daß der arme Mr. Knight und Kapitän Barlow in der Hudson's Bay zugrunde gegangen waren.

Die Company beteiligte sich damals am Walfang, wobei Marble Island zur Ausgangsbasis gemacht wurde, nicht nur wegen der Größe ihres Hafens, sondern vor allem, weil man beobachtet hatte, daß sich vor der Insel mehr Wale aufhielten als an irgendeiner anderen Stelle der Küste. So kam es, daß die Boote, wenn sie nach Fisch Ausschau hielten, häufig nahe an die Insel heranruderten. Dabei entdeckten sie einen neuen Hafen am östlichen Ende der Insel, an dessen Kopfende sie Gewehre, Anker, Taue, Ziegelsteine, einen Amboß und viele andere Dinge fanden. Alles hatte die Zeit unbeschadet überdauert und lag noch an seinem ursprünglichen Platz, da diese Dinge für die Eingeborenen wertlos oder zu schwer waren, um sie wegzutragen. Die Wände des Hauses sind noch immer gut zu erkennen, obgleich die Esquimaux das Gebäude zerstörten, als sie die Holz- und Eisenteile herausrissen; wie auch die Schiffsrümpfe — oder genauer gesagt die Böden des Schiffes und der Schaluppe —, die in etwa fünf Faden Tiefe am Kopfende des Hafens im Wasser liegen. Die Galionsfigur des Schiffes und auch seine Kanonen, &c. wurden an die Company nach London geschickt. Sie sind der endgültige Beweis dafür, daß die Herren Knight und Barlow auf jener ungastlichen Insel umgekommen sind, wo es weder Stumpf noch Stiel gab, und die fast sechzehn Meilen vom Festland entfernt ist. Tatsächlich ist das Festland nicht viel besser: ein Durcheinander von kahlen Hügeln und Felsen, ohne irgendwelche Pflanzen außer Moos und Gras. Der Wald beginnt hier erst mehrere hundert Meilen hinter der Küste.

Als wir im Sommer 1769 dort auf Fischfang waren, stießen wir im neuen Hafen auf mehrere Esquimaux. Als wir sahen, daß einer oder zwei von ihnen schon recht alt waren, kam uns der Gedanke, ihnen ein paar Fragen bezüglich des oben genannten Schiffes und der Schaluppe zu stellen. Dies war um so leichter, als wir uns der Hilfe eines Esquimaux bedienen konnten, der damals als Dolmetscher für die Company arbeitete und in dieser Eigenschaft alljährlich eines ihrer Schiffe begleitete. Die Auskunft, die wir von ihnen erhielten, war vollständig, klar und offen. Zusammengefaßt lautete sie wie folgt:

Als die Schiffe hier in Marble Island ankamen, war es bereits spät im Herbst. Bei der Einfahrt in den Hafen wurde das größere schwer beschädigt; aber nachdem die Engländer heil an Land gekommen waren, begannen sie, ein Haus zu bauen. Damals waren es etwa fünfzig Männer. Im folgenden Sommer (1720), sobald es das Eis zuließ, statteten die Esquimaux ihnen einen weiteren Besuch ab. Zu dieser Zeit war die Zahl der Engländer bereits erheblich reduziert, und die Überlebenden machten einen sehr kranken Eindruck. Nach Aussage der Esquimaux waren sie gerade sehr eifrig mit etwas beschäftigt, das diese nicht so recht beschreiben konnten; wahrscheinlich mit der Verlängerung eines Beibootes, denn in der Nähe des Hauses liegt noch immer eine große Menge Eichenspäne, die von Zimmermannsarbeiten herrühren könnten.

Krankheit und Hunger setzten den Engländern dermaßen zu, daß sich ihre Zahl zu Beginn des zweiten Winters auf zwanzig verringert hatte. In diesem Winter (1720) schlugen einige Esquimaux ihren Wohnsitz auf der den Engländern gegenüberliegenden Hafenseite auf*) und versorgten diese wiederholt aus ihren eigenen Vorräten, vor allem mit Walfett, Robbenfleisch und Tran. Im nächsten Frühjahr zogen sie wieder aufs Festland, und als sie im Sommer 1721 nach Marble Island zurückkehrten, waren nur noch fünf der Engländer am Leben. Diese waren so ausgehungert, daß sie das von den Eingeborenen eingetauschte Robbenfleisch und Walfett sofort roh hinunterschlangen. Sie wurden aber davon so krank, daß drei von ihnen nach ein paar Tagen starben. Die letzten beiden – obgleich ebenfalls schon recht schwach – gingen daran, sie zu bestatten. Diese beiden überlebten die anderen um viele Tage und stiegen oft auf die Spitze eines nahegelegenen Felsens, von wo sie angestrengt nach Süden und Osten spähten, als ob sie hofften, daß irgendein Schiff zu ihrer Rettung käme. Nachdem sie dies eine lange Zeit getan hatten und nichts in Sicht kam, setzten sie sich eng nebeneinander und weinten bitterlich. Schließlich starb einer der beiden. Aber auch der andere war so erschöpft, daß er bei dem Versuch, ein Grab für seinen Gefährten auszuheben, zu Boden stürzte und starb. Die Schädel und weitere große Knochen dieser beiden Männer liegen noch auf der Erdoberfläche in der Nähe des Hauses. Der letzte Überlebende war nach Aussage der Esquimaux ständig damit beschäftigt, aus Eisen Werkzeuge für sie anzufertigen; wahrscheinlich war es der Waffenmeister oder Schmied.

Einige Nord-Indianer, die im Frühjahr des Jahres 1768 nach Fort Prince of

---

*) Ich habe die Ruinen dieser Häuser mehrmals besichtigt; sie liegen auf der Westweite des Hafens und werden aller Wahrscheinlichkeit nach noch viele Jahre überdauern.
Es ist ziemlich überraschend, daß weder Middleton noch Ellis, Christopher, Johnston oder Garbet diesen Hafen nicht bereits früher entdeckt haben. Sie alle sind auf Marble Island gewesen, einige sogar mehrmals. Insbesondere gilt dies für den letztgenannten Gentleman, der an einem wunderschönen Sommertag des Jahres 1766 um die ganze Insel herum segelte. Statt dessen blieb seine Entdeckung einem Mr. Joseph Stephens! vorbehalten, dem untalentiertesten Menschen, dem ich je begegnet bin, der aber damals Kapitän des Walfängers *Success* war. 1769 wurde ihm sogar das Kommando über die *Charlotte* anvertraut, eine elegante Brigg von 100 t, auf der ich als Maat Dienst tat.

Wales kamen, um Handel zu treiben, brachten weitere Kunde vom »Großen
Fluß«, wie er genannt wurde, sowie mehrere Stücke Kupfererz, die angeblich
aus der ihm nahegelegenen Mine stammten. Dies veranlaßte Mr. Norton,
den damaligen Governor am Churchill, die Aufmerksamkeit der Company
auf diese Angelegenheit zu lenken. Als er im selben Jahr nach England fuhr,
bekam er die Gelegenheit, seine gesamten Informationen dem Verwaltungs-
rat vorzutragen, seine Meinung dazu zu äußern und einen Plan zu entwik-
keln, wie man höchstwahrscheinlich diese Minen finden könne. Auf Grund
seiner Ausführungen beschloß das Komitee, eine intelligente Person auf dem
Landweg loszuschicken, um die Länge und Breite der Flußmündung zu
erkunden, eine Karte von der durchwanderten Gegend zu zeichnen, und
einen genauen Reisebericht anzufertigen. Ich wurde als der für diese Expedition richtige Mann ausgesucht. Mit dem Schiff, das im Sommer 1769 zum
Churchill segelte, schickt die Company mir einige astronomische Instru-
mente, die leicht zu transportieren und für derartige Beobachtungen gut
geeignet waren, die man von mir verlangte . . .

Anhang III: Chronologien

Chronologie der wichtigsten Ereignisse im Leben von Kapitän James Knight

ca. 1650	Knights Geburtsjahr
August 1676	Ankunft des Versorgungsschiffes *Shaftesbury* der Hudson's Bay Company in Fort Charles an der Mündung des Rupert River in der James Bay. An Bord der Schiffszimmermann James Knight, der sich für fünf Jahre zum Dienst im Bottom of the Bay verpflichtet hat.
1681	Knight kehrt nach London zurück. Kurz darauf wird er zum Verwalter von Fort Albany an der Westküste der James Bay ernannt und nachfolgend zum Deputy Governor an der Hudson Bay.
Mai 1682	Knight segelt zur Hudson Bay, um seinen Dienst anzutreten.
1683	Anstelle von Knight erhält Henry Sergeant den freigewordenen Posten des Governors.
September 1685	Knight wird nach London zurückgerufen, um sich gegen den Vorwurf privater Geschäftemacherei zu verteidigen. Muß im November einem Tribunal Rede und Antwort stehen und wartet anschließend auf eine Gegenüberstellung mit seinem Ankläger Henry Sergeant.
Oktober 1687	Governor Henry Sergeant kehrt nach seiner schmachvollen Übergabe von Fort Albany nach London zurück. Er erhärtet seine Vorwürfe gegen Knight, der den Dienst bei der Company quittiert.
1692	Pläne zur Rückeroberung von Fort Albany. Knight soll als Governor of the Bottom of the Bay das Kommando übernehmen. Er ist inzwischen Kaufmann in London, finanziell unabhängig; ein Mann in den besten Jahren. Im März erklärt sich Knight bereit, den Angriff zu leiten. Er diktiert der Company seine Bedingungen.

August 1692	Knight kehrt an Bord der Fregatte *Royal Hudson's Bay* und in Begleitung von vier weiteren schwer bewaffneten Schiffen in die Hudson Bay zurück. Die Schiffe überwintern am Eastmain, wo er seinen Angriffsplan vorbereitet und auf Mineraliensuche geht.
Juni 1693	Knight erobert Fort Albany zurück und bleibt weitere vier Jahre in der Bucht.
August 1697	Knight segelt nach England.
1698–1700	Er kehrt für kurze Zeit als Governor of the Bottom of the Bay an die Hudson Bay zurück.
1703	Knight wird in den Verzeichnissen als Londoner Gentleman und offensichtlich erfolgreicher und einflußreicher Geschäftsmann geführt.
Februar 1710	Knight reist mit Sir Bibye Lake nach Holland, um sich dort mit dem Duke of Marlborough und dem Viscount Townshend zu treffen. Die Verhandlungen über die Rückgabe und Wiedergewinnung der von den Franzosen besetzten Handelsposten und Ländereien an der Bay dauern vier Monate.
1710–14	Knight ist in London. Er leidet an einer Reihe, im einzelnen nicht spezifizierter Beschwerden.
April 1714	Knight – inzwischen Mitte Sechzig – übernimmt es, als Governor Fort York wieder in Besitz zu nehmen. Begleitet von seinem Stellvertreter Henry Kelsey kehrt er auf der *Union* an die Bay zurück.
September 1714	Übernahme von Fort York.
Ende September 1714	Knight begegnet Thanadelthur. Sie erzählt ihm von einem fernen Land mit einem Reichtum am Mineralien und Pelztieren sowie von einer Meerenge, bei der es sich für ihn nur um die Nordwest-Passage handeln kann.
Mai 1715	Infolge des Tauwetters kommt es am Hayes River zu einer Hochwasserkatastrophe. Knight und seine Leute fliehen aus dem Fort.
Juni 1715	Knight schickt William Stuart und Thanadelthur mit einer Gruppe Freiwilliger in die Barren Lands, um einen Frieden zwischen den sich bekriegenden Indianerstämmen zu vermitteln.
Sommer 1715	Das Versorgungsschiff *Hudson's Bay III* unter Kapitän Joseph Davis verfehlt die Zufahrt zum Hayes River und segelt nach England zurück, ohne seine Ladung gelöscht zu haben. Unter den vom Tauschhandel mit dem Fort abhängigen Indianern bricht im darauf folgenden Winter eine Hungersnot aus.

Mai 1716	Die Ergebnisse von Stuarts Reise festigen Knights Überzeugung, daß es im Nordwesten nicht nur eine Passage, sondern auch reiche Erzvorkommen gibt.
Juni 1716	Knight ist angesichts der zahlreichen verhungernden Indianer, die das Fort umlagern, entsetzt. Er fürchtet um die Sicherheit seiner Leute.
August 1716	Die Situation wird immer verzweifelter. Knight beschleunigt die Arbeiten an den Palisaden. Am 23. August blufft Knight die Indianer mit der Ankündigung, daß innerhalb der nächsten zehn Tage ein Versorgungsschiff kommen werde. Sieben Tage später sind die Palisaden fertig.
2. September 1716	Kanonendonner kündet die Ankunft eines Versorgungsschiffes an, das am nächsten Tag das Fort erreicht.
8. Dezember 1716	Knight notiert in seinem Journal, Thanadelthur sei erkrankt.
5. Februar 1717	Thanadelthur stirbt.
Juli 1717	Knight reist zur Mündung des Churchill River, nachdem er eine Vorhut vorausgeschickt hatte, die das alte Fort wieder aufbauen sollte. Ihn beunruhigt das Auftauchen von Inuit. Am 18. Juli schickt er Richard Norton mit zwei Begleitern auf die Suche nach den Nord-Indianern, um ihnen von dem neuen Fort zu berichten.
September 1718	Henry Kelsey tritt die Nachfolge Knights als Governor-in-Chief in Fort York an.
November 1718	Nach einer stürmischen Heimfahrt, die er nur knapp überlebt, erreicht Knight an Bord der *Albany* die Themse. Berichte über seine Erkrankung machen die Runde.
März 1719	Das Company-Komitee diskutiert einen Brief Knights, in dem er den Plan für eine Entdeckungsreise entwickelt. Kurz darauf erscheint er selbst vor dem Komitee. Am 24. April berät das Komitee abermals über seinen Vorschlag. Man einigt sich darauf, ihn bei seiner Suche nach Gold und Kupfer zu unterstützen. Am 22. Mai werden die Vertragsbedingungen festgelegt.
5. Juni 1719	Knight und seine Mannschaften verlassen Gravesend mit der Fregatte *Albany* und der Schaluppe *Discovery*.
1720?	Knights Tod
September 1724	Testamentseröffnung

Eine Chronologie der Funde und Informationen, die Auskunft über den Verbleib der Knight-Expedition gaben.

Juli – August 1720	Auf einer Handelsreise in das Gebiet nördlich von Fort York hört John Hancock, Kapitän der *Prosperous,* von Inuit erste Einzelheiten über den Verbleib der Knight-Expedition.
April 1721	Richard Staunton erfährt von Nord-Indianern, daß die weiter entfernt lebenden Copper-Indianer im Sommer zuvor Weißen begegnet seien.
1721	Auf einer Handelsfahrt nördlich des Churchill River entdeckt Henry Kelsey unter dem Besitz der Inuit Gegenstände der verschollenen Expedition – erste Anzeichen für eine Katastrophe. Am 9. August entschließt er sich jedoch, nicht weiter nach Knight zu suchen, sondern zum Churchill zurückzukehren, wo er am 16. August ankommt.
Juli 1722	Die *Whalebone* unter Kapitän John Scroggs wird auf die Suche nach den Kupferminen nach Norden geschickt. Offensichtlich hatte er jedoch keinen Auftrag, nach der verschollenen Expedition Ausschau zu halten. Zufällig findet Scroggs auf Marble Island Beweise für eine Schiffskatastrophe. Am 25. Juli notiert Richard Staunton in seinem Journal, Scroggs sei überzeugt, daß alle Mitglieder der Knight-Expedition von den Inuit umgebracht worden seien.
ca. 1738	Auf einer Handelsreise in den Norden begegnet Kapitän Francis Smith einem jungen Inuit, den die anderen »Engländer« rufen; offensichtlich ein Mischling.
August 1742	Die Royal Navy beteiligt sich zum ersten Mal an der Suche nach der Nordwest-Passage und entsendet die Kapitäne Christopher Middleton und William Moor mit ihren Schiffen in die Bay. Bei einem Zwischenstopp auf Brook Cobham – der späteren Marble Island – entdeckt die Expeditionscrew zahlreiche Wrackteile der *Albany* und der *Discovery.*
August 1746	Die *Dobbs Galley* unter Kapitän William Moor und die *California* unter Francis Smith ankern vor Marble Island. Wieder werden Wrackteile von Knights Schiffen gefunden.
November 1765	Zwei Inuit-Jungen von der Nordwestküste der Hudson Bay erzählen Moses Norton, was sie über die Knight-Expedition gehört haben: Demzufolge seien zwei Schiffe im Herbst vor Marble Island gestrandet, die Mannschaften aber heil an Land gekommen, wo

sie nahe dem Strand »Hütten« gebaut hätten. Die Männer hätten offensichtlich mit den ansässigen Inuit Eisen gegen Nahrung getauscht. Aber sie seien bald gestorben; den Winter habe keiner überlebt.

Juli–August 1767 Am 22. Juli entdeckt Kapitän Joseph Stevens am östlichen Ende von Marble Island den Hafen, in dem die Knight-Expedition überwintert hatte. Er untersucht die Artefakte und das Haus der verschollenen Expedition. Am 4. August graben seine Männer den Boden im Innern des Hauses auf und finden unter anderen Dingen einen Menschenschädel. – Hearne besucht den Fundort, um Kohlen zu holen. In ihren Journalen berichten Joseph Stevens und Magnus Johnston, er habe dabei eine Menge Gräber entdeckt.

August 1768 Die *Success* unter dem Kommando von Stevens und die Schaluppe *Speedwell* unter Hearne kommen ein weiteres Mal nach Marble Island, und Stevens entdeckt am Ostende des Hafens eine Galionsfigur.

Juli–August 1769 Stevens kehrt abermals mit der Brigg *Charlotte* (mit Hearne als Maat) nach Marble Island zurück, wo er sich mit Kapitän Johnston von der *Churchill* trifft. Zu dieser Zeit wissen sie bereits, daß die Wrackteile von der Knight-Expedition stammen. Jahre später berichtet Hearne, daß man damals einige Inuit über die Katastrophe befragt habe. Er beschreibt, daß er auf der Erde in der Nähe des Hauses die Skelettreste der beiden letzten Überlebenden gesehen habe und im Ostende des Hafens in fünf Faden Tiefe auch die Rümpfe der beiden Schiffe Knights.

August 1791 Der nächste Europäer, der auf der Suche nach der Nordwest-Passage den Osthafen von Marble Island besucht, ist der Kapitän der Royal Navy Charles Duncan mit der Brigg *Beaver*. Duncan und sein Maat entdecken Schiffsteile, die Überreste von zwei Ankern, Ziegelsteine und menschliche Knochen.

1867 Amerikanische Walfänger von der *Orray Taft* und ihre englischen Kollegen von der *Ocean Nymph* holen sich vom Fundort der Knight-Expedition Kohlen.

Anmerkungen

Die meisten Quellen, die für die Arbeit an diesem Buch herangezogen wurden, sind im Text aufgegangen oder aber wörtlich zitiert worden. Die folgenden Anmerkungen sollen der weiteren Vertiefung der jeweiligen Ausführungen dienen. Die angegebenen Seitenzahlen verweisen auf die entsprechenden Textstellen, an der die Quelle das erste Mal erwähnt wird. Im Hinblick auf laufende Untersuchungen und Veröffentlichungen werden gelegentlich mehrere Quellen zitiert. In einigen Fällen enthalten sie auch zusätzliche Informationen zu den im Text behandelten Themen. Eine vollständige Liste des gesamten Quellenmaterials folgt. Für Hinweise auf irgendwelche Irrtümer oder Auslassungen sind wir jederzeit dankbar. Hudson's Bay Company Archives, Provincial Archives of Manitoba erscheint abgekürzt als HBCA; Public Record Office (UK) als PRO.

1 — Die unglücklichen Opfer
S. 25: Johnston Journal, 1766, HBCA B 42/a/66; ein vollständiger Bericht über die Entdeckungen auf Marble Island findet sich in Stevens Journal, 1767. HBCA B 42/a/69.

S. 26: Johnston Journal, 1767, HBCA 42/a/68; Samuel Hearne, Einleitung zu »A Journey . . .«, S. XXXI.

S. 27: Journal des Fort Prince of Wales, 22. Aug. 1767. HBCA B 42/a/67.

2 — Ein Ort der Dunkelheit
S. 33: Journal des Fort Prince of Wales, 29. Nov. 1765. HBCA B 42/a/64. The Weekly Journal or Saturday's Post, 6. Juni 1719. British Library Burney 194 b; Es gibt mehrere Versionen der Legende, wonach Besucher von Marble Island den Strand hinaufkriechen müssen. Eine berichtet von einer alten Frau, die sich gewünscht hatte, eine Insel aus Eis möge sich in Marmor verwandeln. Nachdem dieser Wunsch in Erfüllung gegangen war, lebte ihr Geist auf der Insel, und um ihn zu ehren, betreten die Menschen die Insel nur auf allen vieren. So: Kappi, »Marble Island«, S. 13. Ein Bericht über das plötzliche Auftauchen der Insel aus dem Eis und den daraus entstandenen »Aberglauben« findet sich in: Hanbury, »Sport and Travel in the Northland of Canada«, S. 53. Bereits 1765 wird davon berichtet, daß die Inuit die Insel meiden, die sie Dead Mans Island nennen: Journal des Fort Prince of Wales, 29. Nov. 1765, HBCA B 42/a/64.

S. 35: Eine Übersicht über die frühen Reisen gibt: Wallis, »England's Search for the Northern Passages in the Sixteenth and Early Seventeenth Centuries«, S. 453−472. − Über Hudsons Entdeckungen vgl. Asher, »Henry Hudson, The Navigator«, sowie Davis in Markham, »The Voyages and Works of John Davis, The Navigator«.

S. 36: James' dramatischer Reisebericht ist noch immer die aufregendste Schilderung der Arktis. Er ist in zahlreichen Neuauflagen erschienen. Hier ist die Originalausgabe von 1633 verwandt worden: James, »The Strange and Dangerous Voyage of Captaine Thomas James«, London: John Legatt.

S. 37: vgl. Christy (Hrsg.), »The Voyages of Captain Luke Foxe of Hull and Captain Thomas James of Bristol, In: Search of a North-West Passage, In 1631−32.«

S. 38: Beatties Nachforschungen über das Schicksal der Franklin-Expedition sind nachzulesen in: Beattie & Geiger, »Frozen In Time«; deutsche Ausgabe: Der eisige Schlaf − Das Schicksal der Franklin-Expedition; vgs verlagsgesellschaft, Köln 1989. − Wegen des Interesses von Kapitän Charles Francis Hall an der Knight-Expedition vgl.: S. 55/56, Nourse, J. E., »Narrative of the Second Arctic Expedition made by Charles F. Hall«. Washington: Government Printing Office. 1879.

S. 39: Beatties ursprüngliches Konzept für eine Untersuchung der Knight-Katastrophe findet sich in: Reed, David W. (Hrsg.), 1990. »Spirit of Enterprise: The 1990 Anwards«. Bern: Buri.

3 − Der hinterste Winkel Nordamerikas
S. 47: Zur Biographie von Knight vgl.: Kenney, »The Founding of Churchill«, S. 3−108, und Davis (Hrsg.), »Letters From Hudson Bay 1703−40«, S. 394−410. − Über Knights Karriere im Rahmen der Geschichte der Hudson's Bay Company siehe die Berichte in: Rich, »Hudson's Bay Company 1670−1870«, Bd. I, 1670−1763. − Ein vollständiger Bericht der Umstände, die zur Knight-Expedition führten, sowie über ihre Vorbereitung findet sich in: Williams, »James Knight and the Strait of Anian«, in: The British Search for the Northwest Passage in the Eighteenth Century, S. 1−30.

S. 55/56: Londoner Protokollbuch, 14. März 1692, HBCA A 1/14; und Londoner Protokollbuch, 18. April 1692, HBCA A 1/14.

S. 57/58: vgl. die französische Version der Geschehnisse in Albany in: Tyrrell (Hrsg.), »Documents Relating to the Early History of Hudson Bay«. − Informationen über Knights Gefangenen finden sich in: Londoner Protokollbuch, 29. Nov. 1693, HBCA A 1/16.

S. 63: Knights acht Bedingungen umfassende Liste für die Übernahme des Gouverneurpostens ist nachzulesen in: Londoner Protokollbuch, 20. Mai 1713, HBCA A 1/33.

S. 64: Kelseys Karriere ist zusammengefaßt in: Davies (Hrsg.), »Letters From Hudson Bay, 1703−40«, S. 376−394. Siehe auch: Doughty & Martin, Einleitung, in: »The Kelsey Papers«, und Kenney, »The Career of Henry

Kelsey«. – Kelseys wunderlicher, in Reime gefaßter Bericht über die Reise im Jahr 1690, ist bezeichnend für Versmaß und Reim:
And for my masters I speaking for ym all
This neck of land I deerings point did call
Distance from hence by Judgement at ye lest
From ye house six hundred miles southwest
Through rivers wch run strong with falls
thirty three Carriages five lakes in all . . .
S. 65: Knights Fort York-Journal und sein am Churchill River geführtes Tagebuch finden sich in: York Fort Journal, 1714–15, HBCA B 239/a/1; York Fort Journal, 1715–16, HBCA B 239/a/2; York Fort Journal, 1716–17, HBCA B 239/a/3; Churchill Journal, 1717–18, HBCA B 239/a/3.

4 – Die Indianerin
S. 73: Coronados Heldentaten sind beschrieben in: DeVoto, »Children of the Sun«, in: *The Course of Empire.*
S. 74/75: Curtis, »The Northern American Indian«, Vol. 18; Van Kirk, »Thanadelthur«, S. 40–45. Für weitere Informationen über die »Slave Squaw« siehe: Pincott, »What Churchill Owes to a Woman«, S. 100–103, und Davies (Hrsg.), »Letters From Hudson Bay, 1703–40«, S. 410–413.
S. 75: Ball, »Synoptic Analysis of Climate for Southwestern Hudson Bay, AD 1720–29« (erscheint demnächst); ferner Ball, »Historical and instrumental evidence of climate: western Hudson Bay, Canada 1714–1850«. Ball, Professor für Geographie und Klimatologie, hat zahlreiche Abhandlungen über das Klima im 18. und 19. Jahrhundert und seine Auswirkungen auf den Pelzhandel veröffentlicht. Weitere Hinweise enthält das Literaturverzeichnis.
S. 76: Die auf Beobachtungen am Churchill basierende Abhandlung »Extraordinary Degrees and Surprizing Effects of cold in Hudson's-Bay North America« aus dem Jahr 1742 findet sich in: Middleton, »A Vindication . . .« S. 193–206.
S. 77: Eine Kopie von Knights *Orders of the Men's Behaviour* ist in seinem Journal von Fort York, 1714–15, enthalten, HBCA B 239/a/1.
S. 79: Alexander Apthorp an das Komitee, 2. Sept. 1716; in: Davies (Hrsg.), Letters From Hudson Bay, 1703–40, S. 51–53.
S. 80: Knights Instruktionen an William Stuart: *Orders wch you are to Observe & Follow as Nere as Possible,* datiert vom 27. Juni 1715, sind in seinem Journal von Fort York enthalten, s. o. Unter Punkt acht wird Stuart aufgefordert, »der Indianerin zu sagen, sie solle ihren Landsleuten und diese wiederum allen ihren Freunden mitteilen, daß sie, wenn sie irgendwann ein Schiff mit Masten und Segeln sähen oder Kanonendonner hörten, keine Angst haben, sondern uns durch Rauchzeichen den Weg zu ihnen zeigen sollten, denn es handele sich um Engländer, die mit ihnen Handel treiben wollen.«
S. 81: Guinard, »Witiko Among the Tete-De-Boule«, Primitive Man, S. 69–71. Für eine etwas neuere Abhandlung über den Windigo (oder

Witiko) vgl. auch: Preston, Richard J., »The Witiko Algonkian Knowledge and Whiteman Knowledge«, in: *Myth*. S. 111–127; Der vollständige Bericht über die Heimsuchung der Cree durch einen Windigo bei Fort York im Jahr 1779 findet sich in: Umfreville, »The Present State of Hudson Bay«, S. 40–43. Umfreville berichtet, die Indianer beklagten sich, daß sie von einem üblen Wesen geplagt würden, einem Whit-ti-co, das sie »allgemein als äußerst abscheulich beschrieben.« Über den Vorfall im Jahr 1779 schreibt er, »der Teufel erfüllte ihre Zelte jede Nacht mit einem fürchterlichen Geheul . . . Sie hatten eine solche Angst, daß sie die ganze Nacht über in ihren Zelten große Feuer unterhielten und nur noch am Tag schliefen. Einer erzählte, er habe sein Gewehr auf ihn abgefeuert, ihn aber unglücklicherweise verfehlt. Er habe die Gestalt eines Menschen, trage einen Umhang und gehe mit weitausholenden Schritten über den Schnee . . . Später stellte sich heraus, daß dieser furchtbare Feind, der sie in eine solche Panik versetzt hatte, nichts weiter als eine Nachteule gewesen war.« – Hinsichtlich der Schwierigkeiten, die beim Bau von Fort York auftauchten, vgl.: Ingram, »York Factory: A Structural History«, S. 1–15.

S. 84: Thomas McCleish an das Komitee, 23. Aug. 1723, Davies (Hrsg.) »Letters From Hudson Bay, 1703–40«, S. 92–96.

5 – Nordlichter
S. 87: William Stuarts Brief an Knight datiert vom 16. Okt. 1715. Er schreibt unter anderem: »Ich hoffe, es geht Ihnen gut. Wir leiden im Augenblick schrecklichen Hunger. Dennoch setzen wir unsere Reise fort. Der ›Kapitän‹ (ein Cree) will keinesfalls aufgeben. Da ich jedoch befürchte, daß wir nichts zu essen finden, und bereits seit acht Tagen hungern, glaube ich nicht, daß ich Sie jemals wiedersehen werde, aber ich lasse den Mut nicht sinken. Büffel gibt es hier nicht. Wir sind etwa 100 Meilen vom Churchill River entfernt. Die meisten Indianer haben uns inzwischen verlassen. Ich wollte meinen Brief eigentlich schon früher absenden, aber die Indianer wollten nicht warten . . .« Eine Kopie des Briefes findet sich im Journal von Fort York unter dem 22. April 1716, HBCA B 239/a/2.

S. 88: Mehr über den Verlauf von Stuarts Reise in: Morton, »A History of the Canadian West . . .«, S. 133.

S. 89: Jenness, »Hunting Bands of Eastern and Western Canada«, in: Owen, u. a., *The North American Indians*, S. 203.

S. 90: Carruthers Zeugnis ist nachzulesen in: Reports from Committees of the House of Commons, Vol. II (1803), S. 230/31. Eine Diskussion über die Knight zugeschriebene Karte findet sich in: Warkentin & Ruggles, »Manitoba Historical Atlas«, S. 86; sowie in: Ruggles, »A country so interesting«, S. 30–31.

S. 91: Helm, »Matonabbees's Map«, S. 29/30. Kindle, »Classification and Description of Copper Deposits, Coppermine River Area . . .«, S. 21. Franklin u. a., »An Examination of Prehistoric Copper Technology and Copper Sources in Western Arctic and Subarctic North America«, S. 4–5.

S. 92: Hinsichtlich Knights Bericht über den Athabasca Teersand und Kelseys spätere Beschreibung vgl.: Davies (Hrsg.), »Letters of Hudson Bay, 1703–40«, S. 404.

S. 93: Eine sehr schöne Beschreibung von Knight's »petty dancers«, der Aurora borealis (Nordlicht), findet sich in: Lopez, »Arctic Dreams«, S. 232–236.

S. 99: Eine Studie über stechende Insekten in: Hocking, B. 1952: »Protection from northern biting flies«, Mosquito News 12, S. 91–102, zusammengefaßt in: Oliver, »Insects«, S. 422–424. Der Artikel kommt bei einer vorsichtigen Schätzung auf fünf Millionen Moskitos pro acre (4046,8 m²) im Gebiet der Hudson Bay. Frobishers erste Begegnung mit Moskitos, die »stingeth and offendeth sorelye« ist nachzulesen in: Collinson, »The Three Voyages of Martin Frobisher«, S. 286.

S. 102: Munks Bericht findet sich in: Gosch (Hrsg.), »Danish Arctic Expeditions 1605 to 1620«, Buch II S. 37–48.

6 – Seltsame Magie

S. 105: Kenney, »The Foundation of Churchill«, S. 78. *The Weekly Journal or Saturday's Post* vom 22. Nov. 1718, British Library, Burney 186 b.

S. 106: *The Weekly Journal or Saturday's Post* vom 20. Dez. 1718, British Library, Burney 186 b.

S. 107: Ein Bericht über Middletons frühere Karriere findet sich in: Middleton, »A Vindication of the Conduct . . .« S. 41. Middletons Zeugnis über Knight in: Dobbs, »Remarks upon Capt. Middleton's Defence«, S. 9. Über Sterblichkeit vgl.: McNamara, »Mortality trends: historical trends«, International Encyclopedia of Population, Bd. II, S. 459–461.

S. 109: Der Bericht über Berleys frühe Karriere ist entnommen: Hearne, »A Journey . . .«, S. XXIV n. Knight an Vaughan aus: Davies (Hrsg.), »Letters from Hudson Bay«, S. 69. Über Vaughans Karriere siehe ebenda S. 63 n. Apthorps Wahl für die Knight-Expedition siehe: HBCA A 6/4, fo. 32 d.

S. 110: Mannschaftsnamen: vgl. HBCA A 1/117 fo. 20 d, HBCA A 15/6 vom 4. Juni 1719.

S. 111: Hinsichtlich seiner Schatzkisten ist der Bericht der Hudson's Bay Company nicht ganz klar, siehe daher: Robson, »An Account of Six Years Residence in Hudson's Bay . . .« S. 37.

S. 113: Komitee an Kelsey, 1719, HBCA A 6/4.

S. 115: *The Weekly Journal or Saturday's Post* vom 6. Juni 1719, British Library, Burney 194 b.

7 – Die Insel der Toten

S. 121/122: Journal des Fort Prince of Wales vom 16. April 1721, HBCA B 42/a/1. Doughty & Martin (ed.), »The Kelsey Papers«, S. 116.

S. 123: Bezüglich der Anweisungen an Kapitän John Scroggs vgl.: 31. Juni 1722, HBCA B 239/b/3, fo. 11. Hinsichtlich seiner Charakterisierung und der Entdeckung des Vormastes vgl.: Drage: »An Account of a Voyage . . .«, S. 174–177. Stauntons Eintrag im Journal des Fort Prince of Wales vom 25. Juli 1722, in HBCA B 42/a/2, sowie vom 26. Juli 1722 an gleicher Stelle.

S. 123/124: Zwei nennenswerte, erhalten gebliebene Berichte über Scroggs Reise, die auf seinem verlorengegangenen Journal beruhen, finden sich bei Dobbs, »Remarks«, S. 113–17, und bei Drage, »An Account of a Voyage . . .«, S. 97/98, 174–180. Siehe ferner: Anon., »A Description of the Coast, Tide & Currents in Button's Bay«, S. 11. Eine Schätzung der Kosten der Knight-Expedition findet sich in: Dobbs, »Remarks«, S. 7.

S. 126: Auszug aus Knights Testament: »Ich, James Knight aus Bisham, auch Bulsham, in der Grafschaft Berks, Gentleman von guter Gesundheit . . . Und da ich im Begriff stehe, eine Seereise anzutreten, bin ich willens und bereit, meinen irdischen Besitz, mit dem mich der Allmächtige Gott gesegnet hat, zu ordnen und wie folgt zu verteilen . . . Ich gebe und hinterlasse meinem Sohn Gilpin Knight einen Schilling und nicht mehr, da er schon zu meinen Lebzeiten von mir weit mehr erhalten hat, als ich mir eigentlich nach den Umständen erlauben konnte . . . Den gesamten restlichen Nachlaß, sachliche wie persönliche Dinge . . . überlasse und vermache ich meiner geliebten Frau Elizabeth Knight für immer zu ihrer freien Verfügung . . .«. Das Testament datiert vom 3. Juni 1714. Der Text ist enthalten in: Kenney, »The Founding of Churchill«, S. 88/89. Das Original liegt beim Public Record Office (UK).

S. 128: Dobbs, »Remarks«, S. 5.

S. 129: Moors *Discovery*-Journal, PRO Adm. 51/290. Pt. IX; Middleton, »A Rejoinder . . .«, S. 119.

S. 131: Drage, »An Account of a Voyage . . .«, S. 98. Über die Geheimhaltungstaktik der Hudson's Bay Company und die in dieser Zeit gegen sie laut gewordene Kritik siehe: Williams, »The Hudson's Bay Company and Its Critics in the Eighteenth Century«, S. 149–171. Zu den parlamentarischen Anhörungen vgl.: Reports from Committees of the House of Commons, Bd. II (1803) S. 85, sowie Williams, »Arthur Dobbs and Joseph Robson: New Light on the relationship between Two Early Critics of the Hudson's Bay Company«, S. 132–136.

S. 133: Moses Norton schildert die Erzählung der beiden Inuit-Jungen im Journal des Fort Prince of Wales, 29. Nov. 1765, HBCA B 42/a/64.

S. 134/135: vgl. Walkers Journal, 1750, HBCA 42/a/35; Walkers Journal, 1751, HBCA B 42/a/37; Walkers Journal, 1753, HBCA B 42/a/41.

S. 138: Über den Besuch auf Marble Island im Jahr 1768 siehe: Stevens Journal, 1768, HBCA B 42/a/72; Hearnes Journal, 1768, HBCA B 42/1/73: Johnstons Journal, 1768, HBCA B 42/a/71.

S. 139: siehe: Johnstons Journal, 1769, HBCA B 42/a/75; Stevens Journal, 1769, HBCA B 42/a/76.

8 — Ein Ort, an dem die Zeit stillsteht

S. 146: Glover, Einführung, in: »Letters From Hudson Bay 1703—40«, S. lvii — lviii; Neatby, »History of Hudson Bay«, in: *Science, History and Hudson Bay*, Bd. I, S. 99.

S. 147: Whymper, »Heroes of the Arctic«, S. 62.

S. 149: Osborn, Lieut. Sherard, »Stray Leaves from an Arctic Journal; or Eighteen Months in the Polar Regions, in Search of Sir John Franklin's Expedition, in the Years 1850—51.« (London, 1865).

S. 153: Christy (Hrsg.), »The Voyages of Captain Luke Foxe of Hull and Captain Thomas James of Bristol, In Search of a Northwest Passage, In 1631—32.«

S. 154: Drage, »An Account of a Voyage«, S. 95.

S. 157: Für eine geologische Beschreibung von Marble Island vgl.: Bell, »Quartzite from Marble Island«, und Tyrrell, »Description of Marble Island, Hudson Bay«.

S. 159: Parkers Journal, 14. Juni 1867, Kendall Whaling Museum, Sharon, Mass. Reel 31, File 277; Ross, »Whaling in Hudson Bay, Part II — 1866—76«, S. 40—47.

S. 159/160: Martin, »Life and Death at Marble Island«, S. 48—56; Tuttle, »Our North Land«, S. 110.

S. 161/162: Gilder, »Schwatka's Search«, S. 37; Smith and Barr, »Record of the Sloop *Churchill's* visit to Marble Island in 1787«, S. 53.

S. 163: Arima, »Caribou Eskimo«, in: *Handbook of North American Indians* (Vol. 5 Arctic), S. 459; Ellis, »A Voyage to Hudson's Bay«, S. 137.

S. 165: Taylors Journal, 28. Aug. 1791, HBCA C 1/204, fo.47; ein Bericht über Duncans Erkrankung findet sich in: HBCA C 7/13, fo.1—1d; eine Schilderung seiner Expedition in: Williams, »The British Search for the Northwest Passage in the Eighteenth Century«, S. 245—248.

S. 165: Duncan an das Komitee, 8. Sept. 1791, HBCA A 10/1, fo. 30—30d; vgl. im übrigen die Landschaftsschilderung in MacLaren, »Samuel Hearne & The Landscapes of Discovery«, S. 27—40.

S. 166: Für Frobishers Begegnungen mit den Thule vgl.: Collinson, »The Three Voyages of Martin Frobisher«; McGhee, »Thule Culture and the Inuit (AD 1000—1600)«, in: *Canadian Arctic Prehistory, S. 83—115.*

9 — Der letzte Überlebende

S. 172: Hinsichtlich der 1970 und 1971 durchgeführten Untersuchungen siehe die Berichte in: Smith, »Relicts of James Knight«, S. 36—41; Zacharchuk, »The House That Knight Built«, S. 12—15; Smith & Barr, »Marble Island; A Search For The Knight Expedition; August 6—15, 1970«; ebenso Smith, »Marble Island: A Search For The Knight-Expedition« (unveröffentlichter Bericht); Smith, »Discovery of one of James Knight's Ships at Marble Island: a preliminary report« (unveröffentlicht).

S. 182/183: Mannschafts- und Proviantlisten in: Grand Journal HBCA A 15/6; London Rough Minute Book, HBCA A 1/117; Grand Leger, HBCA

A 14/7; ähnlich auch Williams, »The British Search for the Northwest Passage in the Eighteenth Century«, S. 10−11.

10 − Das Geisterschiff
S. 197: Bezüglich der 1971 unternommenen Tauchversuche siehe: Smith, »Discovery of One of James Knight's Ships at Marble Island: a preliminary report«, S. 12−14; ebenso Smiths unveröffentlichter Bericht.

S. 202: Hickey, »An Examination of Processes of Cultural Change among Nineteenth Centura Copper Inuit«, S. 13−31.

11 − Eine Reise ins Nordmeer
S. 209: Rich (Hrsg.), »James Isham's Observations on Hudsons Bay, 1743«, S. 179.

S. 210: Hearnes Ausführungen sind zusammengefaßt in: Hume, »To Walk on the Wind«, in: *Ghost Camps,* S. 19−32.

S. 212: Glover, Einführung zu: »A Journey From Prince of Wales's Fort . . .«, S. xxxix−xi.

S. 213: Tyrrell, Einführung zu: »A Journey From Prince of Wales's Fort . . .«, S. 15.

S. 215: Bezüglich der Abweichungen zwischen Hearnes Tagebuchaufzeichnungen und der »Journey« vgl.: MacLaren, »Samuel Hearnes Accounts of the Massacre at Bloody Fall, 17. July 1771«, S. 25−51; hinsichtlich der Diskussion über die Zuverlässigkeit seines veröffentlichten Berichts siehe: MacLaren, »Exploration/Travel Literature and the Evolution of the Author«, S. 39−68.

S. 216: Greenfield, »The Idea of discovery as a Source of narrative Structur in Samuel Hearne's Journey To The Northern Ocean«, S. 189−209.

12 − Totenstille
S. 225: Berichte über eine Überquerung des Eises zwischen dem Festland und Marble Island finden sich in: Klutschak, »Overland to Starvation Cove«, S. 34/35; Ferguson, »Arctic Harponer«, S. 87; Ross, »Whaling in Hudson Bay«, Part. II S. 44.

S. 228: Eine kritische Betrachtung der geographischen Informationen Knights in: Williams, »The British Search for the Northwest Passage in the Eighteenth Century«, S. 4−6.

S. 229: Kindle, »Classification and Description of Copper Deposits, Coppermine River Area«, S. 6.

Quellen

I. Zeitungen

The Weekly Journal or Saturday's Post, 22. Nov. 1718. British Library, Burney 186 b
The Weekly Journal or Saturday's Post, 20. Dez. 1718. British Library, Burney 186 b
The Weekly Journal or Saturday's Post, 6. Juni 1719. British Library, Burney 194 b

II. Unveröffentlichte Dokumente

York Fort Journal, 1714–15. HBCA B 239/a/1
York Fort Journal, 1715–16. HBCA B 239/a/2
York Fort Journal, 1716–17. HBCA B 239/a/3
York Fort Journal 10. Aug. 1720. HBCA B 239/a/5, fo. 80 d
York Fort Journal, 1721–22. HBCA B 239/a/7
Churchill Journal, 1717–18. HBCA B 239/a/3
Churchill Journal, 1718. HBCA B 42/a/1
Prince of Wales's Fort Journal, 22. Aug. 1767. HBCA B 42/a/67
Prince of Wales's Fort Journal, 29. Nov. 1765. HBCA B 42/a/64
Prince of Wales's Fort Journal, 1720–21. HBCA B 42/a/1
Prince of Wales's Fort Journal, 1721–22. HBCA B 42/a/2

Moor Journal, 1742. P.R.O. Adm 51/290, Pt. IX
Walker Journal, 1750. HBCA B 42/a/35
Walker Journal, 1751. HBCA B 42/a/37
Walker Journal, 1753. HBCA B 42/a/41
Johnston Journal, 1765. HBCA B 42/a/63
Johnston Journal, 1766. HBCA B 42/a/66
Johnston Journal, 1767. HBCA B 42/a/68
Johnston Journal, 1768. HBCA B 42/a/71
Johnston Journal, 1769. HBCA B 42/a/75
Stevens Journal, 1767. HBCA B 42/a/69

Stevens Journal, 1768. HBCA B 42/a/72
Stevens Journal, 1769. HBCA B 42/a/76
Hearne Journal, 1768. HBCA B 42/1/73
Taylor Journal, 1791. HBCA C 1/204, fo. 47
Parker Journal, 1867. Kendall Whaling Museum, Reel 31, File 277

London Minute Book, 1692. HBCA A 1/14
London Minute Book, 1693. HBCA A 1/16
London Minute Book, 1700/01. HBCA A 1/23
London Minute Book, 1701/02. HBCA A 1/25
London Minute Book, 1702/03. HBCA A 1/25
London Minute Book, 1703/04. HBCA A 1/26
London Minute Book, 1704/05. HBCA A 1/27
London Minute Book, 1705/06. HBCA A 1/28
London Minute Book, 1706/07. HBCA A 1/29, fo. 4. fo. 6
London Minute Book, 1709/10. HBCA A 1/32
London Minute Book, 1711/18. HBCA A 1/33
Apthorp's selection for Knight expedition, siehe HBCA A 6/4. fo. 32 d
Grand Journal HBCA A 15/6
London Rough Minute Book HBCA A 1/117, fos. 13−24 d
Grand Leger 1717, HBCA A 14/7

Knight an Staunton, 28. Juni 1715. HBCA A 6/4
Komitee an Knight, 31. Mai 1717. HBCA A 6/4
Komitee an Kelsey, 4. Juni 1719. HBCA A 6/4
Komitee an MacLeish, . . . 1719. HBCA A 6/4
Duncan an das Komitee, 8. Sept. 1791. HBCA A 10/1, fo. 30−30 d
An Kapitän Charles Duncan HBCA C 7/13, fo. 1−1 d
Komitee an Kelsey, 26. Mai 1721. HBCA A 6/4, fo. 48 d−50 d
Kelsey an Staunton, 1. Febr. 1719/20. HBCA B 239/b/1, fo. 26−26 d
Kelsey an Staunton, 12. April 1720. HBCA B 239/b/1, fo. 26 d−27

Anordnungen an Kapitän John Scroggs 31. Juni 1722. HBCA B 239/b/3, fo. 11
HBCA B 59/a/9, fo. 3
HBCA RG 20/6C/8

III. Literaturverzeichnis

ADAMS, PERCY G. 1962. Travelers and Travel Liars 1600−1800. Berkeley: University of California Press.
ANONYM. 1746. A Description of the Coast. Tides, and Currents, in Button's Bay. Dublin.
ANONYM. 1749. Reasons to shew, that there is a great Probability of

a Navigable Passage to the Western American Ocean, through Hudson's Streights, and Chesterfield Inlet. London.

ANONYM. 1749. Report from the Committee. Appointed to enquire into the State and Condition oft the Countries adjoining to Hudson's Bay, and of the Trade carried on there. Reports from Committees of the House of Commons, Vol. 11. 1803.

ARIMA, EUGENE Y. 1984. Caribou Eskimo. In: Handbook of North American Indians. Volume 5, Arctic. Washington: Smithsonian Institution.

ASHER. G. M. 1869. Henry Hudson, The Navigator. London: The Hakluyt Society.

BALL, T. F. 1992. Synoptic Analysis of Climate for Southwestern Hudson Bay: A. D. 1720−29. (unveröffentlicht)

BALL, T. F. 1992. Historical and instrumental evidence of climate: western Hudson Bay, Canada, 1714−1850. In: Climate Since AD 1500, R. S. Bradley & Philip D. Jones (Hrsg.) London: Routledge Chapman & Hall.

BALL, T. F. 1986. Historical evidence and climatic implications in the boreal tundra transpition in Central Canada, Climatic Change 8 (1986) S. 121−134.

BALL, T. F. 1983. Migration of geese as an indicator of climate change in the southern Hudson Bay region between 1715 and 1851 Climatic Change 5 (1983) S. 85−93.

BARR, WILLIAM (Hrsg.), 1988. Heinrich Klutschak Overland to Starvation Cove; With the Inuit in Search of Franklin 1878−1880. Toronto: University of Toronto Press.

BARROW, JOHN. 1818. A Chronological History of Voyages into the Arctic Regions; Undertaken Chiefly for the Purpose of Discovering a North-east, North-west, or Polar Passage Between the Atlantic and Pacific; From the Earliest Periods of Scandinavian Navigation, to the Departure of the Recent Expeditions, under the orders of Capitains Ross and Buchan. London: John Murray.

BARROW, JOHN (Hrsg.). 1852. The Geography of Hudson's Bay; Being the Remarks of Captain W. Coats, in many voyages to that locality, between the years 1727 and 1751. London: The Hakluyt Society.

BEATTIE, OWEN und Geiger, John. 1987. Frozen In Time: The Fate of the Franklin Expedition. London: Bloomsbury Publishing Ltd.; dt. Ausgabe: Der eisige Schlaf − Das Schicksal der Franklin-Expedition. vgs verlagsgesellschaft, Köln 1989.

BELL, R. 1884. Quartzite from Marble Island, Hudson Bay. Geological Survey of Canada, Report of Progress, 1882−84.

BERKLEY, GEORGE. 1910. A New Theory of Vision. London: J. M. Dent & Sons.

BRUEMMER, FRED. 1969. Marble Island. The Beaver, Autumn 1969. 300:2. S. 37−41.

CHAPPELL, LIEUT. EDWARD. 1817. Narrative of a Voyage to Hudson's

Bay in His Majesty's Ship Rosamond containing some account of the North-eastern Coast of America and of the Tribes Inhabiting That Remote Region. London: J. Mawman.

CHRISTY, MILLER (Hrsg.). 1894. The Voyages of Captain Luke Foxe of Hull and Captain Thomas James of Bristol. In Search of a North-west Passage. In 1631—32. London: Hakluyt Society.

CLUNY, ALEXANDER. 1769. The American Traveller; or Observations on the Present State, Culture and Commerce of the British Colonies in America. London.

COLLINSON, RICHARD. 1867. The Three Voyages of Martin Frobisher in Search of a Passage to Cathaia and India by the North-west. London: Hakluyt Society.

COOKE, ALAN und Holland, Clive. 1971. Chronological List of Expeditions and Historical Events in Northern Canada. III 1713—63. Polar Record. January 1971, 15:97. S. 503—522.

COOKE, ALAN und Holland, Clive. 1978. The Exploration of Northern Canada. 500 to 1920; A Chronology. Toronto: The Arctic History Press.

CUMMING, W. P. Hillier. S. Quinn. D. B. und Williams, G. 1974. The Exploration of North America 1630—1776. New York: G. P. Putnam's Sons.

CURTIS, EDWARD S. 1928. The North American Indian. Norwood, Massachusetts: The Plimpton Press.

DAVIES, K. G. (Hrsg.). 1965. Letters from Hudson Bay 1703—40. London: The Hudson's Bay Record Society.

DAVIS, JOHN. 1607. The Seamans Secrets. London: Thomas Dawson.

DAY, ALAN EDWIN. 1986. Search for the Northwest Passage: An Annotated Bibliography. New York: Garland Publishing, Inc.

DEFOE, DANIEL. 1965. Robinson Crusoe. Edited with an Introduction by Angus Ross. London: Penguin Books; dt. Ausgabe: Robinson Crusoe, Winkler-Verlag, München 1987.

DE VOTO, BERNARD. 1952. The Course of Empire, Boston: Houghton Mifflin Company.

DOBBS, ARTHUR. 1744. Remarks upon Capt. Middleton's Defence. London: Jacob Robinson.

DOBBS, ARTHUR. 1744. An Account of the Countries adjoining to Hudson's Bay. In the North-West Part of America. London: J. Robinson.

DODGE, ERNEST S. 1961. Northwest by Sea. New York: Oxford University Press.

DOUGHTY, ARTHUR G. und Martin, Chester (Hrsg.). 1929. The Kelsey Papers. Ottawa: The Public Archives of Canada and the Public Record Office of Northern Ireland.

DOUGLAS, R. und Wallace, J. N. (Hrsg.). 1926. Twenty Years of York Factory 1694—1714: Jeremie's of Hudson Strait and Bay. Ottawa: Thorburn and Abbott.

DRAGE, THEODORE SWAINE. 1748—9. An Account of a Voyage for

the Discovery of a North-West Passage by Hudson's Streights, to the Western and Southern Ocean of America. London.

ELLIS, HENRY. 1748. A Voyage to Hudson's Bay by the Dobbs Galley and Californa. In the Years 1746 and 1747. For Discovering a North West Passage. London: H. Whitridge.

FOSS, MICHAEL. 1974. Undreamed Shores: England's Wasted Empire in America. London: Harrap.

FRANKLIN, U. M., Badone, E., Gotthardt, R., und Yorga, B. 1981. An Examination of Prehistoric Copper Technology and Copper Sources in Western Arctic and Subarctic North America, National Museum of Man Mercury Series. Archeological Survey of Canada. Paper No. 101.

FRASER, J. KEITH. 1968. Place Names. From Science, History and Hudson Bay. Volume 1. C. S. Beats, editor. Ottawa: Department of Energy, Mines and Resources.

GILDER, WILLIAM H. 1881. Schwatka's Search. London: Sampson Low, Marston, Searle, and Rivington.

GILLESPIE, BERYL, C. 1975. Territorial Expansion of the Chipewyan in the 18th Century. In: Proceedings; Northern Athapaskan Conference, 1971 Vol. 2. National Museum of man Mercury Series. Canadian Ethnology Service, Paper No. 27, S. 351–388.

GLOVER, RICHARD. 1958. Editor's Introduction: A Journey to the Northern Ocean. Toronto: Macmillan.

GOLDSON, WILLIAM. 1793. An Historical Abridgement of Discover in the North of America, collected from Various Authors. With Occasional Notes and Observations. London.

GOSCH, C. C. A. (Hrsg.). 1897. Danish Arctic Expeditions. Book II. London: The Hakluyt Society.

GOUGH, BARRY M. 1980. Distant Dominion: Britain and the Northwest Coast of North America. Vancouver: University of British Columbia Press.

GREENFIELD, BRUCE. 1986. The Idea of Discovery as a Source of Narrative Structure in Samuel Hearne's Journey to the Northern Ocean. Early American Literature. Volume 21. No. 3 Winter 1986/87.

GUINARD, REV. JOSEPH E. 1923? Witiko Among the Tete-de-Boule. Primitive Man S. 69–71.

HAKLUYT, RICHARD. 1589. The Principal Navigations. Voiages and Discoveries of the English nation. London: George Bishop.

HANBURY, DAVID T. 1904. Sport and Travel in the Northland of Canada. London: Edward Arnold.

HANSEN, THORKILD. 1970. The Way to Hudson Bay: The Life and Times of Jens Munk. New York: Harcourt. Brace & World. Inc.

HEARNE, SAMUEL. 1795. A Journey from Prince of Wales's Fort in Hudson's Bay, to the Northern Ocean. Undertaken by order of the Hudson's Bay Company, for the discovery of Copper Mines, a North West Passage, &c. In the Years 1769, 1770, 1771 & 1772. London: A.

Strahan and T. Cadell; dt. Ausgabe: Abenteuer im arktischen Kanada. Die Suche nach der Nordwest-Passage, Thienemann, Stuttgart 1981.

HELM, JUNE. 1989. Matonabbee's Map Arctic Anthropology, Vol. 26 No. 2 (1989) S. 28–47.

HICKEY, CLIFFORD G. 1984. An Examination of Processes of Cultural Change among Nineteenth Century Copper Inuit Etudes/Inuit/Studies, 1984. Vol. 8 No. 1 S. 13–35.

HUME, STEPHEN. 1989. To Walk on the Wind. In: Ghost Camps: Memory and Myth on Canada's Frontier. S. 19–32. Edmonton: NuWest Publishers Limited.

INGRAM, GEORGE. 1979. York Factory: A Structural History, Parks Canada. Manuscript Report Series No. 297.

INGRAM, GEORGE. 1979. Prince of Wales's Fort: A Structural History, Parks Canada. Manuscript Report Series No. 297.

JAMES, THOMAS. 1633. The Strange and Dangerous Voyage of Captaine Thomas James. London: John Legatt.

JENNESS, DIAMOND. 1955. Hunting Bands of Eastern and Western Canady. In: The North American Indians. Toronto: Macmillan.

JOHNSON, ALICE. 1945. First Governor on the Bay. The Beaver, June 1945. S. 22–5

JOHNSON, ALICE. 1952. Ambassadress of Peace. The Beaver. December 1952. S. 42–5.

KAPPI, LEONIE. 1971? Marble Island North Vol. 18. S. 13.

KENNEY, JAMES F. 1929. The Career of Henry Kelsey. Transactions of the Royal Society of Canada. 3d S. v. 23. Sec. II. 1929.

KENNEY, JAMES (Hrsg.). 1932. The Founding of Churchill Being the Journal of Captain James Knight, Governor-in-Chief in Hudson Bay, from the 14th of July to the 13th of September, 1717. Toronto: J. M. Dent and Sons Ltd.

KINDLE, E. D. 1972. Classification and Description of Copper Deposits. Coppermine River rea, District of Mackenzie. Bulletin 214. Ottawa: Geological Survey of Canada.

LAUT, AGNES C. 1908. The Conquest of the Great Northwest. New York: The Outing Publishing Company.

LEE, SIDNEY (Hrsg.). 1892. James Knight. Dictionary of National Biography Vol. XXXI. London: Elder & Co.

LOPEZ, BARRY. 1986. Arctic Dreams: Imagination and Desire in a Northern Landscape. New York: Charles Scribner's Sons; dt. Ausgabe: Arktische Träume. Leben in der letzten Wildnis, Claassen, Hildesheim 1987.

MacLAREN, I. S. 1984. Samuel Hearne & the Landscapes of Discovery Canadian Literature, Winter 1984, S. 27–40.

MacLAREN, I. S. 1991. Samuel Hearne's Accounts of the Massacre at Bloody Fall. 17 July 1771. Ariel 22:1, January 1991. S. 25–51.

MacLAREN, I. S. 1992. Exploration/Travel Literature and the Evolution of the Author. International Journal of Canadian Studies. Spring 1992. S. 39–68.

McGHEE, ROBERT. 1978. Canadian Arctic Prehistory. Ottawa: Government of Canada.

MARKHAM, ALBERT HASTINGS (Hrsg.). 1880. The Voyages and Works of John Davis, The Navigator. London: The Hakluyt Society.

MARTIN KENNETH R. 1979. Life and Death at Marble Island 1864–73. Beaver, Spring 1979, S. 48–56.

MIDDLETON, CHRISTOPHER. 1743. A Vindication of the Conduct of Captain Christopher Middleton, in a Late Voyage on Board His Majesty's Ship the Furnace, for Discovering a North-west Passage to the Western American Ocean. London: Jacob Robinson.

MIDDLETON, CHRISTOPHER. 1745. A Rejoinder to Mr. Dobb's Reply, London.

MORTON, ARTHUR S. 1973. A History of the Canadian West to 1870–71. Second edition. Toronto: University of Toronto Press.

NEATBY, L. H. 1965. History of Hudson Bay. From: Science, History and Hudson Bay, Volume I. C. S. Beals, editor, Ottawa: Department of Energy, Mines and Resources.

NEWMAN, PETER C. 1985. Company of Adventurers. Toronto: Penguin Books.

NUTE, GRACE LEE. 1983. Caesars of the Wilderness, Second edition. St. Paul: Minnesota Historical Society Press.

OLIVER, D. R. 1968. Insects From: Science, History and Hudson Bay, Volume I. C. S. Beals, editor. Ottawa: Department of Energy, Mines and Resources.

ORMSBY, MARGARET A. 1958. British Columbia: a History, Toronto: Macmillan Company of Canada.

PINCOTT, K. E. 1932. What Churchill Owes to a Woman. The Beaver, September 1932. 263:2. S. 100–103.

PINKERTON, ROBERT E. 1932. Hudson's Bay Company. London: Thorton Butterworth Ltd.

PRESTON, RICHARD J. 1984?. The Witiko: Algonkian Knowledge and White Man Knowledge. In Myth. S. 111–127.

QUINN, DAVID B. 1979. New American World. Vol. III–IV. New York: Arno Press.

REY, LOUIS. 1984. The Evangelization of the Arctic in the Middle Ages: Gardar, the »Diocese of Ice«. Arctic. December 1984. 37:4. S. 324–333.

RICH, E. E. (Hrsg.). 1945. Minutes of the Hudson's Bay Company 1679–1684. First Part. London: The Hudson's Bay Record Society.

RICH, E. E. (Hrsg.). 1946. Minutes of the Hudson's Bay Company 1679–1684. Second Part. London: The Hudson's Bay Record Society.

RICH, E. E. (Hrsg.). 1948. Copy-Book of Letters Outward & Begins 29th May, 1680 Ends 5 July. 1687. Totonto: The Champlain Society.

RICH, E. E. und Johnson, A. M. (Hrsg.). 1949. James Isham's Observations on Hudsons Bay, 1743. And Notes and Observations on a book

243

entitled A Voyage to Hudsons Bay in the Dobbs Galley, 1749. London: The Hudson's Bay Record Society.

RICH, E. E. (Hrsg.). 1957. Hudson's Bay Copy Booke of Letters Commissions Instructions Outward 1688–1696. London: The Hudson's Bay Record Society.

RICH, E. E. 1958 Hudsons's Bay Company 1670–1870. Volume One 1670–1763. London: The Hudson's Bay Record Society.

RICH, E. E. 1967. The Fur Trade and the Northwest to 18576. Toronto: McClelland and Stewart.

RICH, E. E. 1971. The Road to Cathay and the Hudson's Bay Company. The Polar Record. January 1971, 15:97. S. 453–462.

ROBSON, JOSEPH. 1752. An Account of Six Years Residence in Hudson's Bay, From 1733 to 1736, and 1744 to 1747, London: J. Payne and J. Bouquet.

ROSS, W. GILLIES und Barr, W. 1972. Voyages in Northwestern Hudson Bay (1720–1772) and Discovery of the Knight Relics on Marble Island. Musk-Ox, No 11. 1972. S. 28–33.

ROSS, W. GILLIES. 1973. Whaling in Hudson Bay. Beaver, Summer 1973. S. 40–47.

RUGGLES, RICHARD I. 1991. A Country so Interesting: the Hudsons's Bay Company and two centuries of mapping. 1670–1870. McGillQueen's University Press.

SCOTT, J. M. 1977. Icebound: Journey to the Northwest Sea. London: Gordon & Cremonesi.

SMITH, ADAM. 1939. An Inquiry Into the Nature and Causes of The Wealth of Nations. New York: The Modern Library; dt. Ausgabe: Der Wohlstand der Nationen, dtv, München.

SMITH, RALPH. 1970. Marble Island: A Search for the Knight Expedition (6–15 August 1970). Unveröffentlichter Bericht.

SMITH, RALPH. 1971. Discovery of one of James Knight's ships at Marble Island: a preliminary report. Unveröffentlichter Bericht.

SMITH, RALPH und Barr, William, 1971. A Search for the Knight expedition August 6–15. 1970. Musk-Ox. No. 8. 1971. S. 40–46.

SMITH, RALPH und Barr, William. 1971. Record of the Sloop. Churchill's visit to Marble Island in 1787. Musk-Ox. No. 9. 1971. S. 53.

SMITH, RALPH. 1972. Relics of James Knight. The Beaver, Spring 1972. 302:4. S. 36–41.

SWIFT, JONATHAN. 1727. Travels Into Several Remote Nations of the World. In Four Parts. By Lemuel Gulliver. London: Motte; dt. Ausgabe: Gullivers Reisen, Winkler-Verlag, München 1980.

TUTTLE, CHARLES R. 1885. Our North Land: Being a full account of the Canadian Northwest and Hudson's Bay Route, together with a Narrative of the Experiences of the Hudson's Bay Expedition of 1884. Toronto: C. Blackett Robinson.

TYRRELL, J. B. 1906. Description of Marble Island. Hudson Bay. Geological Survey of Canada. New Series of Annual Reports I–XVI. 1885–1906.

TYRRELL, J. B. 1911. Editor's introduction: A Journey From Prince of Wales's Fort in Hudson's Bay to the Northern Ocean. Toronto: The Champlain Society.

TYRRELL, J. B. (Hrsg.). 1931. Documents Relating to the Early History of Hudson Bay. Toronto: The Champlain Society.

UMFREVILLE, EDWARD. 1790. The Present State of Hudson's Bay. London: Charles Stalker.

VAN KIRK, SYLVIA. 1974. Thanadelthur. The Beaver, Spring 1974. Outfit 304:4, S. 40–45.

WARKENTIN, JOHN und Ruggles, Richard. I. 1970. Manitoba Historical Atlas. A Selection of Facsimile Maps, Plans, and Sketches from 1612 to 1969. Winnipeg: The Historical and Scientific Society of Manitoba.

WALLIS, HELEN. 1984. England's Search for the Northern Passages in the Sixteenth and Early Seventeenth Centuries. Arctic. December 1984. 37:4. S. 453–472.

WHYMPER, FREDERICK. 1875. Heroes of the Arctic. London: Society for Promoting Christian Knowledge.

WILLIAMS, GLYNDWR. 1959. Arthur Dobbs and Joseph Robson: New Light on the Relationship Between Two Early Critics of the Hudson's Bay Company. Canadian Historical, Review. XL (1959). S. 132–136.

WILLIAMS, GLYNDWR. 1962. The British Search for the Northwest Passage in the Eighteenth Century. London: The Royal Commonwealth Society/Longmans.

WILLIAMS, GLYNDWR. 1970. The Hudson's Bay Company and Its Critics in the Eighteenth Century. Trans of the Royal Historical Society, 5th Series, Vol. 20.

WILLIAMSON, JAMES A. 1929. The Voyages of the Cabots and the English Discovery of North America Under Henry VII and Herny VIII. London: The Argonaut Press.

WILLSON, BECKLES. 1900. The Great Company 1667–1871. London: Smith, Elder & Co.

WILSON, J. TUZO. 1949. New Light on Hearne. The Beaver. June 1949. S. 14–18.

ZACHARCHUK, WALTER. 1973. The House That Knight Built. The Beaver. Autumn 1973. 304: 2. S. 12–15.

Abbildungsnachweis

Seite 29 aus: Frederick Whymper »Heroes of the Arctic«, London 1875
Seite 33: National Library, Kanada
Seite 44 aus: Henry Ellis »A Voyage to Hudson's Bay by the Dobbs Galley and California. In the Years 1746 and 1747. For Discovering a North West Passage«, London 1748; Bruce Peel Special Collections Library (University of Alberta)
Seite 46: National Library, Kanada
Seite 49: National Archives of Canada
Seite 57: National Library, Kanada
Seite 59: aus: *The Beaver*
Seite 66: Canadian Circumpolar Institute Library
Seite 74: Canadian Circumpolar Institute Library
Seite 77: aus: Henry Ellis »A Voyage to Hudson's Bay by the Dobbs Galley and California. In the Years 1746 and 1747. For Discovering a North West Passage«, London 1748; Bruce Peel Special Collections Library (University of Alberta)
Seite 86: Canadian Circumpolar Institute Library
Seite 88: National Archives of Canada
Seite 95: Hudson's Bay Company Archives/Provincial Archives of Manitoba
Seite 117 aus: Christopher Middleton »A Vindication of the Conduct of Captain Christopher Middleton), London 1743, University of Alberta Libraries
Seite 119: State Department of Culture Resources, Division of Archives & History, North Carolina
Seite 121 aus: Henry Ellis »A Voyage to Hudson's Bay by the Dobbs Galley and California. In the Years 1746 and 1747. For Discovering a North West Passage«, London 1748; Bruce Peel Special Collections Library (University of Alberta)
Seite 127: Hudson's Bay Company Archives/Provincial Archives of Manitoba
Seite 138: Bruce Peel Special Collections Library (University of Alberta)
Seite 141: Canadian Circumpolar Institute Library
Seite 148: The Kendall Whaling Museum
Seite 150 aus: Charles Tuttle »Our North Land«, Toronto 1885, University of Alberta Libraries

Seite 152 aus: Henry Ellis »A Voyage to Hudson's Bay by the Dobbs Galley and California. In the Years 1746 and 1747. For Discovering a North West Passage«, London 1748; Bruce Peel Special Collections Library (University of Alberta)

Seite 183 aus: Henry Ellis »A Voyage to Hudson's Bay by the Dobbs Galley and California. In the Years 1746 and 1747. For Discovering a North West Passage«, London 1748; Bruce Peel Special Collections Library (University of Alberta)

Seite 192: Hudson's Bay Archives/Provincial Archives of Manitob

Seite 200 aus: George Back »Franklin«, University of Alberta Libraries

Seite 212: Canadian Circumpolar Institute Library

Register

Fast 140 Jahre lagen die Hintergründe um das mysteriöse Verschwinden der Polarexpedition Sir John Franklins von 1845 – 48 und seiner aufs modernste ausgerüsteten Schiffe *Erebus* und *Terror* im Dunkel. Schiffbruch, Hunger oder Skorbut – waren nur einige der vermuteten Ursachen für ihr Scheitern. *Doch was geschah wirklich während dieser verhängnisvollen Reise?*

Am 29. Juni 1981 entdeckte ein Forschungsteam um den Anthropologen Dr. Owen Beattie in der Arktis das Fragment eines ausgebleichten menschlichen Schädels. Dieser Fund auf King William Island führte die Wissenschaftler zu den spektakulären Entdeckungen, von denen dieses Buch berichtet. Erstmals konnten die wahren Umstände aufgedeckt werden, unter denen die letzten Überlebenden der Franklin-Expedition bis auf Sichtweite an ihr Ziel – die Nordwestpassage – herangekommen waren, um dann elendig zugrunde zu gehen. Endlich konnte das Rätsel gelöst werden.

Sensationelle Fotos der drei exhumierten, im Permafrost gut erhaltenen Seeleute – die einzigen Toten der Franklin-Expedition, denen ein ordentliches Begräbnis zuteil werden konnte –, sowie Karten und Zeichnungen begleiten diesen spannenden Wissenschaftskrimi, der sich wie ein Abenteuerroman liest.

Owen Beattie und John Geiger
DER EISIGE SCHLAF
Das Schicksal der Franklin-Expedition

vgs verlagsgesellschaft, Köln

DER TOD DES
DRUIDEN
FÜRSTEN

Anne Ross
Don Robins

Die Geschichte
einer archäologischen Sensation

Durch Zufall wird in einem englischen Torfmoor ein menschlicher Torso gefunden, der unterhalb der Taille sauber abgetrennt ist. Die Polizei steht vor einem Rätsel. Archäologen werden hinzugezogen. Was nun folgt, liest sich wie ein Kriminalroman...

Es stellt sich heraus, daß der Leichnam rund 2000 Jahre alt ist und daß es sich bei dem Toten um einen der sagenumwobenen Druiden handelt – dem ersten überhaupt, der jemals identifiziert wurde. Aber warum war der Angehörige dieser keltischen Priesterkaste gerade an jenem öden und abgelegenen Ort rituell geopfert worden? Welchen Rang hatte der Mann zu Lebzeiten inne gehabt? Und warum mußte er sterben?

Während sich das Dunkel um den Druidenfürsten allmählich lichtet, entsteht zugleich ein Bild des keltischen Brauchtums zur Zeit der römischen Besatzung. Der Leser wird eingefangen von einer menschlichen Tragödie: Er lernt einen Mann kennen, der starb, um sein Volk und seine Religion zu retten, der nach 2000 Jahren, in denen er verstummt im Moor gelegen hat, heute zu uns spricht.

Anne Ross und Don Robins
DER TOD DES DRUIDENFÜRSTEN
Die Geschichte einer archäologischen Sensation

vgs verlagsgesellschaft, Köln

Clyde Snow, der texanische Wissenschaftler mit einer Vorliebe für die dramatischen Situationen der menschlichen Existenz, ist auf seine Weise auch ein Detektiv. Er löst mysteriöse Mordfälle. Werden durch Zufall irgendwo die Überreste eines menschlichen Skeletts gefunden, steht die örtliche Polizei oft hilflos vor der Frage nach der Identität und den Todesumständen jenes Unbekannten. Wenn niemand mehr weiter weiß, ruft man Clyde Snow, den forensischen Anthropologen.

IDENTITÄT UNBEKANNT gibt Einblick in die faszinierende Welt der forensischen Anthropologie, indem es die spannende Lebensgeschichte eines der führenden Experten auf diesem Gebiet erzählt. Der Leser nimmt teil an Snows Untersuchung der Überreste des berüchtigten Naziarztes Josef Mengele, ist Augenzeuge, wenn der Wissenschaftler anhand später Funde am Little Bighorn Soldaten General Custers oder die Opfer eines der schlimmsten Unglücke der gesamten Fluggeschichte identifiziert. Doch Clyde Snow gibt auch jenen ihre Identität zurück, die von Staats wegen verschleppt, ermordet und anonym verscharrt wurden.

Jedes noch so kleine Indiz trägt dazu bei, daß menschliche Gebeine zuletzt eine Geschichte erzählen: die Geschichte eines „Namenlosen", und oft genug auch die Geschichte seines tragischen Todes.

ChristopherJoyce und Eric Stover
IDENTITÄT UNBEKANNT
Was Gebeine enthüllen

vgs verlagsgesellschaft, Köln